# 法官的自我修养

红发橙子 ◎ 著

中国法制出版社

CHINA LEGAL PUBLISHING HOUSE

**图书在版编目 (CIP) 数据**

法官的自我修养 / 红发橙子著 . —北京：中国法
制出版社，2022.11

ISBN 978-7-5216-3006-0

Ⅰ . ①法… Ⅱ . ① 红… Ⅲ . ①法官—修养—研究—中
国 Ⅳ . ① D926.17

中国版本图书馆 CIP 数据核字（2022）第 194909 号

策划编辑：赵　宏
责任编辑：冯　运 　　　　　　　　　　　　　封面设计：汪要军

## 法官的自我修养

FAGUAN DE ZIWO XIUYANG

著者 / 红发橙子
经销 / 新华书店
印刷 / 三河市紫恒印装有限公司
开本 / 710 毫米 × 1000 毫米　16 开　　　　　印张 / 17　字数 / 295 千
版次 / 2022 年 11 月第 1 版　　　　　　　　2022 年 11 月第 1 次印刷

中国法制出版社出版
书号 ISBN 978-7-5216-3006-0 　　　　　　　　　　　定价：59.00 元

北京市西城区西便门西里甲 16 号西便门办公区
邮政编码：100053 　　　　　　　　　　　　　传真：010-63141600
网址：http://www.zgfzs.com
市场营销部电话：010-63141612　　　　　　 编辑部电话：010-63141832
　　　　　　　　　　　　　　　　　　　　印务部电话：010-63141606
（如有印装质量问题，请与本社印务部联系。）

# 目录
Contents

## Part 1

## 法院可能和你想的不一样

## Part 2

# 法官都在忙什么

## Part 3

### 形形色色的当事人

## Part 4

## 法院教会我们什么

# Part 5

## 我们都是法律人

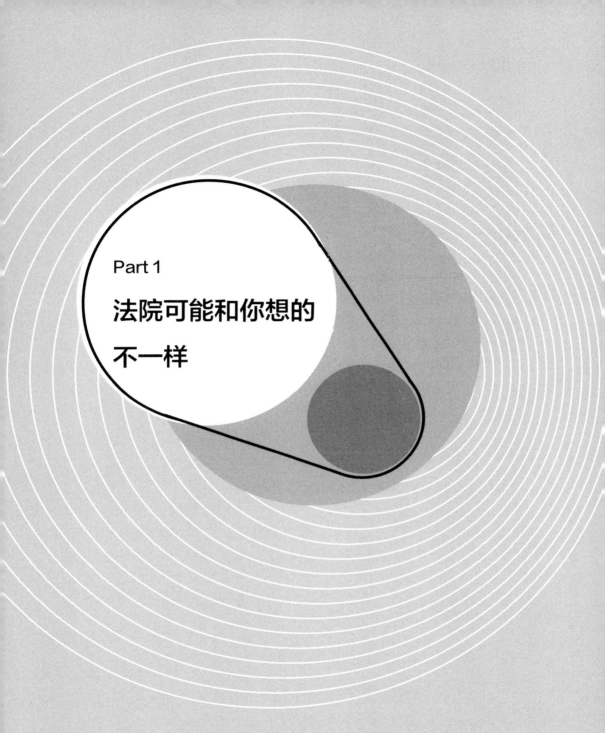

Part 1

法院可能和你想的

不一样

## 真实的法院

# 各式各样的法院部门

普通人对法院人了解不多，只看到法院人好像都穿着同样的制服，忙着同样的事情，实际上各个部门的干警工作内容并不完全一样，不仅是业务部门和综合部门如此，各个业务庭也是如此，时间长了，会形成本部门特有的工作风格和行为方式。那么，各部门之间有时怎么评价其他部门呢？虽然都是法院人，其实很多时候互相之间的评价也是很有意思的：

**综合部门 VS 业务部门**

我进入法院后在综合部门和业务部门都待过，总体来说，在综合部门工作接触领导较多，视野比较开阔，但是执法办案是法院的第一要务，因此审判部门的一些同事有时觉得自己才是更重要的核心部门。在司法改革的大背景下，随着审判、行政两条线管理，法院干警特别是有法学背景的干警更倾向于到业务部门工作。

**刑事审判庭 VS 民事审判庭**

我国传统上是一个刑事法律相对发达的国度，因为种种原因，刑事审判庭一直在法院有着较高的地位，直到今天也是如此。

提起法院的业务部门，传统的说法是刑（刑事审判庭）、民（民事审判庭）、经（商事审判庭）、执（执行局），行政审判庭的同事们少安毋躁哈。我进入法院后曾在立案庭工作，有一回大家聊到法院如何培养新人时，民庭来的法官们主张新人来法院就应该先到民庭去，有利于培养新人和群众打交道的能力，刑庭来的法官们主张新人应该先到刑庭去，理由是刑事审判程序严格规范，有助于培养新人踏实细致的工作作风。传统上，刑事审判庭承办的案件数量虽少但社会影响大；民事审判庭人数多，承办的案件数量多，和当事人打交道更难一些。我还在综合部门工作时同事们就评价说，我今后非常适合去民事审判庭工作，理由是我脾气好，能吃苦。所以法院有句话，叫刑庭出干部，民庭出劳模。个中滋味，慢慢体会吧。

### 民事审判庭 VS 商事审判庭

民事审判庭和商事审判庭广义上说是一家人，大家都挂着民某庭的牌子嘛，其实两者在工作理念、工作方式上差距还是挺大的。例如，法院有句话，民事（审判）重公平，商事（审判）重效率，讲的就是两个审判庭在审判理念上的差别。一般而言，民事案件的当事人主要是普通群众，难免在法律知识、证据意识上有所不足，商事案件的当事人比较专业，情绪失控的事情比较少。所以民事法官往往需要把更多的精力投入到安抚当事人情绪、平衡双方诉讼能力、调查取证等方面，而商事法官往往可以把更多的精力用于查清案件事实与法律适用。

所以，有的商事法官觉得民事庭审理的案子都是鸡毛蒜皮，民事法官一天到晚灰头土脸的，忙着和稀泥，哪像商事庭的案子那么高大上。有的民事法官则觉得商事法官缺少和群众打交道的能力，也就能审审商事案件，审理传统民事案件肯定抓瞎。当年在立案庭信访岗位的时候，有一天，有位当事人投诉某位民事法官，几位老法官看到后感叹，说这位法官庭审中的一些言语确有不当之处，当事人有情绪也不是全无道理。其中一位民庭来的老法官半开玩笑地说，这位法官是从商事庭出来的嘛……

当然，本文所讲的法院不同部门的特点，更多的是一种调侃或刻板印象，并不是固定模板。套用一句老话，都是革命工作，只有分工不同，没有高低贵贱。所以希望无论是法律人，还是法院人，互相调侃之余，在各自的法律工作中要能够不忘初心，共同实现法治的梦想。

# 我的另类立案庭工作经历

立案庭，现在也叫告申庭，主要工作当然是立案。刚进法院的时候，我在立案庭待了一年多，不过我的经历比较另类，一年多的时间里一件案子也没立，主要是帮庭长处理一些杂务，后来主动申请信访接待工作，一年多就这么过去了。

当年立案庭最大的特色是什么呢？就是老同志特别多，有很多来自民庭和刑庭的老法官。曾有一位老同志，当年五十岁出头吧，原来在办公室工作，在那里他是德高望重的老同志，调到立案庭后，立马成为中青年骨干力量了。

有一回立案庭和执行庭接洽工作，执行庭一位副庭长看着我面生，于是和我有以下这段对话：

问：你是新来的？

我：嗯，今年刚来的。

问：立案庭的？

我：是的。

问：哪个学校毕业的？

我：某某大学

问：啊？（意思是大学很好啊）

我（尴尬地笑笑）：……

问（握了握我的手）：可惜了了……

立案庭庭长（怒）：怎么就可惜了了？！

可想而知，当时我对于调到立案庭是啥感觉呢？那内心是"拔凉拔凉"的啊。选择到法院工作的人，多少都有法官情结，都想着到业务庭办案子，自己可好，去了立案庭，有点类似于一位医学院的毕业生去了医院工作，结果被分配去挂号。

周围的人也都不看好，别提有多闹心了。

其实现在看来，倒是"因祸得福"，因为立案庭庭长认真负责，经验丰富，我跟着他学到了很多东西，而且庭长为人厚道，有一回周末叫上我一起加班赶一个材料，其实主要是他口述，我打字（庭长打字速度超级慢），顺便帮着润色一下文字。周一庭长汇报的时候，材料得到了院长的好评，庭长却说材料主要是我写的。这是后来别的领导告诉我的，所以直到现在我对老庭长都很尊敬，能遇到这样的好人真是我的运气。

后来自己主动申请参与信访接待，当时看有些"自讨苦吃"，现在看收获满满。要说收获，一是接触了业务，法院的信访件都是和个案有关，自己通过信访接待多少接触了一些案子；二是锻炼了和当事人打交道的能力，信访户可以算是当事人中的当事人了，非常难打交道，这一年多接触的信访户，有去上级法院闹访的，有群体访的，有凌晨三四点钟还在法院不走的，有从二十世纪八十年代就开始信访的，有些事确实是自己之前见所未见、闻所未闻的；三是接触了很多单位、部门和个人，例如上级法院的对口部门、所在区的对口部门、本院的领导、信访案件的承办人等等，这些接触过程中又会学到很多东西，结识很多朋友，使人受益匪浅。

再后来赶上一项全国范围的征文活动，院里指定我们新入院的三个人来写，这也是院里的老传统了，第一年利用各种机会考查新人，包括但不限于文艺表演、调研征文、知识竞赛等等。三个人各交了一篇，最后我写的论文获得了优秀奖，得到了院领导的肯定。庭长也挺高兴，让我安心做好本职工作，过段时间一定让我去立案窗口接触业务。

转年元旦后第一天上班，下午庭长去院里开会，傍晚才回来，我知道这个会是关于人事调动的，还去问庭长，听说某某某（我的一位好友）要下庭了，是真的吗？庭长看了我一眼，递给我一张调令，我被调到办公室工作了……

庭长因为这个调令上火好几天，我也很意外，最后我晚报到几天把手头的工作都处理完才走的，直到现在，我还挺感激他。

不过要说遗憾呢，也是有的，毕竟在立案庭工作了一年多，一件案子也没立过，直到现在我都不好意思说自己曾经在立案庭工作过……

# 我在办公室写信息

2011 年 1 月 4 日，临下班，开完院党组扩大会的庭长一脸严肃地回来了，一言不发地给了我一张纸，定睛一看，原来是调我去院办公室工作的调令。我就这样离开了工作了将近一年半的立案庭，离开了信访岗位，来到了院办公室，负责本院的信息采编工作。

所谓的法院信息，主要反映法院的工作动态、创新性经验以及工作中存在的问题等，是各级领导了解全局情况、把握工作动态的渠道，也是领导科学决策的重要依据，一般分为动态类、经验类、问题建议类、决策部署类、重大案件类、重大紧急类六种类型，往往一篇信息只有几百字，对于领导和同事来说，是了解本院各项工作，特别是审判工作的重要渠道；一旦本院的信息被上级法院采用，这又对本院的工作起到宣传作用，特别是高院每年对所辖各院的信息采用情况予以排名，所以大多数法院对信息工作还是比较重视的。

说来惭愧，我在立案庭工作的时候也负责本庭的信息报送工作，由于自己对这项工作极不重视，导致立案庭为此被主管院长口头批评两回。就是这样一个人，突然要负责全院的信息采编，除了说领导对自己过于信任，还能说啥呢。

从 2011 年年初到 2014 年年底，我在信息采编岗位工作了将近四年，回想一下，这份工作给自己带来了很多感受。

先说好的吧，这份工作最大的好处，就是比较自由。我的前任以工作刻苦而著称，我在立案庭时就经常能看到他拿出新闻记者的劲头，挨个部门走访了解最新工作动态。院领导对这种工作方式和工作精神大加赞赏，经常以此为榜样教育我，要我在工作中不要闭门造车，要深入工作一线。这对我来说无异于一把尚方宝剑，好多次自己跑到别的同事那里胡吹神侃的时候，突然被领导紧急召回处理一些紧急工作，每当被问到这么长时间没见你跑哪去了，我就理直气壮地说去某某部门采集素材去了，领导听了也就不再追问了。

要说这份工作不好的地方，就是压力太大。那些年我们院信息工作在全市所有基层法院一直排在四五名，这次领导特意安排我负责这项工作，自然也是希望我能让本院信息工作再上一个新台阶，不过这又谈何容易啊。我做了一个 Excel 表，高院每发一期信息就将各院积分、名次统计一下，随时关注本院在全市的排名。感觉自己的工作和企业的销售差不多，一直愁啊愁，直到本院在高院发了一期信息，当然非常高兴，然后又开始发愁，自己的下一篇信息在哪呢？有时高院一连十多天也没发一篇本院的信息，看着其他兄弟法院的信息发了一篇又一篇，本院在全市法院的排名不断下降，急得跳河的心都有。主管院长特意找我谈话，告诉我压力别太大，工作要慢慢来，院里也不是让你今年就在全市拿第一，你要是再这么干下去，非抑郁不可。唉，多好的领导啊，不好好干还对得起领导对我的信任吗，但是我觉得谈完话反而压力更大了。

俗话说，福不双降，祸不单行。正当我为本院信息工作发愁的时候，又接到通知，去法官学院参加为期六周的预备法官培训。别的同事接到通知后都是兴高采烈，浮生难得半日闲，更何况是六周？当然在部门领导面前还要作出为难状（本来就案多人少，书记员更是奇缺，一下子走六周，部门领导当然恼火，所以千万不能在领导面前表现得沾沾自喜，不然显得多没有大局观念啊）。而我却不同，我是真发愁，本来信息排名就不靠前，这一走可怎么办？虽然部门领导表示信息工作有办公室其他同志共同承担，还给每个人规定了具体任务，但是我总觉得这种做法不太靠谱。果然，培训一周后我特意回院一趟了解一下信息工作情况，结果大失所望，一周只发了一篇，名次比我走之前更落后了。

怎么办？周末我在家急得团团转。思来想去，求人不如求己，干脆自己写吧。年初研究室的同志动员我写调研，我表示自己有一个构思，已经想了半年多了，打算系统梳理一下近年来涉法网络舆情，分析引发网络舆情的原因。研究室的同志听了很高兴，说选题很好，你啥时候能交稿？我把手一摊，工作太忙，我来办公室这几个月忙得已经瘦了十斤了，哪还有空写调研啊！人家空欢喜一场，气得甩手就走了。现在正好有时间，把这篇调研写出来吧，也许能被高院采用。因为构思已久，又非常有动力，所以很快就写好了。

我把文章发给高院后还不放心，特意给市高院负责信息工作的同志打电话沟通一下这件事，结果人家在重庆开会，说等过几天回院再说吧。又过了几天，再给人家去电话，人家说文章还没看，不过早先你们院已经发了一篇类似选题的信息了，这篇不会发的。我听了大失所望，觉得白忙一场。没想到，过几天在法官学院培训时接到同事电话，说那篇信息被高院采用了，真是一个惊喜。更没想到过几天又接到高院的电话，说那篇信息已经被最高院刊发了，向我表示祝贺。当时自己差点没晕过去，有句话咋说来着，幸福来得太突然。

后来高院的同志告诉我，原本没打算采用那篇信息，后来看完文章后觉得虽然选题和以前的信息类似，但是角度很新颖，内容很扎实，就采用了，并且报给了最高院，最高院的同志对该文也很欣赏，所以很快就刊发了。这是2011年本地二十多家中基层法院在最高院刊发的唯一一篇信息，为此2012年初高院特意给我发来表扬信。

从那以后，自己似乎也找到了信息工作的感觉，工作起来越发得心应手，那些年本院信息工作在全市法院的排名，最差是第二名。这项工作让我收获了很多荣誉，收获了很多朋友，因此我对这份工作也充满了感情。应当讲，对于一个初到基层法院工作的年轻人来讲，很少有哪个岗位会像信息岗位这样，由你一个人完全负责，开阔你的视野，锻炼你的文笔，充分展示你的才华，当然，也在考验你的耐压能力。曾经有位过来人这样讲，希望一切的过程都只是过程。所以，我很感谢所有给过我帮助的人，让我挺过那段难熬的日子，今天能够这样轻松地回忆这段往事。

# 写，还是不写？这是一个问题

近年来，法院系统法官流失的新闻常有耳闻，但是也要看到，还是有更多的人选择坚守。问他们坚守的原因，五花八门，但是有一个答案是法院的氛围比较好。哪种氛围呢？答曰学术氛围。法院是司法部门，而司法又是一个技术活，所以和一般机关相比，法院更像是一个技术单位，相对而言学术氛围更加浓厚。除每年全国范围的论文研讨外，各级法院组织的各类学术活动也很多，而在这些学术活动中获奖的干警，特别是年轻干警，会被大家评价为"能写"，往往会得到领导的重视和同事的尊敬。

我不是个能写的人，既写不出能在全国得奖的论文，也没给领导写过什么重要的讲话。但因为曾经长期在综合部门工作，所以结识了好多各级法院的笔杆子。这些人的共同点是才华横溢，文采飞扬，不同点是个人发展差异较大。有很多人因为文笔好备受领导赏识，年纪轻轻就走上了领导岗位，晋升速度之快让好多在审判部门工作多年的老同志们都望而兴叹。也有好多人同样是因为文笔好，长期在综合部门工作，迟迟无法从事审判工作，特别是这次司法改革后，他们中的很多人因为缺乏审判工作经验影响了进入员额。有一回聚会，一位兄弟法院的同志就和我诉苦，说转业到法院后一直在综合部门工作，现在年纪也不小了，很想到业务部门办案子，结果和领导说了几次，领导都不批准，说他走了没人能替代他，让他安心工作。类似情况的不止他一个人，2011 年参加全国法院信息文稿培训班，分组讨论时就有很多其他法院的笔杆子们倾诉过类似的烦恼，看来这类问题广泛存在，却一直没有得到有效的解决。

好多新进入法院的同志，特别是文笔好的同志，都会纠结是不是应该展示自己这方面的才华。如果问我该不该写文章，我的回答是，还是应该写的，展现出自己的才华，总比被认为是平凡人要好得多。如果追问万一因此去了综合部门不能审案子怎么办，我只能说无论在哪里，人偶尔都会有那种无法掌握自己命运的无助感。但是终究而言，这不是不努力奋斗的理由。

所以每回院里来新人，我都会喋喋不休地劝他们写文章，信息也行，调研也好，论文更好，写就比不写强，弄得自己好像是研究室的编外人员，但是响应者寥寥无几，有的说不会写，有的说不愿写。

有一次带着刚进法院工作的书记员去监狱开庭，在监区看到一栋教学楼，我问同行的狱警：这栋楼是用来给犯人教学的吗？狱警说：不完全是，犯人在这里上课的时候不太多，平时主要是有些犯人集中在这里写材料。书记员问：写材料的犯人还用参加劳动吗？狱警说：一般就不参加劳动了。于是我抓住机会语重心长地"教育"起书记员：看到了吗，会写文章多重要啊，到哪儿都吃香……

# 《新华字典》、U盘以及"参考判决"文件夹

看到过这样一句话："如今你的气质里，藏着你走过的路、读过的书和爱过的人"。气质如此，一个人的工作习惯也是如此，有时候自己或者旁人会不经意地发现自己的一些工作习惯，当回想这些习惯的由来时，往往会追溯到自己曾经的工作经历。

## 一、字典：立案庭

有一回助理拿到新分的案子，原告的名字中有一个生僻字，她问我怎么读，我当时正忙着写判决，看了一眼，嗯，我也不认识。于是从抽屉里拿出一本《新华字典》递给她，说我在忙，你自己查吧，查完了告诉我。助理很奇怪地问：你还备着《新华字典》啊，什么时候买的？

说来话长，还是在立案庭工作时买的。

进入法院后工作的第二个部门就是立案庭，当时对于去立案庭工作还是有点抵触的，和大部分法学院毕业生一样，我进法院也想分到业务庭办案子，相比之下觉得立案工作就没什么意思了。但还是那句话，我是一块砖，哪里需要哪里搬，既来之则安之呗。不过没想到的是，到了立案庭我没有去立案窗口，而是帮着庭长处理文字工作和信访工作。

后来庭长安抚我说，不会总让你做这些工作的，过段时间就让你去立案窗口。我当时惦记着这句话，所以自己也提前和立案的同事进行交流，想着先做些准备。立案窗口的同志工作时经常会遇到一些生僻字，很多人都备着一本《新华字典》，我就有样学样也买了一本，不过没想到的是，自己还没来得及去立案窗口就被调到办公室写信息了，虽然立案工作一天都没干，这本《新华字典》倒是一直带在身边，偶尔还能用得上。

## 二、随身U盘：办公室

我的助理除了要做好审判辅助工作，还负责庭里的党务工作。有天中午，忙

着整理党务材料的她突然跑过来问大家：你们谁有 U 盘啊？大家都没有，我听罢解下别在腰间的钥匙串，告诉她钥匙中间有个 U 盘，拿去用吧。她很高兴地接过了 U 盘，旁边的同事不解地问，你怎么还随身带着 U 盘？

是的，我一直随身带着 U 盘。这个习惯是在办公室工作时养成的。当时本院的办公室还负责部分研究室的工作，例如信息、法宣、文稿等等。经常需要使用 U 盘下载文件或者在内外网之间传递一些文档，所以 U 盘是经常要用到的。但是如何携带又是个问题，U 盘体积小，一不小心就弄丢了，而里面的内容很重要，一旦丢失不仅是经济损失的问题，也意味着工作的延误，甚至有泄密的风险，所以自己特意买了一个金属的、可以挂在钥匙扣上的 U 盘。

后来下庭了，不再需要这样频繁地使用 U 盘了，但是这个 U 盘还是习惯性地挂在钥匙扣上随身携带。

### 三、文件夹：院长办

现在法院各部门之间人员交流力度不断加大，很多法官今年在这个部门工作，明年就可能调到另外一个审判庭，在不同的部门工作往往意味着审理不同类型的案件，意味着很多知识需要从头学起。曾有朋友问我这种情况怎么学，我回答说尽可能多地搜集这类案件的判决，一篇一篇地看，看多了就知道这类案件一般会有几种不同的情况，不同的案情应当如何判决，选出一批典型的判决保存起来，写判决时有针对性地参考这些判决，事半功倍。

这个工作方法我是在上级法院院长办借调时学到的，院长办是负责给领导起草讲话的部门，也就是负责"写大稿"的，里面的人都是法院的"大笔杆子"。我当时主要去协助做信息采编工作，但是耳濡目染也慢慢了解了一些写文稿的工作方法。有位前辈就曾教导我说，写材料之前要尽可能多地收集相关的文稿，收集得越多，就意味着准备得越充分，就越有可能把材料写好。收集材料当然不能临时抱佛脚，因此院长办有专人在日常工作中收集整理各类材料以备不时之需。

后来我下庭之后，也借鉴了这个方法，在电脑中专门建立了一个"参考判决"的文件夹，把看到的典型判决保存进去，例如离婚判决，就准备了"驳回""缺席驳回""公告驳回""简易程序判离""普通程序判离""缺席判离"等各种类型的判决书，同时针对不同的案情再进行细分，例如涉及房屋分割的，分为"按份共有""共同共有""分割共同还贷及增值收益"几种，准备得多了，当你写离婚判决时，可以根据案情有选择地参考已经保存好的判决，会非常顺畅。

三人行必有我师，只要有心，不同的工作经历会教会你很多东西，一方面需要自己多观察，多总结，多学习，另一方面也需要丰富自己的工作经历。很多人对于到新的部门和岗位工作抱有畏难情绪，这时我总能想起电视剧《士兵突击》里许三多说过一句话：每到一个新的地方，我都像死了一回。

这种感觉我能理解，但是事实证明，他没有死，他获得了新生。

# 我是怎么下庭的？

我下庭，折腾了差不多一年。

从高院回到本院后，我依旧在办公室写信息，工作已经干得得心应手了，如果想躺平，留在这个岗位是最好不过的。但是自己思来想去，依旧还是想下庭，也就是从综合部门调到业务部门。和很多人一样，我选择进法院工作，还是怀揣着法官梦的，希望自己能成为一名法官。虽然当时我已经被任命为助理审判员，但是主要工作依旧是采编信息，而且因为这份工作自己干得还不错，院领导短时间也没有调我下庭办案的想法，我离自己的法官梦，似乎是越来越远了。

怎么办？靠自己争取呗！

那年年初，有个业务庭的领导主动找我，问我愿意去他们庭工作吗？这个庭的案子比较小众，但是好歹也是业务部门嘛，我说愿意。而且当时的部门领导和主管院领导都不反对，那些天我天天看相关的书籍，等啊等，杳无音信。再一问，说报到大领导那被否了，大领导问，把他调走了，有合适的人接替吗？没有就不要动了。

又过了两个月，另一个庭的内勤神神秘秘地给我打电话，请我去她的办公室一趟，我去了一看，庭长也在。内勤关上门，庭长热情地问我，听说你想下庭，愿意来我们庭吗？其实这个庭我不太熟，但是有个好朋友在这，我想以后办案子遇到难题了总还是有人可以指导我，于是说我愿意来。庭长喜笑颜开地说，有你这句话就好，剩下的事你别管了，我来办。

然后又过了几个月，这中间院长调走了，新院长的风格是更偏重业务庭，所以对我下庭并不反对。困难的是部门领导也换了，这时候部门领导和主管领导都不太愿意让我下庭。

庭长先跑去游说部门领导，交涉了一段时间。据说某天早上，部门领导亲自去拜访庭长，说我下庭是好事，一定支持，不过先过渡一下，上午来庭里工作，下午回办公室干活。庭长答应了，部门领导临走时又指着一把椅子问，这把椅子有点破了，你要是不要就给我吧，庭长赶紧找人把椅子送到了他的办公室。后来大家调侃我说，我是我们庭长用一把破椅子换来的……

然后我就开始了半天业务庭半天办公室的生活，庭长派我跟着一位经验丰富的老法官工作，因为他德高望重，庭里的年轻同志都叫他"师傅"，我跟着师傅主要是调证和旁听开庭，要是书记员有事我还兼职记录，偶尔帮着写写简单的判决。现在看，庭长的安排是非常周到的。

这时候又有了一个好消息，部门来了一个新人，跟着我工作，小伙子文笔很好，很快就能接手我的工作，接班人的问题终于解决了。

这样一直到了那年冬天，年底综合部门特别忙，主管院领导找我谈话，让我暂时不要下庭了，先把本职工作干好，下庭的事，明年再说吧……

到了年底，师傅突然病倒了，庭长赶紧跟院里叫苦，说师傅的案子没人办，要求我马上下庭，最后院里批准了。哎呀，折腾了快一年。

下庭后，庭里的同事们对我的到来表示热烈欢迎，因为大家都说，在综合部门工作多好啊，第一次看见有人主动往"火坑"里跳的……

师傅留下来的案子，没开庭的给我，开过庭的给庭长，真是赶鸭子上架。因为我之前几乎没在业务庭工作过，没吃过猪肉，也没见过猪跑。

庭长带着我去医院看望师傅，除了慰问品还有两大兜案卷，挨个问每件案子的情况，师傅坐在病床上挨个讲，我在一旁拿着笔赶紧记。

后来师傅病好了回来工作，庭长让我跟着师傅在一个办公室，有事随时可以指导我，一开始写的判决也是庭长亲自给我改，第一年虽然干得磕磕绊绊，好歹有两位大咖给把关，总算没犯啥大错，算是在业务庭站稳了脚。

现在司法改革了，业务部门和综合部门两条线分别管理，我这种下庭的经历，大概会越来越少了。

# 好脾气的人就适合当民事法官吗?

记得还在初中的时候,班主任老师就说,我以后考上高中了,一定学文科,原因是我从小喜欢看书,特别是历史书,在老师看来,这样的孩子不学文科简直是浪费。

进入法院工作后,很长一段时间都在综合部门工作,一位曾在业务庭工作过的前辈曾经评价说,我以后应该去民事审判庭,理由呢? 理由是我脾气好,民事法官和当事人打交道得有耐心,我这样好脾气的人适合去民庭。

因为很长一段时间都在综合部门工作,办案对我还属于听说过没见过,非常有神秘感。在立案庭的时候,同事讲过一位老法官的故事。说这位法官脾气非常好,好到什么程度呢? 据说他接待当事人的时候,曾有当事人指着鼻子骂他,他都不还嘴。

一开始,我对自己的好脾气也是挺有信心的。在信访部门工作的时候,听到当事人投诉法官的态度不好都觉得有点不理解,怎么就不能耐心一点呢,我当法官肯定不会这样。不只我这么想,综合部门一些年轻的同事也是这么认为的。

很多新法官刚办案子的时候都这样,对当事人态度特别好,但是,有时候办案子一味态度好还真不行。有位同事,对当事人态度特别好,结果案子判下来,败诉那一方没完没了信访她,她怎么释明都不行,后来她不解地问,您对我哪里不满? 对方回答说,你哪都好,就是明知道我要败诉了,为什么不劝我撤诉呢……

经过将近一年的奋斗,我终于下庭办案了,而且去的就是民事审判庭,结果没多久,办公室的同事们听到我对当事人发脾气的"事迹",都觉得有点不可思议,说他也会发脾气?

下庭办案后几次发火,都是因为遇到那种浑不吝的当事人,比如:

一个继承案子,本来遗产没有那个被告什么事,因为被继承人代书遗嘱不符合规范,原告不得已同意给他二十万补偿,电话里都说好了,于是我把继承人都叫过来做调解笔录，现场就调解内容达成一致，出了 A 笔录，等原、被告签完字我就出调解书。那个被告看了看笔录，说要修改，我听了半天，这不一个意思吗，行，又修改完打印了 B 笔录，他拿起来看了看，又说还得改，其实还是一个意思，我压着火说行吧，这回想好了吗？他说想好了，不变了。于是又打印了 C 笔录，他又看了看，说我觉得后半部分还是按照 A 笔录改比较合适，说完把笔录还给了我，说只要这么改，我一定签。我看到被告没有调解的诚意，结束了调解。

半个小时后，他给我打电话，说还想调解，就按照 A 笔录写就行……

我直接把电话重重地挂了。

再后来，我把当初自己以为的法官脾气好就不会和当事人发火的想法，列为十种幼稚病之首。

很多法官办案后都经历过这样的转变，一开始单纯热情，再后来又有点被浇冷水，这两种当然都不可取，绝大多数法官最后都在两种极端中间找到了某种平衡，心还是热的，但是话语平和自然，态度不卑不亢，这也是成熟的标志吧。

# 家事法官的十项必备技能

　　2017 年，我院成立了家事审判庭，专门审理家事案件，我也作为首批成员调到该庭工作，成为一名专职的家事法官。虽然家事案件也属于民事案件，但是因为家事案件独特的案件特点，使得家事法官和普通的民事法官相比有其鲜明的特点，总结自己几年的家事审判经验，做一个小小的总结：

　　**一、找得到被告**

　　你去问民事法官，审判过程中最困难的是什么，十有八九会回答是送达难。现在人员流动性越来越强，更不乏当事人恶意躲避诉讼。对于普通民事法官，找不到被告也许更多的是审限上的困扰，而对于家事法官，这几乎是对审判的毁灭性打击。找不到被告，就意味着很难查清夫妻感情是否破裂，意味着很难查清共同财产的详细情况，特别是出资情况，就意味着判决离婚会给法官带来巨大的职业风险，也意味着原告很难达到诉讼目的。因此找人成了家事法官的必要技能，查户籍、查社保、走访原籍，等等。但家事法官的权限和手段实在有限，几年下来，我享受过找到被告的喜悦，更多时候只能品尝付出努力仍然一无所获的苦涩。

　　**二、查得清财产**

　　还是要感叹，人民确实富裕了。老法官曾说，早年审离婚案件分财产也简单，无非是家具家电锅碗瓢盆，都在明处。现在国人财产种类日益繁多，转移隐匿财产的方式也是花样翻新。越来越多的当事人向法院提出调查申请，要求查清对方名下财产。问题是家事法官权力有限，时间和精力更有限，想想现在有多少家银行，多少家证券公司，就知道查清财产的难度有多大。有一回一个当事人提交调证申请，内容倒也简单，要求法官查清被告名下全部财产，我看到后顿时火大，和他讲，必须明确申请调查财产的种类，必须提供相关财产的线索，我不是天兵天将，也没有三头六臂，实在完成不了您这样的重托。

### 三、调得来证据

现在普通老百姓都知道，打官司就是打证据。越来越多的当事人要求法官调取证据。而且很多单位都拒绝当事人和律师调证，必须法官亲自前往才行。更有单位怕给自己惹上麻烦，对法院调证非常不配合。我就遇到过个别单位和组织专门下文，要求遇到法院来调证的，可以口头介绍情况，不得出具书面材料，不得在笔录上签字，不得加盖单位印章。有一回我问一个老法官，遇到对方单位不配合调证怎么办，答复是把当事人带去，一是让当事人看到法官的工作，更加理解信任法官，二是如果单位不配合，法官没有办法，当事人可以给对方施加压力……

### 四、"hold 住"场面

离婚案件涉及双方切身利益，很多时候双方积怨已深，审判过程中双方情绪激动言辞激烈属于常态，拍案而起乃至拳脚相加都不见罕。法官必须控制审判节奏，维持审判秩序。要说庭审还是在法院，法官属于主场作战，到当事人家中清点财产就属于纯粹的客场作战了，好一点还有法警配合，更多的时候只有法官和书记员，现场往往人多嘴杂，一些亲友可能煽风点火，表现得比当事人还激动。这时候一定要压得住场面，既要保证清点财产顺利进行，还要确保清点结束后另一方当事人安全离开现场，防止双方爆发冲突酿成新的事端。

### 五、分得了房产

有位老法官对我感叹，你们这一代民事法官，天天在和上涨的房价作斗争。房产作为家庭的主要财产，关系着当事人的切身利益，牵动着两个家庭的内心，更是夫妻日常生活和离婚分割财产时的焦点、热点、重点和难点。分割房产时，购房时的出资比例，购房资金的来源，婚后的还贷情况，房屋现值，仍需偿还的本金及利息，共同还贷的增值部分，这些都需要法官查得清、算得准、分得对。只有这时候我才觉得，作为一名家事法官，当年当过两年会计绝对是磨刀不误砍柴工。

### 六、接得住信访

好多老法官都说，原来的当事人还是敬畏法院的，现在越来越多的当事人不把法院当回事了。曾有当事人午休时间没有预约就来法院要求见法官，值班法警没让他进，不仅因为是休息时间，而且经联系法官不在法院。当事人很生气，质问法官为什么不在，法警说现在是休息时间，结果对方很不满。这还是好的，还在审判阶段就以种种奇葩理由四处上访者有之，离婚案件中当事人把孩子丢在法院扬言让法院抚养者有之，拿到判决对结果不满意而大吵大闹撒泼耍赖者有之。

尽管法院有信访部门，但很多时候遇到当事人来访，法院都本着"谁的孩子谁抱"的原则，让承办法官去接待。当事人哭闹的要安抚，当事人吵闹的要处理，各个上级单位转来的信访件还要书面回复。处理信访大概是家事法官最委屈、最无奈、最感受不到法官尊荣感的事情。

### 七、防得了"抑郁"

好多人问我，天天审理家事案件会不会对心理造成影响，我回答，肯定会的。据我观察，家事庭的同志审理家事案件时间长了，没结婚的就说还结什么婚啊，都得离，已经结婚的就说还离什么婚啊，和谁过都那样。看着收回的结婚证，照片上无一不是喜悦甜蜜，很是感叹双方怎么就到现在这样仇人一般的地步了。经常去婚姻登记处调证，看到进出的人喜气洋洋，工作人员的桌子上摆着新人们赠送的喜糖，时间长了工作人员还会抓几块送给我们，再联想到自己天天面对的当事人，不是哭哭啼啼就是怒目相向，真有恍如隔世的感觉。有个同事就感叹，咱们真应该定期到婚姻登记处工作一段时间，不然时间长了肯定会抑郁啊。

### 八、保得住"性命"

近年来，伤害法官的事件，特别是造成法官死伤的恶性事件时有耳闻。当事人伤害家事法官，往往因为当事人对裁判结果不满，而在案件审结后对法官进行报复。因此，对于民事法官的伤害，往往更难预测，也就更难防范。早年对民事法官的伤害事件主要发生在法院。近年来随着法院安保工作的加强，大量危险品在安检环节即被查扣，在法院伤害法官的难度不断加大。不法分子更多采取跟踪的方式恐吓法官及其家人，并发展到至法官家中实施暴力。此外，家事法官往往以女性法官居多，而从暴力犯罪特点来看，女性更容易成为不法分子使用暴力的对象。当然，伤害法官案件属于极端案件。日常工作中，法官遭到当事人辱骂、跟踪、威胁乃至肢体碰撞的情形更常见些。而且和涉警、涉医的舆情事件类似，部分社会舆论对于法官群体同样充满了仇视。每次出现伤害法官的新闻，充斥着对遇害法官判案不公的有罪推定，让人尤为寒心。

### 九、挨得住枯燥

同事有句名言，办案子其实挺有意思的，就是案子别太多了。作为家事法官，偶尔和别人聊几件自己审理过的比较八卦狗血的离婚案件，还会惹来羡慕之声：你这工作多好啊，天天都跟看韩剧似的。其实不然啊，家事法官主要审理离婚案件，一打开电脑清一色的案由让你看着电脑有得眼盲症的感觉。都说幸福的家庭家家相似，不幸的家庭个个不同。其实离婚案子审多了，就会发现来离婚的夫妻很多情况都相似，比如现在来离婚的，很大一部分是"85后"，2010年前后结婚，有了孩子后，压力大了，负担重了，老人参与到生活中了，双方原本没矛盾的就有矛盾了，有矛盾的更激化了，这一代人又不像上一代人能互相体谅容忍，有了矛盾处理不好越来越激化，最后协商不成就打到法院来离婚。有时候一天开四个庭，几乎案情都是一样，审判又是程序性很强的工作，同样的流程不断地重复，一天下来真有筋疲力尽之感，第二天回想昨天的案子，都想不起当事人的名字和模样。

### 十、守得住初心

所有的工作都是良心活，审判工作也不例外，家事审判错综复杂，和普通人密切相关，更是如此。对于家事法官而言，有些案子可判（离）可不判（离），有些证据可调可不调，有些话可说可不说，但是对当事人的影响却是非常大的。选择在法院工作的人，都是多少有点理想和情怀的，无论工作了多久，别辜负当初的理想和激情，多年以后再遇到当事人和他们的孩子，无论他们对你感激涕零还是破口大骂，希望你都能平静地告诉自己，我曾认真地对待过他们。

# 家事审判庭逸事

1. 审理一起离婚案件，符合法定离婚条件，被告也同意离婚。庭审中审理到财产分割时，被告又节外生枝说了一些家庭琐事，接下来还有一个庭，我忍不住打断她：都到这个阶段了，就别谈感情了，咱们谈谈钱吧！

2. 离婚纠纷，女方起诉男方骗婚，现已下落不明两年多。被告没找到，我辗转找到被告父亲，询问时问道：知道您的儿子已经结婚了吗？对方回答：他都好几年没有消息了，没听说他还结婚了啊。我把女方作为证据提交的结婚证递给他，说：来，看看你儿媳妇什么样？对方哭笑不得地接过来看了看，对我说，我真不知道这件事，我儿子不是个东西，连我们都骗，你就给判离了吧，别耽误人家闺女。

3. 同事审理一件离婚案件，庭审时询问被告：同意离婚吗？被告说：坚决不同意！同事又问：你们夫妻感情怎么样？被告回答：我们感情真的破裂了！同事顿时抓狂。

4. 一起离婚案件，先是女方说男方隐匿工资收入，经查实确实如此。男方又提出女方隐匿存款，我调取女方银行流水也确实如此。庭审时我让男方对女方的银行流水进行质证，男方翻看时不知怎的一边看一边哭，女方看到这一情景也边哭边说：你知道的，离婚了我带着孩子也不容易，这些钱就给我吧，你隐匿的财产我也不要了，好吗？男方没回答，还是边看边哭。女方律师看了特别感动，对我说：法官你看，是不是给双方一点时间单独相处一下啊？见惯了类似场景的我面无表情地摆摆手，对男方说：说一下质证意见吧。男方擦干眼泪，目光坚毅地对我说，法官，我要求分割这些存款！于是我波澜不惊地宣布询问结束，女方气得拂袖而去，留下女方律师独自凌乱！

5. 离婚案件，男方起诉女方，刚开庭，双方就说，法官，能不能给我们调解和好？我听了大喜过望，过了一个小时，双方均坚定地对我说：法官，我们不调了，这个婚一定得离！这件事让我第一次对自己的工作能力产生了深深的怀疑！

6. 近几年全国法院大力推行家事审判改革，本院也成立了家事审判庭，有同事向我们询问家事审判庭的受案范围，我们回答：从抚养费纠纷到赡养费纠纷，从离婚纠纷到离婚后财产纠纷，等等，还包括继承纠纷。简言之，从摇篮到坟墓我们都管！

7. 有一天下午做一个询问，结果快下班才结束，同事不解地问：怎么用了这么长时间？我回答说：原告迟到了一个多小时，一直在等。同事们群情激昂地说：这也太不拿法官当回事了，这你也能忍？我回答说：她是来撤诉的。同事们听罢纷纷表示，这个可以忍，要是我，我也等！唉，瞧法官们这点出息。

8. 2018 年，除离婚等纠纷外，继承纠纷也划归本庭审理，大家感慨说，原来天天看夫妻反目，今后不仅要看夫妻反目，还要看兄弟姐妹反目了。

9. 一位当事人给我打电话，问：你下午有时间吗，我想接见你一下。我无语了一会儿，说：没问题，很荣幸。下午"接见"的时候，他一口一句 × 律师，让我差点崩溃，在确认我戴了法徽而且是在法院被他接见后，真想提醒他：大哥，先别叫律师呗，您也没给我律师费呢。

# 我的小院法庭

　　院里的办公楼和审判楼建于二十世纪八十年代，内部设施早已陈旧不堪。这些年案件潮水般涌向法院，最难克服的是法庭不敷使用，平均一个法官每周只有一天到两天的开庭时间。新的审判大楼迟迟不能投入使用，院里无奈，将审判楼与办公楼的中间地带围成一个小院，将其中的两间小屋改成了法庭，并将其中一间法庭交给我们家事审判庭使用，于是我把这间法庭称为小院法庭。

　　小院法庭的空间狭小，原、被告一桌之隔，一方一伸手就能抓到对方。家事案件审理过程中经常会出现双方情绪激动乃至发生肢体冲突的情况，因此营造良好的庭审环境是各个家事法庭的追求。有一回为了营造宽松和谐的法庭氛围，庭里打算在小院法庭的桌子上摆几盆植物，当然经费是没有的，女法官们因陋就简地试着把自己养的盆栽植物摆在上面，摆好了让我提意见，我看了看，说其他植物都还好，那盆小仙人掌就不要摆了，当事人激动起来手舞足蹈的，万一碰到仙人掌扎坏了，咱们还得出医药费，这还不是最可怕的，最可怕的是，万一当事人仇人相见分外眼红，顺手抄起仙人掌砸到对方的脸上……大家想了想都觉得不寒而栗，赶紧把植物都撤走了。

　　有一天审理一件离婚案件，法庭内原、被告唇枪舌剑，就子女抚养财产分割问题争辩得非常激烈，庭外他们的婚生子在老人的陪同下在小院里玩耍。案件审理得很艰难，双方矛盾尖锐，特别是双方就子女抚养问题互不相让，正在激烈争辩的时候，老人一个没看住，孩子调皮地推开了法庭的门跑了进来，好奇地打量着法庭的陈设和屋里的人，咿咿呀呀地叫着爸爸妈妈，法庭一下子安静了下来，一群功利的成人默默地看着一个纯真的孩子，竟都不知该说些什么，做些什么。是啊，大人们该如何向孩子解释法庭里正在发生的事情呢？院外的老人跑进屋里将孩子抱离后，大家又沉默了良久，最后，案件以调解结案。

　　小院法庭虽然简陋，但是也会给我们带来独特的欢乐。有一年秋天，小院突然来了一只漂亮的母猫，我们都叫她"猫"，不久猫还生育了五只可爱的小猫，这让大家更喜欢她了。

猫脾气温顺，和人很亲密，谁都可以摸一摸，大家都说这肯定是一只走失的家猫。法院的人很有爱心，把它们安置在小院的一个小储藏室。大家闲暇时带来各种各样的食品喂养她和她的儿女们。猫很喜欢小院，经常跑到法庭里来，法官开庭时看到她，经常会摸摸她的头说：我们要开庭了，你去外面玩吧。猫就会乖巧地跑出法庭在小院玩耍，经常会有当事人或是律师在小院看到她，喜欢得不得了。

后来天气越来越冷了，猫也越来越喜欢待在法庭的皮椅子上。有一回我去开庭，还没有来暖气，法庭还是挺冷的。我一边看卷一边等待当事人到来，猫原本卧在我旁边的椅子上，我坐好后主动跑到我的椅子上，躲在身后和我抱团取暖，让我在这个寒冷的法庭里倍觉温暖。

后来猫的五个孩子陆续都被法院的同事抱回了家，她也被其他法院的一位法官带走了。虽然大家都知道她离开后会生活得更好，但依旧怅然若失，觉得小院法庭少了些什么，一个同事感叹：唉，上班的动力又少了。

领养它的法官会经常给我们发一些猫的照片，看到她有了新家，有了新的伙伴，我们多少感到释然。

后来我们搬到新的审判综合大楼，那里一切都是崭新的、正规的，不会再有小院法庭了。谨以此文，纪念我的小院法庭，和在这里的日日夜夜。

## 细节里看法院

# 法律人的"故步自封"，都是从依赖经验开始的

2020 年初，有位好友加入了员额法官的队伍，并调到了业务庭工作，那段时间因为疫情，很多审判工作无法开展，于是她抓紧有利时机恶补法律知识和相关案例。学习之余她经常会和我探讨遇到的困惑，比如：

"这个案例应该裁定驳回还是判决驳回？"

"这个案例这么判对吗？"

"这么做的法律依据是什么？"

……

一开始，很多问题我都能给出准确的答案，渐渐地，有些问题我就吃不准了：

"这个问题我们一直都是这么判的。"

"这个问题啊，这么判当事人肯定没意见。"

"类似的案子我遇到过，但是你提出的问题我真没想过。"

"这个问题我也不知道……"

这位朋友很喜欢动笔，发表了不少论文、调研和案例，喜欢写作的人往往都喜欢思考，有时候问得多了她也觉得歉然，认为给我添了很大的麻烦。其实我倒没觉得麻烦，只是多了一些反思。

大部分法律人都是过了法考、学了理论才开始法律实践的。一入手就会发现法律实践和之前的想象完全不一样，难免手忙脚乱顾此失彼，就好像很多人初入

职场都会被讥笑"连复印机都不会用"，当你充满了失败感且耳边充盈着他人的嘲讽声的时候，再被人重复几句"法律的生命不在于逻辑而在于经验"，几乎就会让你从心底丧失掉对于法律理论的信心。

办了几年案子，你身边就会有这样的榜样：有的年纪相近的同事，讨论案子时几乎不谈法律理论，但是特别擅长摆平当事人，你觉得棘手的案子人家去做工作后原告就撤诉了，很多你不知道该怎么判的案子人家就给调解了，好多你觉得判得不正确的案子人家判决后当事人就是不上诉，真让你叹为观止。

你身边还会有这样的议论：

"她名牌大学毕业又怎么样？你看，当事人又来信访了吧！"

"他写了那么多论文，判决不还是总被中院发改吗？"

……

有时候看到一些律师也是这样，你觉得人家没有什么法律水平，但是人家就是干得风生水起，这边你笑话人家"老天爷饿不死瞎家雀"，那边人家房子都买了好几套了。

时间长了，等你也有经验了，你也可能走类似的路子：有些案子我不懂，但我想办法调解了；有些做法我解释不了，但一直都是这么做的；别问我为什么这么做，反正当事人又不会上诉。

慢慢地，你开始怠于学习新的法律法规，你开始有些不耐烦和你在法律问题上较真的同行和当事人，你开始觉得今后的办案生涯都可以这样岁月静好下去了。

但是法律总是常变常新，法律这个职业是需要活到老学到老的，总有一些案子是需要你写判决的，总有一些当事人是你摆不平的，总有一些法律问题是你必须较真的。之前在信访部门工作时就会遇到这样的情景，当案件当事人就某一法律问题质问法官时，有的法官就能给出掷地有声的回答，有的法官就支支吾吾地被问得答不上话，心虚得不行，还有的法官被问急了回答，说我们一直都是这么判的，但是依据呢？对不起，我再找找……

有经验好不好？很好，真的很好，特别是对于一位法律工作者。但是别让经验局限了你，甚至耽误了你。好是更好的敌人，作为一个法律人，不要做温水里的青蛙，什么是温水？职业倦怠＋已有经验。

从今天开始就拿起书本学习新的法律知识，就敲起键盘总结自己的工作经验，经验和理论并不冲突，就好像古诗词和英语并不冲突。学者能学贯古今，医生能中西医结合，作为一个法律工作者，大家都能从理论到实践，再上升到理论，不是很好的一件事吗？

# 闭嘴，是"前浪"面对"后浪"时的基本修养

近年来，有两个词经常被提及，就是"前浪""后浪"。作为最早的一批"80后"，无论如何我也不是"后浪"的一员了，自己的称呼，也从一开始的"橙子"，到现在的"橙哥"，网上已经有人开始喊我"橙叔"了。我的助理，也从最开始的"80后"，到现在的"95后"了。

我喜欢《后浪》①，不是因为我觉得里面对于青年人生活的描述有多真实，实际上，也恰恰是这些溢美之词引发了争议，因为很多"后浪"明显是对自己的生活状态不满意的，并不觉得自己的生活应该被羡慕，相反，身边的很多"90后"倒是挺羡慕"80后"能赶在房价暴涨前"上车"，在买房这件事上能少奋斗几十年的。

我喜欢《后浪》，是喜欢最后几句话：

> 不用活成我们想象中的样子
> 我们这一代的想象力不足以想象你们的未来
> 如果你们依然需要我们的祝福
> 那么
> 奔涌吧
> 后浪
> 我们在同一条奔涌的河流

一开始，我作为"后浪"进入法院工作的时候，很反感的一件事，就是"前浪"们的自以为是和好为人师。

---

① 2020年5月3日（五四青年节前夕）首播，由 bilibili 网站推出的演讲视频。

进入法院的第一年，有位老同志来办公室串门遇到了我，得知我是新人后和我聊了好一会儿，大部分时间都在聊考试。他对我说，你知道吗，其实考试是有窍门的，知道了规律考什么都能考好……

作为新人，对老同事还是要尊重的，耐着性子听了半天，也没听他说出什么高论，内心暗自腹诽，从中考、高考、法考、公考一路走来的我，似乎真的不用这位没怎么参加过考试的老同志来告诉我考试其实是有窍门的。

后来又遇到不少这样的人，水平算不上高，但是挺好为人师的，和年轻人聊天就两个话题，一个是自己的光荣往事，一个是对年轻人指手画脚。当时自己一边无奈地听着，一边告诉自己，以后自己千万不要这样讨人嫌！

慢慢地，十年过去了。

我开始相信那句话：最后，我们都变成了自己当初最讨厌的那个样子！

我也开始满足于自己获得工作经验和生活经验了。

我也开始自觉或者不自觉地教育起新同事该如何工作了。

我也开始按照自己的状态帮同事规划起该如何生活了。

我滔滔不绝地说着，当然，我是发自肺腑的，新同事们也一如我当年，恭恭敬敬地听着。

直到某一天我问自己，你的经验真的适用对方吗？他们愿意活成你现在的样子吗？他们真的愿意听你的滔滔不绝吗？

再问一句诛心的话，是不是自己现在说教的样子，一如当年的那些老同志，挺讨人嫌的？

所以我现在开始不断地告诫自己，管好自己的嘴巴，少去和年轻的同事说教，特别是不要主动去说教。

我更喜欢在网络上分享，毕竟在网络上是相对公平的，喜欢就看，不喜欢就不看，不像面对面，对方还要被社交礼仪绑架。

所以，我很喜欢《后浪》，确切地说，是喜欢《后浪》中所表现出来的中年人对于年轻人的态度，那就是：

祝福，并一起奔涌！

# 和前辈比，现在的法院人比较"乖"

曾经有位同人如此评价，说和老一辈相比，现在的法院人比较"无趣"。

仔细一想，我也觉得确实如此。我在法院属于承上启下的一代，当初在立案庭工作，那是老法官扎堆的地方，后来去了办公室，少不了在各类活动中，例如看望、庆祝、纪念等等，和老领导老同志打交道，所以对老一辈法院人有一定的了解。后来下庭办案，这些年审判一线老同志越来越少，年轻法官越来越多，所以和年轻干警打交道也很多，看得多了，难免会进行对比。

我感觉，和前辈比，现在的法院人确实普遍比较中规中矩，或者说，比较"乖"。

从行为举止来说，新一代法院人普遍比较温文尔雅，我经常开玩笑说，和公安和检察院相比，法院人的气质是越来越彬彬有礼了。和当事人打交道，从下限上讲，我见过的和当事人态度最激烈的举动，大概就是对喊几句，从上限上讲，好像也亲切不到哪里去。而在当初，我曾目睹有的老法官和当事人长时间对吵，而亲切起来，有的老同志能对初次见面的当事人说"你就像我的亲妹子，你说我能坑你吗？"这是新一辈无论如何也说不出的话。

甚至从个人情感生活来说，我也能感觉到，老一辈法院人中，情感生活丰富的人相对多，连我这种对八卦消息不太关心的人，也多少能讲出他们的一些逸事。而新一代法院人呢，普遍感情生活很稳定，按部就班地相亲、结婚、生娃，不少还生两个娃，我回想一下，几乎都讲不出什么八卦逸事。

为什么会这样？

从个人经历来说，老一辈普遍来自各行各业，新一辈普遍科班毕业。

二十世纪八十年代充实法院的时候，人员来自各行各业，我熟悉的老法官，好多来自工厂、街道、学校，或是高考落榜后直接招考进法院的，还有很大一部分是部队复转军人。而后来的法院人，基本都是科班毕业，不少还来自名校。

从地域区分，老一辈普遍来自本地，新一辈更多来自五湖四海。

公务员统一考试是后来的事了，更早的时候，我国的人员流动并不大，都是在自己的家乡就业。我认识的老法官们，基本都是本地人。现在随着公务员招考越来越规范，全社会人员的流动性越来越高，法院新人中外地人越来越多，甚至反客为主，本地人比较少。每年院里发榜公示新招录干警，看身份证号就能发现基本都是外地人，以山东、河北最多，大概是因为这两个地方的孩子们考试能力普遍比较强。

从外部环境来说，老一辈受到的约束相对较少，新一辈普遍要求严格。

遥想当年刚进法院在民事速裁庭的时候，第一次旁听庭审，还是位经验很丰富的老法官主持庭审，我还是挺兴奋的，早早就到了法庭，当看到有位当事人正在抽烟，我严肃地对他说，法庭内不许抽烟！对方听到后诚惶诚恐赶紧把烟掐灭了，结果没一会儿，老法官自己抽着烟就踱进了法庭，真是"啪啪打脸"。而现在法院工作越来越规范，要求越来越严格，年轻的法院人自打进了法院，就在各种各样的规章制度管理约束下，所以普遍比较规矩。我和他们讲一些当年老法官的逸事，他们甚至都觉得有些不可思议。

总结一下，老法官多个性，新法官多共性，老法官本地人多，新法官外地人多，老法官江湖气重，新法官书卷气重。两代人，都是时代的产物，被自身所处的时代塑造，也反过来影响和塑造所处时代的气质。

但是单从讲故事的角度来说，比较"乖"的新法院人，也确实比较无趣。

# 没整过卷，装订过会计凭证算吗？

很多法院人看过江苏高院原创 MV《整卷少女》，我当时看完不禁感叹，所谓的法院文化，就是这样的吧。这首歌也让"整卷"这个词出圈了，所谓整卷，就是案卷归档前按照规范进行整理，是法官助理或是书记员的一项常规工作。

讲真，我从没整过卷，因为进法院后最开始在民事速裁庭待了一阵子，连正式庭审是啥样都没怎么见过，然后就被调到立案庭帮着处理信访了，之后又被调到办公室写了几年信息文稿，其间被任命为助理审判员，当了几年没承办过案子的助理审判员后直接调到业务庭独立办案，案件归档工作都是由助理或是书记员完成的，所以我真没整过卷……

当然，虽然没整过卷，但是我也干过类似的活，就是当年当出纳的时候装订会计凭证，所以我后来进法院工作后看到打孔机、针线等等顿时觉得非常亲切。

当出纳那会儿只有月初月末特别忙，忙完那一阵后就腾出手装订凭证，这活儿轻松得很，我那会儿经常一边看着电脑上网一边装订凭证，打孔穿线剪刀糨糊优哉游哉地一干一整天，下班时常自我调侃：又上了一天的手工课。

法院有位同事特别能干，各项工作样样精通，庭审时一边听当事人发表辩论意见一边整卷，经常庭开完了卷也整完了。这件事被大家传为美谈，不过最后据说院里知道后明令禁止，理由是法官在法庭辩论时整卷显得对当事人不够尊重……

在我看来，写完判决传给助理，这个案子就结了，可以把这个案件从《案件进度表》的"未结"工作簿移到"已结"工作簿了。而对于助理来说，很多工作才刚刚开始，文书要校对、打印、宣判，还要整卷，我至今都不知道整好的案卷的排列顺序是什么，更别提帮助理整卷了。

遇到我这种不知整卷为何物的法官，助理和书记员就得多受累了，我的助理被大家评论为，每天早上上班时都是打扮得清清爽爽，每天晚上加完班下班时头发都散乱了。去年年底的最后一周，我周一早上一气给助理发了 17 份周末刚写完的判决，对于这事我都有点不好意思了，还好助理脾气好……

整卷还事关审判管理，刚进法院那会，法官可以在审判系统上自行结案，后来新闻报道有的法官在案件还没审结的时候就自行点击结案，于是院里将结案权力从法官手中收走了。后来法院发现部分法官结案后案卷未及时归档，于是又规定案件审结并整卷归档后方可报结，这样做从审判管理角度无可厚非，但助理的工作负担无疑就越来越重了。

助理整卷时我大概唯一需要帮忙的就是发现部分证据找不到时。现在老百姓都知道"打官司就是打证据"，问题是当事人不管证据有用没用一股脑儿都交上来，大量的证据经过双方质证再经过写判决时的翻阅，整卷时经常会发现案卷里的证据和笔录记载的证据目录不能完全对得上。如果复印件缺失还好办，证据原件对不上就比较麻烦了。后来我吸取教训，对于确实没有必要的证据尽量劝阻当事人不要提交，非要提交的尽量当庭退回原件并记入笔录，提交的证据整理好用夹子夹好避免散失，如此等等吧。

整卷不能算是多么高深的技术活，但是能把这些工作一直做好非常不容易，可以说整卷少女真是员额法官背后的隐形英雄了。法院真的应该更加善待她们，特别是那些一直兢兢业业工作的聘用制书记员，很多时候她们的付出和待遇真的不匹配。

另外说一句，随着司法改革不断深入，法院内部审判人员和行政人员分类管理，今后大概不会有我这样没当过书记员、不知整卷为何物的法官了吧。

# 欢迎报考法院，因为真的缺助理

前几年，本院和一所高校的法学院有共建活动，两家单位对这件事都很重视，院里是"大 boss"带队，对方有副校长参加。当时我在家事庭工作，也跟着参加了签字仪式。

多年之后再回想签字仪式，就记得两个细节：

一是仪式开始前聊天，法学院的一位领导有点尬聊，对院长说你好像胖了，要知道我们的院长可是女同胞啊。院长倒是不以为意，笑着说现在的人工作压力都大，男同胞压力大了可能抽烟喝酒，我们女同胞压力大了喜欢吃零食，可不是就胖了，说完大家都笑了。我们听完都暗自点头，觉得同是领导，两个人的说话水平真是一目了然。

二是签字仪式后双方举行座谈，法学院的一位领导说，现在法学院每年那么多毕业生，就业压力很大，而法院的同志总是说法院案多人少，希望法院今后多招人，既解决了我们的就业压力，也解决了法院案多人少的问题。

不记得院长当时怎么回答的了，其实法院哪里不想多招人呢？但是人事权又不在法院手里，每年招多少个都是有要求的。每年指标都不一致，比如有一年院里预备招 12 人，这是比较多的一年了，最少的大概是我毕业那年，院里就招了 3 人。

司法改革后，法院成立审判团队，理论上每个团队至少应当是一位法官 + 一位助理 + 一位书记员，但实际上很多法院都做不到这一点。例如我，之前在家事庭，尚能够做到配备一个助理 + 半个书记员，所谓半个书记员是指和另一位法官共用一位书记员，书记员周一周三跟着他开庭，周二周四跟着我开庭，周五开庭就得两家商量着来。而我能够配一个助理，也是因为我的助理兼任庭里的党务工作。近年来党务工作日益正规化，工作量也逐步加大，所以给了兼职党务的助理特殊政策，只跟着一位法官，其他不兼职内勤或者党务的助理，都需要跟着两位法官。

　　本以为这样的情况已经算窘迫了，结果一位兄弟法院的好友和我说，她比我晚几年成为员额法官，她所在部门的人员更紧张，两位法官配备一位助理都做不到，比如她，只给配备了一位聘用制书记员，资历、年龄比她还大，一言不合就撂挑子，想找个替补都没有，她作为法官还得哄着书记员干活，没事请吃饭啥的。听她说完，我顿时觉得自己简直太幸福了。

　　要说法院每年都会招人，多少而已，难道不能缓解人员紧张的问题吗？真的不能。毕竟每年招的人名额有限，且不说有时候一些法院即便有名额也因为报考人数不够而招录不满，即便按照计划招够了人，法院又不只是业务庭缺人，行政部门、法警队等部门一样缺人，而且业务庭数量也多，每年招的几个人，各个部门一分，每个庭有时一年还分不到一位新人。这还不算法院每年因为各种原因流失的人员，所以人员总是极度紧张。

　　有一年院里法官助理岗招 10 人，我不等院里号召，就主动地在朋友圈转发了招聘启事，还特别转发到了母校校友的微信群里。尽管知道即便有 10 个名额也不一定能有足够多的人报考，尽管知道即便真的招来了 10 位助理也得下半年才能到岗，尽管知道即便新的助理下半年到岗也不一定就能分到本部门，但还是衷心祈祷有更多的人加入法院队伍，因为司法事业，也包括我这样的一线法官，真的很需要你们。

# 院里来新人是啥感觉?

年年岁岁花相似,岁岁年年人不同。

都说体制内就是一个熟人社会,是的。为啥是熟人社会呢?因为人员很稳定,流动性比较小。你和同事也许要相处几十年,直到退休。当然,现在人员流动比以前大多了,体制内的人辞职也常见,但相对来说,稳定性还是比较强。人员稳定的一大坏处,就是让人觉得比较枯燥。每年都是这些活儿,周围都是这些人,缺乏变化和新鲜感。

而每年能让大家感到新鲜和变化的,就是新人来了。新人来了什么感觉呢?

**一、叫不上名字**

记得自己来院三四年的时候,依然有很多同事叫不出我的名字,当时心里还有点不爽,觉得有点说不过去了吧,本院又不是啥大单位,全院就两百来人,都在一个大楼里一起待了三四年了,也该认识我了吧。

后来在法院工作时间长了,发现自己也是这样,特别是下庭后,真的是两耳不闻窗外事,除了本部门的同事和当事人之外,基本不和其他人打交道。有时候忙起来连院网站都不打开,啥新闻也不知道。除了分配到本部门工作的新人,其他的新人也就勉强能知道是本院的,名字都叫不出来。除非这位新人太有名,比如全国法院系统论文比赛得了一二等奖,或者闯了什么大祸之类的,不然真不认识。

所以,每年当我到单位食堂吃饭,放眼望去,又多了好多陌生的面孔,我大概就知道,院里来新人了。

**二、连跑带跳**

前些天,庭里来了新同志,观察了几天,有人对我说:你发现没有,他总是连跑带跳的。

我说:"很正常啊。"

记得我当初大学刚毕业进一家公司工作，也是这样，干劲十足，跑来跑去的。公司办公大楼有十几层，如果两个办公室相差五层以内，自己都是走楼梯，而且还是一步跨两三级楼梯，也是这样连跑带蹦的。

毕竟那时自己是单位最年轻的人，充满了干劲和活力，和那些戴着眼镜、胖乎乎又笑眯眯的中年大叔不一样，只不过苍天饶过谁，终有一天自己变成了戴着眼镜、胖乎乎的中年大叔，笑眯眯地看着"95后"们满楼飞奔，嗯，明年就该看着"00后"们满楼飞奔了……

### 三、露怯

无论哪个单位，新人到岗后都常受打击，比如被人批评连复印机都不会用。

法院新人露怯主要不在这方面，而是表现在和当事人打交道上。

和当事人打交道是法院人的一门必修课，但是这门课不好修，不要说新人，很多有经验的法官助理乃至法官，和当事人打交道时依然会有畏难心理。

以前还不觉得，后来经常去诉讼服务大厅值班，不停地有助理和书记员过来见当事人，或是收材料，或是发副本，尽管有的助理来院几年了我依然不认识，但是一打眼就知道正在和当事人交流的人是不是新人。怯怯的语气，游离的眼神，吞吞吐吐的话语，简言之，就是不知道该说什么，也不知道该怎么说。遇到有点蛮横的当事人，更是招架不住，我值了两回班，帮着解围了好几次。

怎么办？无他，慢慢磨炼和适应。

# 我是新手

前些天，本院又有一批新人正式参加工作，去年的新人也正式转正。遥想 N 年前，自己也是新人，法院新人，办案新人，不过作为一个后知后觉的新人，自己犯了好多低级错误。

**一、您是执行局局长吗？**

刚进法院工作的时候，对于职务职级一点概念都没有。有一回去太原开会，带队的是市高院的领导，同行的人中有一位长者。大家都称呼他为张局。

刚进入基层法院工作不久的我顿时迷惑不解，法院的领导，被称作某院、某庭、某主任的比较多，被称为某局的还真是第一次听到。思来想去，觉得这位长者大概是该院的执行局局长吧，嗯，一定是的。经过接触发现这位长者非常宽厚，也很喜欢和年轻人打交道。混熟了我斗胆问道，您是执行局局长吗？对方很惊讶，说不是啊。我顿时不解，问那为什么大家都称呼您为张局？长者笑了笑，没作解释。后来得知，他是该院的审委会专职委员，享受局级待遇……

现在想想，要是我是长者，也不知该如何向这个白痴解释为啥自己被称为张局！

**二、倒车挡在哪？**

2014 年上半年，那会儿我还在综合部门工作，院里安排我每天上午去业务庭实习，为今后正式下庭办案做准备。庭里安排我跟着师傅工作。第一个任务就是和师傅出去送达，师傅问，你会开车吧？我赶紧点头说会的。又问会开手动挡的车吗？我"傲娇"地说我平时开的就是手动挡的车。于是师傅放心地把钥匙交给我说，那你开吧。是辆捷达车，车辆启动后，我坐在驾驶席，小心翼翼地驾驶着，目的地不算远，十几分钟就到了，进了大门找到了停车位，师傅示意我把车倒进停车位，半天我也没反应，于是问我怎么不倒车呢？我不好意思地问道：倒挡在哪啊？老法官被我雷得无语，无奈之下只好亲自动手把车倒进车位，送达结束后，他没敢让我这个"二把刀"接着开车，而是默默地主动坐进了驾驶席，把副驾驶的位置让给了我。

当然，事后想想我也是挺冤的，捷达车的倒挡就是和一般车辆的倒挡位置不同，我真的会开手动挡的车……

### 三、原告为什么没来？

2014 年年底，我正式调到业务庭从事审判工作。虽说观摩了小半年，毕竟和自己独立办案完全是两回事。还记得第一次开庭，自己穿好法袍，在庭外深吸几口气，大义凛然地走向了审判台。刚坐好，书记员报告，说原、被告的委托代理人来了，原告本人还没来，情况不详。我端坐审判台，头往左一偏，问道，原告为什么没来？对方被我问得愣了一下，结结巴巴地说，我也不知道啊。我很恼火，说，你是委托诉讼代理人你不知道？对方赶紧解释，法官，我是被告的委托诉讼代理人啊……

哎呀，太紧张了，忘了原告坐我的右手边了……

过了一年多吧，庭里一个同事被任命为助理审判员，他第一次开庭那天，已经是老法官的我有点不放心，赶去旁听。我到法庭的时候庭审已经开始了，我看了看庭审现场，欲言又止地坐在了旁听席。庭审进行得还挺顺利，大概到交换证据的阶段，同事突然问道，原告你怎么坐到左边了，你们位置坐错了吧？原告委屈地说，我们来得晚，是被告坐错了，我一到您说马上要开庭让我们赶紧坐下，我们就坐下了……

# 你的法官助理属于哪种类型？

我是个军事爱好者，业余时间喜欢看一些军事书籍。最近随手翻一本军事著作，里边把将领分成五种类型，并对每种类型进行了点评。看到这段话，我突然回想起自己下庭办案到现在，前后和七位书记员或助理搭档，通过对他们以及其他法官助理的观察，我发现这种分类也有一些道理：

**一、喜好汇报型**

"具有喜好汇报的性格，有时候也有些好的意见，但是也有不少是并不需要特意汇报的意见。这类人中多以考虑自己兵团的利益为主，但他们具有汇报积极、行动也积极的优点。"

这里的汇报其实是分两种情况，一类是指报告工作进度，一类是提意见和建议。

对于前一类，一般都是欢迎的，无论是领导交代下属，还是法官交代助理，都希望能够得到及时的反馈，好做到心中有数。特别是交办的工作遇到困难推进不下去的时候，比较忌讳的是既不想办法继续推进，也没有及时汇报，等到被问起才说明情况，耽误了进度，也容易留下不好的印象。

对于第二类就要慎重了，无论在哪，提意见和建议都是要慎之又慎的事情。助理向法官提意见还好，法官不是领导，助理和法官毕竟不是上下级之间的关系，一般都不会有什么大问题。

**二、默默实干型**

"与前者相反，他们在战场上的作用非常重要，但是有忽略汇报的缺点。长时间无音信时，军司令部如不及时弄清情况，则有濒临危机之虞。"

有的助理话不太多，也不太爱表现，但非常勤奋，踏实肯干听指挥，这都是非常重要的优点。但是这一类型的助理往往也会附带有两个缺陷，一是可能会有反馈不及时的情况，需要法官勤加询问掌握交办事项的进度，二是太默默实干了，容易埋没自己。

一般来说，年轻干警在业务庭担任助理，因为从事的都是事务性工作，很难有出彩的表现。如果太默默实干，不懂得必要的表现与宣传，很容易被埋没。

### 三、慎重型

"慎重型在某种程度上虽属必要，但在对华作战中，敌方兵员虽处绝对优势，然而素质低劣。因此，这一类型指挥官在这样的作战中，未能获得成果。"

有的助理比较没有自信，工作起来有点缩手缩脚的，特别是刚开始工作，自身没有经验，对工作流程不熟悉，非常怕出错。一开始这样很正常，但是如果长时间这样就不应该了。

而且还有一个问题就是，新人进入法院工作，大概前一两年从领导到同事还都相对关注他们一些，如果这一段时间总是特别慎重，无论是日常工作上还是集体活动上都特别放不开，没有给大家留下什么印象，很快大家就会关注其他新人了，再想表现就会更加困难。

### 四、大胆型

"大体上适合于此时的作战。他们多是战斗第一主义的贯彻执行者……多有轻视战场军风纪的弊病。"

有的助理性格上比较自信，工作起来进取心很强，但是有时过犹不及。

### 五、中庸型

"以上各类平均的中庸性类型。"

大多数法官助理是这一类型，中庸这个词用得不太好，大概称之为平均型更妥当一点。其实平均型并不是缺点，我曾经看到一句话：体制外要强悍，体制内要全面。平均型其实也是一种全面。

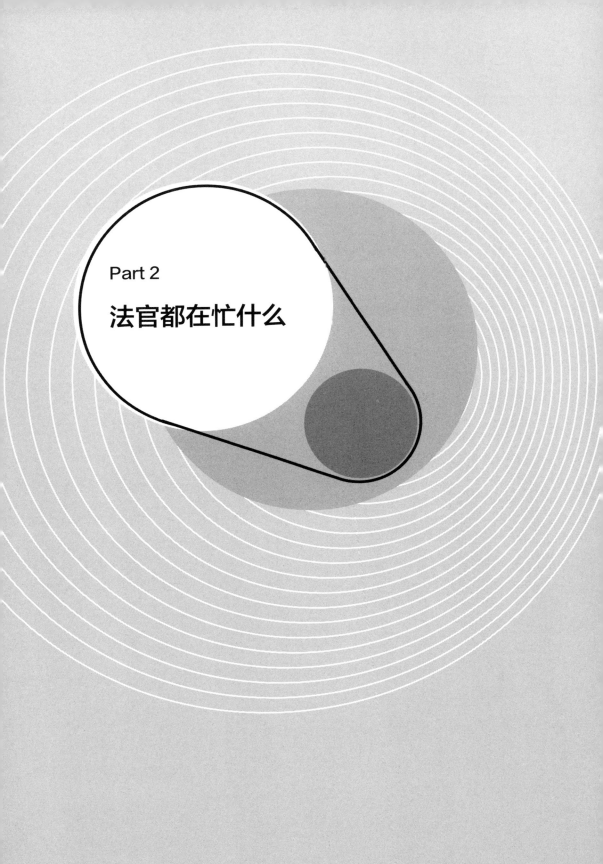

Part 2

法官都在忙什么

## 法官的日常

# 法院人的四季

　　我进入法院快十个年头了，综合部门和业务部门都待了几年，应该说法院的工作对自己已经没有太多的新鲜感。新年伊始，似乎已经对一年的工作流程有个大体的预判了：

**第一季度：忙乱而烦杂**

　　刚刚熬过惨烈的年底结案，法院人不可避免地进入了低潮期。而对于法官来说，一月份是存案中基本无案可结，新收案件又如潮水般涌入而又无法马上结出去的月份。

　　一二月又恰逢元旦和春节，法院人也和各行各业的人一样家务事多多，这段时间多是法院人休整和调整的阶段。二月本来就短，又有春节假期，因此二月份往往不经意间就溜走了。法院人一不小心就来到了三月份，这个时候一季度的结案指标已经在向大家召唤，所有人都必须打起精神。此外，第一季度往往是"两会"期间，从地方到中央的"两会"依次召开等活动，这些也都需要法院人付出不少精力。

　　总之，第一季度大多数法院人的状态是调整好自己，早日走出低潮期。

**第二季度：按部就班**

　　第二季度相对而言是法院人的好时节，人员的状态已经调整到位，又没有重大活动的影响，天气也是不冷不热，法院的工作可以按部就班地开展，有心的法院人也会充分利用好这段时间，该结案的抓紧结案，该写论文的抓紧写论文。只是到了六月份又要到了半年总结的时候，所谓时间过半任务过半，半年考核还是很重要的，半年指标要完成，半年总结也不能少。

**第三季度：案子、孩子和天气**

　　第三季度是酷热的时节，出门热成狗，身披法袍坐堂断案一样难逃"擦汗法官"的命运。大概和天气有关系，当事人往往火气较大，法院人要记得压住自己的火气，也要把当事人的火气降下来。这期间法院人的另一大苦恼就是暑假期间孩子没人管，在单位里看到小朋友是常事。这个问题说了好多年，一直也没有行之有效的办法予以解决。当然，这个苦恼不只法院人独有。

**第四季度：没有什么能够阻挡，我对结案的向往**

第四季度是以"十一长假"开始的，这个长假法院人真是且过且珍惜，不仅是因为这是一年内唯一的长假，也不仅是因为过了这个长假直到元旦就再也没什么假期可以盼望了，更是因为过完这个长假一年一度的年底结案就要开始了。只是想说年底不仅结案忙，还有很多其他事项也夹杂其中，例如各类考核评比等等，哪一样都重要，轻则可能计入绩效考核，重则是政治任务，反正案子得结，活动也得参加。

这就是我眼里法院人的一年，流水账一般，实在没有什么吸引人之处。大概大多数人的职场生活都是类似吧，时间长了，眼前的生活便只有苟且，只好拿诗和远方来安慰自己了。

# 夏天到了，请叫我"擦汗法官"

前些年，当时的最高人民法院新闻发言人来本地讲课时讲到这样一件事，说一年夏天，一位法官穿着法袍开庭，庭审中一位当事人提出他身体不适要求关掉空调。这位法官满足了当事人的要求，结果整个庭审过程中她一边擦汗一边审判，在场的记者看到这一幕大为感动，写了一篇很感人的报道，称赞她为"擦汗法官"。当时我对这个事例印象很深刻，也很为这位同行感到自豪，只是不知为什么没能在网上找到这篇报道，殊为遗憾。

顺便说一句，当时我虽然已经是助理审判员，但是还在综合部门工作，并没有夏季开庭的经历。

等到我下庭办案后，同样在盛夏时节开庭审理案件，才明白让记者感动的"擦汗法官"是什么滋味。闷热的法庭，穿着厚重的法袍，一边擦汗一边聚精会神地和当事人斗智斗勇，一个庭下来，轻则汗流浃背，重则昏头涨脑。现在一线法官压力巨大，全天开庭也是家常便饭，当结束一天庭审脱下法袍，有时都有虚脱的感觉。

平心而论，法袍的设计者还是考虑到了法官夏季穿着法袍的散热问题，特意配发了两款法袍，其中一款法袍用料相对轻薄，伹是法袍就是法袍，用料不同，款式还是一致的，盛夏时节穿着法袍，仍然叫人深感闷热。夏季开庭能不能不穿法袍呢？

《人民法院法官袍穿着规定》第二条如此规定：

法官在下列场合应当穿着法官袍：

（一）审判法庭开庭审判案件；

（二）出席法官任命或者授予法官等级仪式。

每个学过法律的人，都知道"可以"和"应当"的区别。特别是这几年法院一方面正规化建设越抓越严，细节管理日益深入，另一方面信息化建设一日千里，法官开庭审理案件时都会录音录像，胆敢不穿法袍开庭，分分钟就会被抓到。

大概会有人不理解，现在很多法院的办公条件已经大为改善了，法庭配有空调，法官吹着空调审理案件还嫌热是不是太矫情了一点啊？其实还真不是。法庭固然有空调，但是庭审时并不是只有法官一人啊，盛夏时节，来法院开庭的当事人和代理人一般都是穿 T 恤或短袖衬衫，而法官则是短袖夏服加法袍，两者的衣着根本就不在一个季节，如果室内温度让法官觉得凉爽，基本当事人就感到寒冷。作为人民法官，当然不能如此置当事人的冷暖于不顾，特别是还有一些案件的当事人，或身体不适，或年龄较大，真要是被空调吹出个好歹，法官也是难辞其咎啊。退一万步讲，即便当事人没有意见，一起开庭的书记员也是身着短袖夏服，法官只顾自己凉快把书记员吹感冒了，难道下次开庭你还想自审自书不成？因此，法官开庭往往会照顾书记员和当事人的感受，最后的结果是其他人觉得还好，法官忙着擦汗了。

总之，夏季开庭，法袍应当穿，室内温度又下不来，法官们只好自行开动脑筋了，一时间真是"各村有各村"的高招：

一是延迟开庭。一些法官带着法袍到法庭，先进行调解，如果调解不成再把可以提前做的庭审工作都先做好，然后再穿上法袍进行庭审，这样可以最大限度地缩短开庭时间，也意味着缩短了穿法袍的时间。结果没多久，一位采用这种做法的法官在庭审评查时被批评，要求法官进入法庭前必须穿好法袍，这一做法只好就此作罢。

二是加大调解力度。虽然我并不喜欢也不擅长调解，但现在庭审时也频频休庭进行调解，就是为了调解时可以脱下法袍凉快一会儿，正当自己为这种做法沾沾自喜时，同事告诉我现在上级要求庭审全程录音录像，调解阶段也不能例外，空欢喜一场。

三是穿着旧式短袖夏服。一般而言，夏天法官开庭时都是穿着短袖夏服，外面再穿一件法袍，但是法院刚刚配发的新款短袖夏服实在是让人一言难尽，颜色、款式美丑暂且不说，和被淘汰的月牙白系列相比，新制服所使用的面料，相对于穿着的季节而言，实在是过于厚重了。一些法官开庭时索性内穿月牙白外穿法官袍，虽然如此大费周章也没有凉快多少，但毕竟也是聊胜于无啊。

几乎每位法律人，特别是每位进入法院工作的法律人，都憧憬着自己身穿法袍手锤法槌的情景。有句话说得好，欲戴王冠，必承其重。戴王冠如此，穿法袍也是如此，没有哪个职业是容易的。想当法官吗？首先从耐热开始吧。

# 家事法官还能好好地过七夕吗?

很多人都好奇，家事法官天天审理家事案件，会不会受到消极影响。有一回审理离婚案件，庭上原、被告打得很热闹，庭审结束后，一位律师笑着问小速录员，见多了是不是都不敢结婚了? 职业或多或少都会对人的心理产生影响，家事审判工作也是如此，无论是家事法官、助理还是书记员，概难避免。

**一、家事法官**

不受影响是不可能的，七夕节你忙着选礼物，家事法官忙啥呢?

某年的七夕节那一天，一位家事法官发了这样一条朋友圈: 情人节快乐，下午又拆散了一对。

**二、还是家事法官**

一位同事对我说，她真觉得天天办离婚办得有点受不了了，又没有什么心理疏导，她很想定期去婚姻登记处工作一段时间，接触一点正能量的东西……

**三、法官助理**

一位"90 后"助理是本地人，经常参加好友的婚礼，有一回他对我说，在婚礼上经常会情不自禁地想: 他们过几年不会来咱们院打离婚官司吧?

我告诫说，你和我说说就好哈，别和你的发小同学说啊，不然你会没朋友的……

**四、速录员**

一样也不能幸免，一个小速录员在微信上看到一个婚纱照广告，留言本来是: 虽然我和老公办婚礼了，可是我还是想要一个这样的婚纱照。结果她第一眼看成: 虽然我和老公离婚了，可是我还是想要一个这样的婚纱照……

她说，我觉得我一定是病了……

**五、家属**

一位兄弟法院的女法官和我说，她稍微和老公发点脾气，她的女儿就赶紧拉着她的手说：妈妈，你可别离婚，让她哭笑不得。我问她小孩子为什么会有这种反应，答复是大概在日常生活中听妈妈和同事讨论离婚案件听得太多了……

## 六、总结

一位经验丰富的老庭长如此总结家事法官的心态：离婚案件办多了，没结婚的就不愿结婚了，觉得结了也可能离；已经结婚的就不愿离婚了，觉得和谁过都一样……

说了这么多，只想说两点，一是现在家事审判改革，好多法院都开始给离婚案件当事人做心理疏导，但请不要忘记常年奋战在家事审判一线的干警同样需要心理疏导和慰藉；二是家事法官内心一定要强大，即便看了这么多离婚案件，依然要相信爱情和婚姻，世界上只有一种英雄主义，就是在认清生活的真相之后，依然热爱生活。

# 每个民事法官心里，都住着一个会计的灵魂

民事法官大概是法官中人数最多的一个群体了。虽然我们经常自嘲民事法官不像法官，更像是居委会大妈，其实民事审判对法官综合素质的要求是非常高的：

首先得精通法学，法官知法嘛；

社情民意得熟悉，不然和当事人很难有效沟通交流；

社会阅历得丰富，法官没谈过恋爱怎么判断夫妻感情是否完全破裂呢？

心理学多少要懂，天天和普通群众打交道，有时候心理安抚比法律释明还重要；

驾驶证也是最好持有的，民事法官少不了外出送达调证，很多法院只提供车辆不配备司机，不会开车有时寸步难行……

上述技能都掌握就够了吗？

当然不是！

还有一个技能也是必须掌握的，那就是计算技能！

不了解的人大概会很奇怪，法官又不是会计，为什么要掌握计算技能？

我下庭办案时间不算长，审理过的案件类型也有限，但就个人经验，至少有两类案件，法官想写好判决是需要大量的计算的：

一类是离婚案件。

离婚案件涉及分割夫妻共同财产，婚姻关系存续期间个人缴纳的养老保险需要计算，公积金需要计算，分割房屋更是令人头疼，购房时的出资比例、购房资金的来源、婚后的还贷情况、房屋现值、仍需偿还的本金及利息、共同还贷的增值部分，这些都需要法官查得清，算得准，分得对。

另一类是劳动争议案件。

劳动争议案件经常涉及加班费的计算，加班分三种类型，每一类型应当支

付的工资报酬都不相同，特别是延时加班，每天加班时间也不同，有的劳动者在一个单位工作了很多年，用人单位一次加班费都没给过，现在需要法官全部计算出来，真是把法官逼疯的节奏，我就不止一次看见过同事算着算着烦躁得想摔计算器！

法官有没有办法减轻计算工作量呢？有的，那就是让当事人及其代理人计算。

很多案件，委托诉讼代理人非常认真负责，在提交证据的同时，会把相应的数据也计算好一并报给法官，大大减轻了法官的工作量，确实体现出了良好的职业素养。但这并不意味着法官就可以完全不用计算，有时候双方律师就同一事项得出的计算结果差距很大，最后还是需要法官计算并给出结果。

还有一种情况是当事人及其委托诉讼代理人或者因为能力问题，或者因为责任心的问题，把计算的工作完全甩给了法官。例如，我前几天看见一位法官助理发了这样一条微博：求求以后律师出庭都带着会计好吗！心累！

类似情况我也经历过，你问当事人一个数字，对方干脆给一个明显敷衍的数字对付你，让法官自己计算。有的同事遇到这种情况，曾经当庭宣布休庭，要求双方当事人现场进行计算，没算完不许走。或者当场要求对方按照标的补交诉讼费，迫使其认真计算。

但是这一招也不是什么时候都奏效。

刚下庭的时候，跟着师傅审理一件劳动争议案件，劳动者要求用人单位支付加班费，要求的数额真是让人有点看不懂，于是师傅问，你的数字是怎么算出来的啊？劳动者聘请的律师支支吾吾了好一会儿也没说明白，最后干脆说我们就是这么一算，以您计算的数额为准。

遇到这种情况法官还真没办法，因为劳动争议案件诉讼费就 10 元钱，他就是要求用人单位支付一个亿的加班费，案件诉讼费也是 10 元钱，所以对方看准了这一点，反正我漫天要价，法官要是觉得这个数字不对，那就麻烦您亲自算一算吧。

再说说我自己，我学法律其实是半路出家，本科阶段学的是财务管理，还曾在一家上市公司的财务处当了两年多的会计，很多同事知道我的经历后，第一反应就是：不算加班费太屈才了！

我曾经审理过一段时间劳动争议案件，后来调到家事审判庭专审家事案件。有一回自己在朋友圈提及了一下自己的会计工作经历，原来部门的同事立刻做出如下反应：我这里有七件劳动争议的案子，都要算休息日加班费、法定节假日加班费、带薪休假工资、拖欠工资等等，劳烦您给算一下！

所以，有一位民事法官发出如下感叹：我常常觉得应该再给我配个会计！

当然，我们也知道这个愿望是很难实现的。唯一的出路只能是不断地提高自己的计算技能和耐心了，所以说，每个民事法官的心里，都住着一个会计的灵魂。

# 从结案方式划分法官"流派"

刚进法院时，有位老法官和我说过这样一句话：只要案子进了门，就一定要结出去。此言不虚，法官每天都在忙着审结案件，但是采用何种方式审结案件却是因人而异，套用老电影里的一句话，那就是"各村有各村的高招"。根据我这几年的观察，做一个小小的分类：

**一、审案子**

所谓审案子，就是严格依照法学理论去审理案件。往往毕业时间不长的青年法官或者学究型法官喜欢这样审理案件，这类法官往往是院校科班毕业，书卷气比较重，审理案件喜欢从法学理论出发，追求理论的完美。应当讲，这样审理案件没有什么不对，但是在基层法院会遭遇一定的尴尬，因为这样审结案件可能会不接地气，既不能保证当事人不信访，也不能保证二审法院不发改。而案件被信访或被发改，本身就被认为是案件审理的一种失败。

**二、结案子**

这类法官往往以老法官居多，查明事实时并不过多地分配举证责任，而是凭借自己的审判经验和社会阅历敢于对案件的事实下结论，判决结果的着眼点在于如何化解矛盾纠纷。不是说这类法官不懂法学理论，而是他们反对为了追求理论的完美而影响纠纷的化解，所以我把这种审判方式称为"结案子"。应当讲，这类方式更适用于基层法院，但是也容易产生两个弊端，一是这种结案方式依赖于法官个人经验的积累和能力的培养，青年法官学不好容易产生画虎不成反类犬的效果；二是长此以往有的法官会忽视乃至轻视法学理论的学习和应用，毕竟不是所有的案子都可以依靠经验去化解的。

都说法院是维护社会公平正义的最后一道防线，法官的光荣和痛苦都来源于此，很多矛盾纠纷都可以推给法院，而法院只要立了案，就没法再往外推了，按照老百姓的话，就是必须给个说法和结论了。法官当然要端正工作态度，提高业务能力，审理好每一起案件，全社会也要争取给法官创造良好的司法环境，让法官能够在合理的审限内将案件顺利审结。如果一味地把压力都加在法官身上，必然会让法官的审理行为异化，最终将是双输的局面。

# 从"百案状元"这个词聊聊民事法官的工作量

已经是一年中最后一个季度的最后十天了，各地的"司法民工"们已经进入了工作的最高峰。法官微信群也比平时冷清了很多，估计都在忙着结案，无暇聊天。偶尔也有交流，其中一个比较集中的话题就是交流各自的工作量，也就是年结案数。

一般来说，法官的工作量和所在地区经济社会发展程度有关系，简言之，同一地区，现在的案子远远比过去多，同一时间段，富裕地区的案子往往远超过落后地区，虽不绝对，也大差不差。

先纵向比，我刚工作的时候被分配到了立案庭工作。立案庭嘛，老同志扎堆的地方。有一回遇到一位已经退休的女同志回单位办点事，顺便过来看当年的同事。她走以后，别的同事介绍起她时说，她原来在咱们院民庭工作，当年她可是咱们院第一位百案状元啊！

我听了一愣，问百案状元是什么意思？老同志说就是法官一年结案超过100件，因为当年法院人均结案也就70件左右，哪位法官一年能结案100件，妥妥的全院先进，可是个大新闻。所以她得了一个百案状元的称号，多少年后还让大家记忆尤深。

当年一年审结100件就能当状元，现在呢？还是我们院，你问我年结案数多少？鄙人来自二线城市中经济社会发展相对落后的地区，有句形容本地各区县的顺口溜：穷××，富××，砸锅卖铁××区。嗯，我就在砸锅卖铁区的法院工作，所以我的年结案数一般都保持在200件左右，只有一年达到了267件。真是时过境迁，现在再说一年结100件？你也好意思说自己是民事法官？等着退额吧！

和兄弟法院比，这个数字属于什么水平呢？据我观察，二线城市发达区县法院的民事法官年结案数基本在300件左右，一线城市发达区县法院的民事法官，这个数突破400也不罕见。

所以，我每年结案 200 件，这个数字确实是有点拿不出手的。我认识的有的心直口快的同人就表达过对我的工作量的鄙视，对于这样的鄙视我是一点脾气也没有的，表示虚心接受，谁叫人家一年结案数妥妥地过 300 件呢。

当然，也不能单独就结案数进行讨论，还受很多其他因素的影响，例如员额法官的个人工作能力，审理案件的类型，司法辅助力量的强弱，等等。

但是说实话，年结案数 300 件我还是能够想象的，扪心自问把自己逼到这个份儿上也能做到，如果法院实行繁简分流（把特别简单的案子挑出来让专门的法官审理），年结案数在 1000 件左右我也能理解是怎么回事，但是年结案数 400 件到 500 件，我真的有点想象不到是如何做到的。钦佩之余，真的很想有机会能够去观摩学习一下，估计这样的机会是很难有了，希望这样优秀的同人们能够不吝赐教。

再叨叨一句，年底再忙，也要注意平衡好工作和健康的关系，毕竟工作不是生活的一切，而结案也不是工作的一切。

# 警察寻枪，法官寻卷

很喜欢姜文主演的电影《寻枪》，剧情不复杂，但是姜文的演技在线，把一位警察丢枪后那种懊悔、痛苦、焦虑、执着直到最后的如释重负都表现得淋漓尽致。对警察而言，丢枪是天大的事，法官不配枪，但是也有自己的罩门，那就是案卷，对于法官来说，丢失案卷堪比警察丢枪。

很多当过书记员的同事都有"丢卷"的经历，这里说的丢卷，指的是案卷暂时找不到了。有个法官同事曾提到过，刚当书记员不久，发现一个案卷找不到了，翻遍了办公室还是找不到，老法官看他焦头烂额东寻西找，嘿嘿一笑，说卷找不到了吧，别着急，肯定是和别的卷混了，慢慢找吧。结果还是没找到，这位同事实在无奈，还好只是一个简单的离婚判驳的案子，案卷很薄，于是他今天一个询问让原告再交一份起诉状，明天一个询问让被告补交子女出生证明，折腾几轮总算把案卷给凑齐了，造化弄人的是这时候原案卷也找到了，果然是夹在了另一个比较厚的案卷里。结果虽然圆满，但过程也够煎熬的。

我没当过书记员，但是也有类似的经历，为啥呢？因为我以前当过出纳，那时刚当出纳不久，发现有个凭证找不到了，凭证是上一任交接给我的，当时也没逐一清点，等到装订时发现找不到了。那是一个报销的凭证，金额几千元，现在看着金额不算大，但当时我一个月名义工资才1000元，到手还不到900元。这个凭证我足足找了四个多月，那段时间经常为这事夜半惊醒，最后发现被前任错订在别的凭证里了。后来到法院工作，看到案卷顿时头大，觉得真像出纳的凭证。

相较以前，现在法院的办公条件改善了很多，新建的大楼都会隔离办公区和审判区，楼里监控设施也很到位，在办公区丢失案卷的情况基本没有。但是将案卷带离办公区依然有丢失的风险。最惊险的一次是外出调证，我和助理带着案卷，调证时把案卷拿出来向对方提供信息，结果调证结束后两个人不小心将案卷遗忘在那儿，幸亏很快发现赶紧返回寻找，还好对方工作人员也很细心，我们一走就发现了那份案卷并主动给收了起来，现在想想还是很自责和后怕。现在案多人少，为了结案有的法官会把案卷带回家写判决，虽然精神可嘉，但也存在丢失案卷的风险，其中利弊还是要权衡好。一个兄弟法院的同事告诉我，一位法官发现一份案卷找不到了，最后查明是来法院实习的大学生因为好奇给拿走了，想回宿舍再看看。法院派人连夜赶到学生那里把案卷取了回来。不知道是法院没尽到告知义务，还是这个实习生胆子确实大了一点。

丢失案卷一般是小概率事件，但是法官还有另一个烦恼，那就是丢失证据。现在公众的证据意识日益增强，都知道"打官司就是打证据"，庭审时不管证据有用没用，一股脑儿地交了一大堆，其中很多还是原件，不仅给日后订卷带来麻烦，况且这么多证据，还要交给对方当事人质证，很多法官庭审时并不会对照笔录逐一清点，等到订卷时和笔录比照少了哪个证据，哪怕少的是证据的复印件，都是大问题。

有一回审理一件离婚案件，发完判决书整卷时发现被告提交的一张光盘找不到了，找遍了办公室也没有，和原告联系，原告律师信誓旦旦地表示没在原告处，因为光盘的内容其实和案件没什么关联，于是通知被告补交一张光盘。结果被告第二天就来了，不过不是补交光盘，而是递交上诉状，说因为一审法官丢失了被告一份至关重要的证据造成其败诉。我看了上诉状真是又惊又怒，赶紧和助理又找了一遍，还是没有，然后调取庭审录像，因为录像不是特别清晰，对于质证那一段真是一帧一帧地看，最后发现光盘是原告律师拿走了。我立即联系原告律师，还记得自己当时的语气真是有点气急败坏，对方表示以为光盘就是给原告的，第二天就送回了。助理问我是不是告诉被告光盘找到了，我说告诉她干吗，让她就这么上诉去吧。

和做律师的同学聊天，她们也遇到过法官或助理拐弯抹角要求再交一份证据复印件的情况，大概也会猜到其中缘由。这时候就看法官的人品了，你是什么样的法官，和你搭档的是什么样的助理，遇到的是什么样的当事人和代理人，都决定了事件走向和后果。

说了这么多，做个小结吧：

1. 离开办公室要锁门。

2. 尽量避免把案卷带出法院，无论是外出调证还是回家写判决。

3. 庭审时尽量不要收证据原件，如果收，当庭逐一核对，确保真的收到。

4. 不需要入卷的证据原件，质证后当庭退还给当事人，并记入笔录。

5. 对于当事人没有当庭提交的证据复印件，同样要记入笔录，规定提交时间。

6. 与人为善，无论是对同事、当事人，还是律师。

# 法官和锦旗

前几天刷微博，看到一位律师发了一张照片，展示她收到当事人送的锦旗，当时自己还大惊小怪了一回，因为我这是第一次知道律师也会收到锦旗。在我印象中，送锦旗是一种相对传统的表达感谢的方式了，没想到当事人也会用这种方式向律师表达感谢。

就着这件事，聊一聊法官收到的锦旗。

**与时俱进的样式**

这些年，法官收到的锦旗也确实与时俱进了。

一开始当事人送来的锦旗就是卷着拿过来，见到法官后展开交给法官，说一些感谢的话。

再后来基本由透明的塑料袋包着，显得更正式一点。

前几天同事收到一面锦旗，用专门的盒子盛放，让孤陋寡闻的我看着觉得特别新鲜，还跑去拍了视频，同事说，你怎么比收到锦旗的法官还激动呢。再后来，有的当事人不仅送锦旗，还会送一束花。

还有一回我收到一面锦旗，杆子居然是可以拆装的，我猜大概这面锦旗是网上订购的，杆子可以拆装便于减少体积，方便运输。

当然，对法官来说，收到锦旗是一种荣誉，可以在年底总结里写一笔，但也就如此了，所以法官们对于当事人送锦旗并没有特别的感觉。不过有一回关于锦旗还有一段小插曲，话说院里考评法官工作的办法每年都会调整，有一年在征求意见时提出按照法官收到锦旗的数量给加分，一线的法官们都觉得这个办法不是很好，因为什么事情一旦掺杂利益的因素，都会被异化。院里大概也明白了这一点，很快就把这一条给取消了。

**含金量最高的锦旗**

法院有一阵提出过一个口号，叫"胜败皆服"，说实话，这个工作要求有点高。

诉讼嘛，总是有输有赢，让败诉一方也服气确实很困难，甚至像我审理离婚纠纷的时候，判决离婚后别说胜败皆服，经常原、被告一起上诉，真是让我情何以堪。

当初在立案庭的时候，庭里有一个诉前调解室，调解室有两位老同志，一位是本院的老法官，一位是司法局派来的老调解员。很多纠纷在征得当事人同意的前提下，由这两位老同志先行进行调解。两位老同志经验丰富，互相配合得也好，不少纠纷在他们手里就得到了化解。很多当事人在纠纷解决后表示要给他们送锦旗，两位老同志特别有意思，说送锦旗可以，必须双方一起送，这表示你们不仅矛盾解决，还重归于好了，不然就别送。就是在这样的要求下，他们的办公室还是挂满了锦旗，确实厉害。

这是我见过的含金量最高的锦旗了。

**没送出去的锦旗**

案子审结之后，有的当事人会主动提出送锦旗，法官一般都会说不用送了。有的是客气，更多的时候是真心觉得没必要。

我第一次遇到法官劝说当事人不要送锦旗，是在立案庭协助处理信访的时候，有一位老信访户，隔三岔五就来信访，他来了没有什么过激的举动，只是催着帮他解决问题，他也知道一时半刻解决不了，所以每回来只是问问进展，然后和信访的同事聊个把小时再走，时间长了，彼此都非常熟悉。后来我发现，因为长期互相打交道，不少老信访户和信访法官会非常熟悉，可以互相开玩笑，甚至彼此起绰号。比如，这位信访户有时候醉醺醺地过来，接待的同事还会就他酗酒的毛病劝说乃至呵斥几句，有一回他来找我们，完全没提信访的事，而是很高兴地一下子拉开上衣的拉链，露出怀里的小宠物狗，兴奋地和我们分享养宠物的心得。当然，这都发生在多年以前，那时候进入信访接待室还不需要安检。

后来他的问题得到了部分的解决，他也就不来了，他说要给信访的同事送一面锦旗，同事坚持说不用送，你生活也不宽裕，做锦旗的钱留着干点啥不好，别送啊，送了也不收，给你扔出去。这样的话反复说了好几遍，他挺感动的，走的时候有点依依不舍。后来我去了别的部门，再也没见过他，过了几年听说他因病去世了，虽然我没怎么直接和他打过交道，但是听到这个消息还是有点感叹。

对了，顺便说一句，很多锦旗都有错别字，错得最多的是把"庭"写成了"厅"，虽然"厅"确实比"庭"听着级别高……

# 法官的八小时以外

## 民事法官的白头发

　　前些年，本地媒体开展新春走基层活动，其中一站便是到本院采访。蒙院里厚爱，到访媒体集中报道了我一天的工作。我的影像和报道见诸媒体后，好多好友和我联系，一方面祝贺之余不忘调侃我这回"要火"，另一方面都感叹，怎么几年没见，你的白头发多了这么多？

　　说实话，我以前不太有白头发，到了本地生活、工作后，大概是有点水土不服吧，白头发多了起来，不过也不明显，自打下庭办案后，白头发多得越来越明显。在基层法院当民事法官，工作强度大，操心的事情多，和当事人打交道受气的时候更多，干的时间长了，不是身体衰弱了，就是脾气暴躁了，或者两者兼有。

　　白头发多了利弊兼有，好处呢，比如初次见面会让人对你印象更深刻，毕竟人不怕有缺点，就怕没特点嘛。再比如，大概是我面相不够老成，头发白之前很多人都会觉得我比实际年龄小，好多次都会被人说你还年轻，以后机会有的是。头发白了之后这类的说辞就少多了。

　　坏处也是有的，比如每次去理发店理发师都会鼓动我染发，不胜其扰，后来我干脆就在同一家理发店选同一位理发师理发。这位理发师劝了几次无果后也就不再劝了，让我理发时耳根子清静了不少。还有就是破坏形象，这几年办案下来，开庭坐着，写判决还坐着，加上自己不注意运动，不仅头发白了，身体也胖了，脸还圆了，整个一个"白胖圆"。前些天，有位多年不见的好友见到我后，第一句就说怎么头发白了？又问怎么还胖了，我说工作累的，都应该算工伤。她批评说，怎么还胖成这样，我生了两个娃都没你胖。真是句句诛心，字字血泪。

　　不过我一直都没去染发，一来觉得还得花钱，二来觉得不太健康。唯一一回动了染发的心思，是审理一件劳动争议案件，原告是位女职工，多年无故旷工被单位解雇，于是诉至本院称用人单位违法解除合同。原告不是一个人在战斗，她的委托诉讼代理人是她的妹妹，两个人均是一脸凶相，言语粗鲁。一般而言，法官审理劳动争议案件时多少都会倾向于劳动者，但是本案经过两次开庭审理，确实是原告无故旷工，用人单位忍无可忍才将其解雇。这对姐妹庭审时对被告的代理人言语十分粗鲁，对我还算客气，后来感觉到自己难以胜诉，对我的态度也变得十分蛮横。发判决那一天，本来书记员一个人去即可，我一想到判决驳回了原告的全部诉讼请求，再一想这对姐妹蛮横的样子，还是和书记员一同会见了当事人。当判决发到两姐妹手里，我和书记员如临大敌一般看着她们，不知道她们会有怎样的举动。原告本人看完判决后马上说要上诉，我们表示这是你的权利。又说要信访我，我说这也是你的权利。大概是我的反应有点出乎她的意料，她指着我说，你这就是枉法裁判，偏袒企业，知道你的头发为什么白吗？都是坏心眼坏的！说罢，拉着她的妹妹就走了。说实话我当时都没反应过来，原本以为她们二人会大吵大闹撒泼要赖，就这么走了，我和书记员还真有点"受宠若惊"。事后回想，真没想到自己的白头发都会成为当事人攻击我的口实，当时真是认真考虑过是不是去染染发，不过还是算了，遇到那种当事人，就算我帅得和大明星一样，对方也一样会找到攻击我的词汇。欲加之罪，何患无辞嘛。

新的一年开始了，我打算工作之余加强身体锻炼，虽然白头发是很难再变黑了，但是把体重减下来还是可以期待的。希望今后朋友们再见到我，白则白矣，胖和圆就不要再有了。

# 当法官下班后遇到当事人

下庭办案不久，我就发现一个现象，那就是有时会在下班后遇到自己审理案件的当事人。仔细想想这种现象也不奇怪，作为一名基层法院的民事法官，审理案件的当事人基本都是户籍在本区或是居住在本区连续满一年以上的，我也在本区居住，况且本区面积也不大，因此下班后遇到当事人自然再正常不过。

法官喜欢下班后遇见当事人吗？当然不喜欢。一是有点尴尬，庭审时，法庭内国徽高悬，庄严肃穆，法官身着法袍手持法槌端坐法台，颇有仪式感，因此庭下遇到当事人和庭审时的氛围反差太大。以前看过一些文章，好多人回忆说学生时代对于老师失去敬畏之心，都是从亲眼看到老师在菜市场买菜开始的，教师如此，法官亦是如此。

除了尴尬，还有安全上的考虑。记得刚来法院的时候，发现刑事审判庭的老法官出门大多喜欢戴墨镜，曾经就这个现象请教过其中一位法官，他回答说原因有很多，但是其中一个重要原因就是不希望下班后被当事人认出来。刑事法官如此，民事法官也是如此。有的当事人输了官司却迁怒法官，威胁或是施暴于法官及其家人的事件并不罕见，这其中绝大多数受害者是民事法官或者执行法官，由不得法官们不小心一点。

有一年夏天，我带着孩子去公园散步，忽然一个人走过来说：法官，你好啊！我听了一愣，赶紧把孩子领到身后，再看看打招呼的人，想起来她是一起房屋买卖合同纠纷案件的原告，那个案件我基本支持了她的诉请，这才放下心来，简单地和她聊了几句。有位兄弟法院的女法官比我更谨慎，她告诉我她也遇到过类似的情况，但无论遇到的当事人是否胜诉，她都会立刻带着孩子离开。

前几年审理一起离婚纠纷，开庭后才注意到被告居然和我住同一个小区，一开始被告和他的家人没有认出我，但是案情还挺复杂，审了好几个月，终于有一天被告和他的母亲在小区看到了我，惊喜地问，您也住这个小区啊？我苦笑着点头称是。后来好几次我都在小区遇到被告的妈妈，老人不是追着我问案件的进度，就是恳求我说：您就把我的孙子判给我们抚养吧。吓得我那段时间下班回到家后连门都不敢出。最终我依法把孩子判给了女方抚养，男方和他的母亲虽然很失望，但还是接受了判决结果。后来我又好几次遇到被告的母亲，每次我都是打个招呼就赶紧开溜，唯独有一回在超市选购商品时又遇到了她，硬着头皮和她聊了一会儿，她大概是看到我又想起了儿子的离婚官司，忍不住和我吐槽起了前儿媳，让我好不尴尬。打那之后每次收到新案子我都会仔细看看原、被告的住址，防止再出现此类情况。事后证明我的举措非常英明，后来又收到一件离婚案件，原告不仅和我住一个小区，居然还和我住在同一个单元。我赶紧把这个案件换给了同事，尽管那件案子并不好审理，但同事还是表示了充分的理解。

法院有这种经历的自然不止我一个人。有一回和几位同事一起去一家饭馆吃饭，没想到饭馆生意兴隆没有空桌，我指着旁边的一家饭馆说：这家瞅着也不错，要不去这家吧。同行的一位老法官看了看说：这家饭馆我知道，原来不在这，老板前些年在我那儿有一个房屋租赁的案子，败诉了才搬到这儿的。大家听罢立刻打消了在此就餐的念头。

下班遇到当事人有时也会有戏剧性的情景，有一回因为限号，我搭同事的车上班，结果路上同事突然指着前方一位晨跑的中年男子说，这不是×××嘛？我奇怪地问，有什么不对劲儿吗？同事说，他昨天开庭还坐着轮椅来的呢，居然是装的，你看你看，跑得还挺快！看得我哭笑不得，真是人生如戏，全靠演技。还有同事下班后看到正在审理的离婚案件的一方当事人很亲昵地和异性一起逛街，而这位异性显然并不是他的配偶。估计这些当事人也没想到世界如此之小，庭下还会遇到主审法官。

我的同事们经常和当事人说这样一句话：我们穿上法袍是法官，下了班和你们一样也是老百姓。这话确实是肺腑之言，虽然法官带着深厚的群众感情从事司法工作，但是法官作为普通人，也衷心地希望工作是工作，生活是生活，因此下了班最好就不要再遇到当事人了。

# 当法官下班后遇到当事人之续篇

再讲讲这一年多发生的下班后遇到当事人的事吧。

**一、防不胜防版**

我曾经提到过，现在我再拿到新收的案子，都会先看一下原、被告的住址，如果发现当事人和我居住在同一个小区，一般都会主动"回避"，和同事调换一下，避免再出现类似的尴尬。但是很多事真是防不胜防，按老百姓的话，就是怕啥来啥。前些天有一件离婚案件，庭审中我才发现原告和我住一个小区，我不动声色地问原告，为什么你陈述的地址和诉状的地址不一样，原告回答说诉状写的是户籍地，实际居住地和户籍地虽不一致，但在同一个区。案情倒不复杂，原告第一次起诉，被告不同意离婚，原告很生气，质问被告为什么庭前同意离婚，庭上又反悔。我调解了一番，被告一口咬定就是不同意离婚。因为被告不同意离婚，也不符合法定离婚条件，我开完庭回到办公室很快就写完了判决，嘱咐助理抓紧发出去，并默默地记住了原告的名字。过几天我下班后去小区的快递点取包裹，拿好包裹刚一转身，排在后面的人问道：法官，您还记得我吗？我定睛一看，哎呀，这不是那件案子的原告吗，真是"冤家路窄"啊。我努力挤出微笑说，我当然记得。对方倒是很惊喜，问道，您也住这个小区啊？我苦笑着点点头。原告说，我的案子还想和被告再协商一下，您能晚点发判决吗，再给我两周的时间行吗？这个要求不算过分，我使劲点点头说，可以的，没问题。离开快递点我赶紧给助理打电话，问判决发了吗，助理说还没发。我说暂时别发了，等我的消息吧。两周之后我让助理给原告打电话问进展，原告答复说已经协议离婚了，晚一点就去法院撤诉。还好还好，我长舒了一口气。看来今后小区里再见到她，没有什么可担心的了。

**二、升级版**

我本以为下班后遇到当事人就很尴尬了，现在发现还有更尴尬的事。作为民事法官，调证是少不了的事，我经常去区里的几个单位调取证据。有一件离婚案件，被告是其中一家单位的工作人员，案件进展得很不顺利，被告对离婚非常抵触，一开始电话送达、邮寄送达都不配合，最后我和助理赶到她的工作单位，在她的办公室直接送达传票才开的庭。开庭依旧不顺利，被告花式制造障碍，让我非常恼火。案情不算复杂，但是被告一拖再拖，最终这个案子勉强在半年内审结。仿佛是天意，以前去被告所在单位调证，一般都不需要和被告打交道，自从审理她的案子后，好几次因为案情需要我不得不去她负责的窗口调证，被告倒是公事公办，没有什么刁难拖延的事，有时还会周到地给倒杯水，但不知怎的，我总是觉得非常别扭。而且这家单位和我住的小区离得很近，有一次我下班路上居然还遇到了她，还好案件审理的最后阶段，被告态度有所缓和，相对配合我工作，双方的关系总算不是太僵。不然今后调证再遇到她，真不知该怎么缓解这种尴尬。

### 三、同人版

当然，值得"欣慰"的是，下班后遇到当事人的法官显然不只有我，很多同人都有类似的经历，只是个中滋味，不尽相同罢了：

故事一：

中午午休结束回去上班，路过某地，迎面走来一个中年男子，与我热情打招呼。

男：法官，休息啦？

我：嗯？

男：你还认识我吗？

我：呃，嗯！嗯？（脑海中疯狂回忆）

男：呵呵……

一轮礼貌而不失尴尬的微笑后，我加快步伐离开，突然想起，这是一位尚未领上诉状的当事人！遂转身快步找回中年男子。

我：你是×××吧！

男：（惊喜中）是是。

我：对方上诉了，正好我们没联系上你，你现在跟我取上诉状吧！

男：啊？

故事二：

下班走到小区门口，遇到一个案件的被告，他十分热情地朝我挥挥手，我很尴尬，不知道该继续往小区里走还是装作走错了掉头往外走。最后硬着头皮朝他笑了笑，装作风轻云淡地走进了小区，终于明白了为啥好多同事都说住得离单位越远越好了。

正郁闷着，迎头撞上了该案的原告，好在他没有看我，我也马上假装没有看到他。

今天这是怎么了？我要不要搬家？他们是要私下会面吗？他们是要调解吗？他们是不是虚假诉讼？

一百个问题涌上来……

相信法官下班后遇到当事人的故事还会继续，欢迎大家踊跃分享。万一大家反映得多了，领导们看到后也觉得这确实是一个问题，是不是可以考虑解决一下法官的住房问题，例如建一个专门的法官小区啥的……

# 家事法官应该八卦吗？

在家事法官群体中，男法官是略微尴尬的存在。目前法院系统家事审判改革风起云涌，各项改革举措层出不穷，纵览各级法院家事审判改革的经验总结，选派的家事法官几乎都是具有丰富审判经验的女法官。

曾经有这样一件离婚的案子，男方起诉女方离婚，起诉时除了提交婚姻关系证明，还提交了一份医学鉴定报告，证明婚生子女和男方没有血缘关系。书记员给女方发副本时提到了该报告，结果女方风轻云淡地说：这又能证明什么呢？也许孩子在医院抱错了呢？书记员顿时就惊了，这心理素质，太叫人佩服了。案件挺引人关注，小速录员知道案情后更是激动得摩拳擦掌，期待庭审时会看到一幕八卦狗血的家庭伦理剧，结果开庭那天，还没怎么审，双方就迅速地达成了一致，案件调解结案。小速录员大失所望，庭下痛心疾首地埋怨我，怎么就这么结案了？你倒是多问几句啊。我没好气地说，问什么啊？问女方孩子的生父是谁啊？问了两边非得又打起来不可，还怎么结案？速录员"气愤"地说：你一点都不八卦，怎么当家事法官啊！

我确实是不八卦，学生时代，同学对我有句评价，说八卦的事如果我都知道了，基本就所有人都知道了。我的一位女同学，初中高中六年的时间，和我同班五年，同桌三年，够熟悉了吧，高三的某一天，我向她求证，昨天谁谁谁告诉我，你初三有男朋友，是真的吗？她用恨铁不成钢的眼神看着我，说这都是哪年的事了啊？别拿历史当新闻成吗！

当了法官依旧如此，家事案件审理时会大量涉及当事人的隐私。有的同学听说我去了家事审判庭，羡慕地说，多好啊，天天和看韩剧一样。问题是我不喜欢看韩剧啊，有的当事人庭审时啥都敢说，反而很多时候是我主动打断他们，说这些事和案件审理没有关系，不用讲了。速录员，这段勾掉，别记入笔录了……

家事法官应不应该八卦呢？

应当讲，八卦有八卦的好处。比如，家事法官如果八卦一点，至少会对审理家事案件更感兴趣，工作起来积极性更高，这在案件量居高不下、法官普遍不堪重负的情况下，对法官也是件好事，同是审案，审理自己喜欢的案件总比审理自己不喜欢的案件要好。

另外八卦的人往往也是喜欢和他人沟通交流的人，毕竟把听来的八卦深埋于心底的人是少之又少的，和别人分享才是更快乐的事。相对于其他民事案件，家事案件更加需要和当事人特别是女当事人进行深入细致的沟通，这方面作为一个不八卦的法官，确实甘拜下风。

还有一点就是，八卦的人往往情感更加丰富，更容易感同身受。家事案件涉及普通人的情感和日常，家事法官在办理案件时不能怀着一颗冰冷的心机械地适用法律，而是要设身处地为当事人考虑，在依法审判的前提下让裁判结果更贴近普通人的内心，让弱势群体感受到司法的温暖。

今后我会八卦吗？估计还是不会，但是，家事审判不是简单地驳回起诉，不是分居满两年就判决离婚，不是冷冰冰地分割房产，我会努力让自己的感情更丰富一点，让自己的内心更柔软一点，在审理期限和结案指标允许的范围内，努力办好每一件家事案件。

# 等我退休了，能给别人"算命"吗？

　　为什么我会聊到算命这个话题呢？主要是最近发生了几件小事，让我联想到了一句话。

　　先说发生了什么事。我曾写文章提到离婚案件中通过观察双方是否记得举行结婚仪式的时间，来判断双方对婚姻的态度。一直有人对此不太理解，觉得我是不是武断了些。

　　这几天还发生了一件事，审理一件离婚纠纷，男方是原告，女方是被告，庭审时男方气愤地说女方与同事有不正当的男女关系，屡教不改。我问男方有证据吗？男方说没有证据，但绝对属实。我又问女方，男方说的属实吗？女方轻描淡写地说不属实，是男方误会了。然后并未多说什么。开完庭我还在想男方所说的女方出轨的事。要说这件事是假的吧，看男方庭审时的表现似乎不像是捏造的，说是真的吧，又没什么证据。回办公室的路上我问小速录员，你觉得出轨这事双方谁在说谎？小速录员笃定地说，肯定是女方在说谎。我饶有兴趣地问，这么肯定吗？她说，哪有男方当着外人说女方出轨而女方不替自己竭力辩解的呢？这个案子女方就这么简单地否认几句太不符合常理了，所以肯定男方说的是真的。我听完点点头，真是三人行必有我师。

　　大概会有人说，法官就是这么只凭一两个细节判案的吗？当然不是。就好像在侦查过程中测谎的结果并不能作为定案的证据，但是可以为侦破案件提供参考甚至指明方向，办理家事案件也是如此，家事案件中很多事实本就没有什么证据可以证明，再加上很多事实当事人刻意隐瞒和否认，家事法官哪里是在审案，分明是在破案。因此时间长了，家事法官会通过审理案件积累的经验，总结出很多细节甚至形成某种直觉，有助于法官快速认定案件事实并厘清审理思路。

　　刚下庭办案时，曾经见过一些经验丰富的法官，结案速度快，数量多。我那会儿特别羡慕，也曾经仔细研究过一些他们审结的案子，不过不看不知道一看吓一跳，真心觉得这案子怎么办得这么粗糙啊？他们胆子真大，就这样把案子判出去了？再观察一段时间，发现也没出现什么问题，很多案子当事人对判决结果还是接受的，想象中的大量的上诉上访并没有出现。为什么呢？就是因为这些法官积累了丰富的审判经验，在很多案件的审理过程中对于案件事实和当事人心理比较有把握，因此敢于下判决。当然，他们也不是不想把案子办得更细致扎实一点，只是在案多人少且审限管理日益严格的情况下，抓紧结案才是硬道理，更何况又有鞭打快牛的习惯不是？

　　发生了这些事，让我想起了前些年一位法院领导说过的一句话：一个法官如果在基层法院办二十年民事案子，退休的时候就可以去给别人算命了。掐指一算，我办案才五六年，虽然自己愚笨得很，要是一直办案到退休，大概也可以出去给别人算命了吧。只是一想到还要办这么多年的案子，内心的情感也是挺复杂的……

# 我觉得，自己有点落伍了

在基层法院从事民事审判工作，除了要有扎实的法律功底和必要的审判经验，对于社情民意的了解也是必不可少的。以前强调要了解社情民意，主要针对的是外地同志不了解本地风土人情的情况。后来我发现，至少对于我来说，除了了解上述提到的这些，还得对年轻人和女同胞的日常生活有必要的了解，不然庭审时一不小心就露怯了。

**上海寻梦信息技术有限公司**

写离婚判决，比较头疼的一点就是分析银行流水，很多当事人不管三七二十一把对方婚姻关系存续期间的银行流水全调取出来，逐笔审查，有大额进账就说是夫妻共同财产要求分割，有大额转出就说对方是非法转移夫妻共同财产，必须不分少分。写判决时还得逐一回应，非常麻烦。

有一回加班写一个离婚判决，男方的代理人提交了如下书面意见：

（八）关于被告名下存款：从被告提供的中国银行流水可以看出被告在双方分居之后通过自己名下中国银行账户向案外人上海寻梦信息技术有限公司大额转款约 5 万元，该行为发生在双方分居生活期间，原告并不知情，故被告有恶意转移夫妻共同财产的故意。对于该部分款项按照原告 60%、被告 40% 的比例进行分割。

我很是头疼这个诉讼请求该怎么回应，特别是这个上海寻梦信息技术有限公司，完全不了解。于是周末加班时我特意用了一个小时的时间看了双方的庭审笔录、提交的银行流水并查询了该公司的情况，得出以下三条意见：

1. 原告主张的被告对该公司的转款行为认定错误，经查系支付，而非转款；

2. 原告主张被告的"转款"行为发生的时间系分居期间也不属实，经查主要发生在双方登记结婚之前；

3. 经本法官网上查询，这家上海寻梦信息技术有限公司，其实是拼多多……

**"第二"戒指**

前些天开庭审理一件离婚纠纷，庭审中，当询问双方都有什么夫妻共同财产时，女方说有"第二"钻戒。我听了心里直嘀咕，心说她这是买了几枚钻戒啊，还分第一第二？

结果年轻的书记员直接在屏幕上敲击：DR 钻戒。

我看了一愣，知道自己又孤陋寡闻了。当时不动声色，开完庭我问"95 后"助理：你知道啥叫 DR 钻戒不？助理说：我当然知道啊，很贵的，而且还得拿身份证买，一个人只能买一枚。

我想：啥？还有这套路？

嗯，奇怪的知识又增加了。

再回到那件离婚纠纷，两个人都是"90 后"，收入都很一般，2018 年底结婚，2020 年 4 月就分居了，对外负债 20 多万，有信用卡债务，还有欠小贷公司的，钱花到哪儿去了呢？都买这些奢侈品了。

中年法官真是越来越看不懂年轻人的消费观了。

**海之蓝**

有一回开庭审理一件离婚纠纷，男方是原告，女方是被告。我问男方为什么要起诉离婚，男方气呼呼地说，我们俩挣得都不多，这个败家娘们，上个月信用卡刷了两万多块，这日子没法过了，必须离。

我又问女方，你这两万多块都买啥了？

女方有点不好意思地说，也没觉得买了什么，反正稀里糊涂就花出去了。

我追问道，你再想想，两万多块钱呢，总得见到点东西吧。

女方想了想说，对了，上个月赶上打折，我买了好多海蓝之谜……

我瞅了女方好一会儿，不理解地问，你一个女同志，买那么多白酒干什么？

女方听完一愣，好一会儿才说，法官，海蓝之谜是化妆品，不是白酒，你说的白酒，是海之蓝吧……

我……

抱歉，中年男法官，说起化妆品，大概也就知道大宝啥的。

综上，对于基层民事法官来说，法律知识要与时俱进，社会知识也要与时俱进，毕竟，还要在审判岗位奋斗好多年，不是吗？

# 温柔的女法官都去哪儿了?

前些天一位做律师的女同学讲了这样一个故事,说有一回代理一个案件,开庭前很是惴惴然,原因是承办该案件的法官是位女法官,那家法院的女法官都是出了名的态度严厉,让她这位律师想想都头大,结果开庭那天主审法官因故换成了一位男法官,男法官态度很是和蔼友好,让她深感庆幸。开完庭她把这件幸事分享给我们,一位女律师如此评价女法官,让很多不在司法一线工作的同学很诧异。

类似的议论在法院内部也存在,前些年在办公室工作的时候,有一次旁听本院审委会会议,其中一个议题是抽查一位民庭女法官的庭审,看完庭审录像后各位审委会委员依次发表意见,印象很深的是一位委员这样说道:"这位法官庭审时对当事人的态度是不是太严厉了一点,有必要这样吗?我觉得刑庭男法官庭审时对被告人的态度都没有这么严厉。"

无独有偶,有位女同事告诉我,有一回她去本地法官学院参加培训,一位授课老师来自高院综合部门,他讲课时严厉批评部分基层女法官日常工作生活中不够注重自我修养,完全丧失了我国传统女性温良恭俭让的优点。我听罢哈哈大笑,反问同事的看法,她恨恨地说:站着说话不腰疼。

这种女法官不够温柔的看法既然在一定范围内流行起来,自然有其原因,我思考了一下,大概有这么几个原因吧:

一是个案的放大效应。有些秉持传统观念的国人,会觉得女性大多性格温柔,进而推论出女法官也一定比男法官更加和蔼可亲,而人民法院的宣传报道上也特别喜欢突出女法官的这一特质。《南方周末》就曾总结,新中国成立以来,法院系统大力宣传的法官多是"基层搞民事的女法官"。近年来法院大力宣传的模范法官,如尚秀云、宋鱼水、詹红荔、陈燕萍等,均是如此。北京大学法学院教授朱苏力就曾评论说,过去 30 年来,中国司法有意无意地把自己塑造成了一个知心、体贴、周到的女性形象。尽管传统上，法律往往被视为男性占统治地位的行业。因此，律师或者当事人遇到一位态度和蔼的女法官，往往觉得就该如此，并不会留下什么深刻印象，而一旦遇到一位态度严厉的女法官，就会印象非常深刻，日积月累，就会得出女法官都态度严厉不够温柔的结论。

二是工作状态使然。司法实践中，一些当事人乃至律师也是看人下菜碟的，你越是对他态度友善，他越是端着架子不配合你的工作，这也逼得女法官们不得不对当事人态度严厉。特别是近年来案件潮水般涌向法院，一线法官几乎都处于高强度的工作状态，而且从审限、信访、文书质量、司法公开等等方面对于一线法官的要求也是越来越高，长期处于这种状态下的女法官们也很难时时处处让所有人都觉得满意。不从整体考虑，而就一时一事去指责一个人，无论如何也是不公平的。这一点，作为男法官我同样感同身受，我之前在综合部门被评价为脾气是很好的，原来的同事得知我下庭后也会声色俱厉地呵斥无理取闹的当事人，也会和当事人拍桌子，都觉得难以想象。

三是社会"分工"使然。尽管当今社会在男女平等方面已经取得了很大的进步，但因为种种原因，女性的家庭负担还是要远远重于男性的。特别是职业女性，从进入职场到光荣退休，一直都在照顾家庭和发展职业之间艰难平衡。女法官们虽然身在体制内，但是一般职业女性遇到的这些困难，她们也一样不少地都会遇到。长期生活在这样的双重压力之下，一些女法官变成女汉子也就不难理解了。

不止一个人和我说过，感觉法院的女法官越来越多了。是的，在人民法院，特别是人民法院民事审判庭，女法官数量确实是越来越多，发挥的作用越来越大。与其追问温柔的女法官都去哪儿了，不如努力改善女法官们乃至全体法官的外部大环境，让法官们能以更加平和的心态去面对自己的工作，毕竟岁月不长，对温柔的人，大家也都会报以温柔的。

# 医不自医？嘻，法院人也一样！

《大宅门》大家都看过吧？很经典的一部国产剧，特别是《大宅门》第一部，更是经典，很多桥段都被观众津津乐道。我第一次看这部剧还在上大学，嗯，又暴露年龄了。直到现在，还经常能在电视上看到这部剧在播放，一听到那句"由来一声笑，情开两扇门"，还忍不住多听一会儿，尽管已经听过很多遍了。

其中这一段特别有意思，白家逃难到西安，老太太病重，白家自己是医药世家，却请的世交沈爷给老太太看病，白家二爷还特别说明，自家人不给自家人看病，坚持请沈爷开方子。

这段戏网上讨论的人很多，不少人提到这叫作"医不自医"，或者是"医不自治"，意思是医生能给别人治病，但不能医治自己的病。因为即使医者再优秀，如果给自己或者家人医病时，往往联想较多、顾虑较多，如此掂量来掂量去，下不了决心，反而影响了治疗效果。

如果说医不自医是基于现实考量而出现的一种看似反常的行为，我还见过一些人工作之余不愿意接触和自己职业有关的事物。

例如，有位战功显赫的职业军人，业余时间从不看战争影片，也不喜欢周围的工作人员穿军服，反而是喜欢看幼儿园的孩子。

我常说，医学和法律这两种职业有很多相同点。医不自医这一点，真的和法律人有点像。

一般人看来，法律人天天沉浸在案件之中，所谓诉讼，无非是在法律舞台上的人与人之间的博弈。法律人天天研究此道，在生活中也一定把自己的职业知识和法律技巧发挥到了极致吧。

还真不是这样。

之前看微博，有位律师和几位同行一起买房，千万级别的合同，几位精于合同纠纷的律师居然没人认真看合同，以至于这位律师自嘲，说要是真出了合同纠纷，可真是丢死人了。话虽这样说，几个人最后到底也没认真地审一遍合同。

当然，贯彻医不自医精神最彻底的法律人，当属我们法院人了。

我去买房子的时候也是如此，虽然成交金额和上一个例子不能比，但我网签的时候也真的是没看合同，让我在哪儿签字我就在哪儿签字，全然忘了自己曾在法庭上义正词严地训斥过自称没认真看合同的当事人。

再比如，有位家事庭的同事，和媳妇登记前，跑前跑后帮媳妇买房子，出首付看房型，房屋登记在媳妇一个人名下，然后两个人登记结婚的。中介得知他在法院家事庭工作后都调侃他，说你要想好啊，这房子买完了可就是你媳妇的婚前个人财产了。同事笑了笑，没当回事。要说我们天天在法庭上看绝情夫妻为了争夺房产打得头破血流一地鸡毛，但是出了法院的门这些似乎都只是工作的事情，和自己的生活并没有什么联系。

以前审理物业纠纷的时候也是如此，就没见过哪位同事不交物业费的，其实老百姓对物业公司的不满，法院人一样也不少，但是不交呢？或是像一些邻居那样被告到法院后经过调解减免一些物业费呢？对不起，没想过，日常吐槽归吐槽，到日子乖乖足额交物业费。在法学院看的那本《为权利而斗争》全然没啥效果，日常生活遇到事一点斗争精神也没有。

前些天看到一位律师发了这样一条微博：

　　虽然是搞法律的，但自己帮自己打官司，这是头一遭。第一次给娃报课外班，刚上了三节课，机构倒闭卷款而逃，1万元打了水漂。

　　虽然回款无望，但是不做点什么似乎也不悦。疫情过后，娃他爸起诉教育机构。

　　各种辗转，今天下午法院才开庭审理本案，被告缺席，法官也一脸难看。法官说，你个做律师的，1万元的案子你自己搞什么呢？你自己做点别的业务不就回来了吗？我自己报早教机构还亏了4万呢！我也没说去起诉啊。

　　我：？

嗯，不错，这很法院人。

# 我去普法的那些事

　　刚进法院的时候，在某民事庭待了几个月，有一回庭领导让写个信息，宣传一下本庭的普法工作，其中提到了"六进"。我第一次听到这个词，于是问"六进"是什么意思？领导惊讶中还带一点不悦，说你连"六进"都不知道？我当时心说，我刚进法院工作，哪里知道什么是"六进"。后来才明白，"六进"是普法术语，意思是使法律进机关、进乡村、进社区、进学校、进企业、进单位，简称"六进"。

　　执法办案是法院的第一要务，按照"谁执法谁普法"的要求，法院自然也有普法任务，而且任务还很重。因此，法院每年都会组织各种各样的普法活动，无论普法活动是综合部门组织的还是业务部门组织的，去普法的一般都是一线法官。我自打下庭办案后，自然也少不了这样的任务，不过我"进"得比较单一，只进过社区和学校。下面就聊聊自己的普法经历。

　　**一是进社区**

　　我自打下庭办案，特别是在家事庭办案后，多次去社区普法。社区普法的一大特点是听众一般都是老年人。因为我们一般都是工作时间去的社区，有工作的人自然没时间参加，社区组织来的听众都是在本社区居住的离退休人员。因此去社区普法我们一般讲赡养、继承等和老年人权益密切相关的法律知识。

　　当然，老年朋友很多时候也对离婚方面的法律知识非常感兴趣，倒不是因为老年人离婚的多，而是因为本市离婚率在全国一直排名靠前，老年人还要替夫妻关系不和睦的子女操心，特别是对于婚房的分割问题尤为关心。一般遇到这种情况，我在讲解完法律知识后，都会额外嘱咐一句，儿孙自有儿孙福，对于孩子的生活不要参与过多。

　　老年朋友的反应一般是，觉得我说得非常有道理，但是该参与还是要积极参与。

### 二是进大学

本市大学众多，我也有两次机会去大学普法。大学生的特点是有一定的知识储备，求知欲强，喜欢互动。因此，给他们普法一方面要扎实准备，不能露怯，另一方面要讲得生动活泼，不然他们真的会埋头看手机，一点都不理你。我一般法律理论或者知识讲得比较少，案例讲得比较多。家事案件对很多人来说本身就比较"喜闻乐见"，所以还是挺受欢迎的。

当然，我也反思过自己普法的效果，因为有一回普法结束后，一位听课的女大学生说，听完我的讲座，她都不想结婚了。

前几天，一位兄弟法院的好友微信聊天时说她最近要去普法了，我问去哪儿？她说某某大学，我说好学校啊，你好好讲。然后她又发了一句，下属的一家企业。

我说，本以为你是进校园，原来是进企业啊。

### 三是进小学

前些天中午在食堂吃饭的时候，一位同事说刚刚受领去某小学普法的任务，问我之前去过吗？我想了想说，前几年还真去过一次。

那是我第一次给小学生普法，春节前从院团委领到的任务，当时为了讲什么我还纠结好久，差点儿年都没过好。给小学生普法，讲离婚或者继承都不合适，最后决定为了蹭春节的热点给孩子们讲压岁钱，主要内容是告诉娃们压岁钱是属于你们的，父母可以保管但不能乱花，为了诉讼方便一定让父母把压岁钱存在自己名下的银行卡里，如此等等，还准备了好几个因为压岁钱孩子把父母告到法院并胜诉的案例。

普法那天，我在台上讲得滔滔不绝，孩子们在台下听得兴高采烈，和我同去的另一位同事在台下和班主任坐在一起，普法结束后一起回法院的路上，她告诉我说，班主任听完我的普法后表示，孩子们晚上回家都得和家长打架……

我当时就觉得，以后应该不会有小学邀请我普法了。

然后，真的就没有了……

# 法官的喜怒哀乐

## 法官的脸上挂着撤诉般的笑容

法院的很多人都听过这个段子:

一位法官哥们和几个朋友喝酒,醉到不省人事。被抬回家后,老婆用各种办法给他醒酒,无济于事,于是打电话询问他朋友。朋友说,你问一声:我撤诉,怎么办手续? 试试看。老婆不解,但照做了。没想到话音未落,只见男人嗖的一下从床上蹦起来,精神抖擞,大喊:您写个申请,稍等一会儿,我给您出份裁定! 老婆此时已泪流满面……

什么是撤诉,撤诉就是在人民法院受理案件之后,宣告判决之前,原告要求撤回其起诉的行为。撤诉,就意味着案件的审结,对于法官来说,撤诉也是一种结案方式,而且这种结案方式省时、省力,结案后当事人既不会上诉也不会信访,简直是法官心目中的最佳结案方式。因此每当有当事人来撤诉,主审法官都会和中了彩票一样高兴。所以在法院形容一个人快乐的最高等级的语句,就是"脸上挂着撤诉般的笑容"。

因此当事人向法官申请撤诉,一定会享受到法院干警给予的春天般的温暖,法官或者法官助理会放下手头一切可以放下的工作用最短的时间指导他办理撤诉事宜,我的一位做律师的同学因为年底撤诉,还享受过被承办法官欢送到大门口的待遇。

我在家事审判庭工作,家事审判工作真心不好干,案件琐碎,很多当事人情绪很激烈,动辄吵闹或是信访,但家事审判工作有没有好处呢? 有的,最大的好处就是时不时就会有当事人过来撤诉,撤诉的原因也是五花八门,有的是一时冲动来法院起诉,后来双方和好,当然目前这种情况已经比较罕见了,有的是起诉后双方又达成一致去民政局协议离婚,自然就不必给法院添麻烦了。也有的是在法官劝说下撤诉的，例如有一回一对老夫妻来法院起诉离婚，双方完全没有争议，但坚持要求我在调解书中将他们名下唯一的一套房屋分割成两套，我听罢笑了，再一问果然是房屋即将拆迁，他们想把一套房屋拆成两套，这样会得到更多的拆迁补偿，去房屋管理部门变更无果后来到法院，希望法院出具调解书或者判决书，然后拿着法院生效文书去房屋管理部门申请拆分，如果对方不同意就申请法院强制执行。我只好向他们解释，如果你们就离婚问题达成一致法院可以出调解书，房屋作为你们的夫妻共同财产自然也可以分割，但是房屋的产权登记问题是行政机关负责的，法院也没有权限把一套房屋拆成两套，并劝说他们诉讼离婚并不能实现你们的诉讼目的，如果不是真的感情破裂的话，还是撤诉吧。老夫妻非常失望，在我这软磨硬泡了一个多小时无果，终于死心同意撤诉了。

　　撤诉对于法官当然是求之不得的好事，但是法官对于撤诉还是要遵循"君子爱财，取之有道"的态度。"道"指的是什么呢？我总结，就是只可顺守，不可逆取。如果是当事人主动撤诉，那自然好。如果查明诉讼无法达成当事人的诉讼目的，那就充分向其释明，让当事人自己做出选择。一定不要为了自己省事去忽悠当事人撤诉，有的当事人或者法律知识匮乏，或者比较好说话，确实可能被法官忽悠撤诉，但是这个世界哪有最后不被拆穿的忽悠呢？一旦被拆穿，就会葬送这位当事人对法院所有人的信任。

　　面对潮水般涌向法院的案件，撤诉的案件在数量上不过是一朵浪花而已，但是撤诉之于法官就像生活中的"小确幸"，不会改变你生活的状态，但确实会让法官在那么一瞬间从繁忙的审判中解脱出来，内心涌起宽容与满足。在法院工作，法官辛苦，法官助理也辛苦，每天记不完的笔录接不完的电话，我下庭以来前后换了七位助理，每当助理向我抱怨说再也不想接当事人的电话了，我都会安慰说：还是接吧，万一是当事人打来的要求撤诉的电话呢……

# 周日晚上最焦虑？嗯，法官也是！

进入 2021 年，每到周日晚上都有点焦虑。

也许你会奇怪，年底都没见你焦虑，怎么年初还焦虑上了？

要正确理解上句话的含义，这么说吧，法官的焦虑是不分阶段的，一年 365 天都在焦虑，我说的是，我在以往天天都焦虑的基础上，又增加了周日晚上的焦虑。

原因也不复杂，就是 2021 年我到了新部门，不变的是依旧两个法官共用一个速录员，每个法官每周只有两天固定的开庭时间，变化的是我从去年的每周二、四开庭，变成每周一、三开庭。

所以每到周日晚上，想想周一一上班就要开庭，心情多少有点低落，要是周一上午的庭排的又是难度比较高的案件，心情就不只是低落，而是焦虑了。

法官是必须和焦虑相伴的，我周围有很多小伙伴，当助理时非常出色，做起工作游刃有余的，大家一致都觉得他（她）入额后肯定没问题。等入额后再问什么感觉，普遍会回答说很焦虑。即便助理再有责任心，毕竟案件是法官的，服从命令听指挥就好，下班后很少还会再想案子的事。真正当上法官了，成了案件的责任人，就会不可避免地感到焦虑。案件太多，焦虑！某案件长期结不出去，焦虑！当事人太难缠，天天信访缠访，焦虑！案件被二审法院发回或者改判，焦虑！还有的法官焦虑的事情更多，比如有的法官助理或者书记员不给力，焦虑！好多女法官工作和家庭难以兼顾，焦虑！

我刚下庭办案前的时候，因为之前没有审判经验，焦虑得不得了，总觉得自己第一年办案肯定会犯错，但又不知道什么时候犯错，犯多大的错，天天焦虑得不得了，天天都在等着"第二个靴子落地"。那时候经常凌晨三四点钟就醒了，再也睡不着了。自己经常默默地起床，有时候洗洗衣服做做家务，忙了一阵再看表，才五点多，家人都还在睡着，我一个人坐在窗边听着外面呼呼的风声，看着天慢慢地亮起来。

一眨眼工作了几年，慢慢地积累了一些审判经验，工作上很多事情处理起来也变得游刃有余了，但是焦虑依旧难以消除。有时候是案件太多，自己感到有心无力；有时候是案件审理难度太大，审限又在飞速消逝，案件难以结出去；有时候是工作出了错误，绞尽脑汁想办法予以弥补；有时候是琐事缠身，心力交瘁。焦虑不会随着时间自动消失，有时候反而还有越来越多的趋势。是的，如果一个法官不曾因为案子而在深夜辗转反侧难以入睡过，都不算真正办过案。

所以，不焦虑，非员额。有的小伙伴觉得还不能适应这样的工作状态而选择暂时不入额，有的小伙伴选择退出了员额，我都表示非常理解。毕竟，尽管每个人都不可能完全避免焦虑，都要学会和焦虑共生，但是，这个社会变得越来越好的一个标志，就是越来越宽容，越来越多样化。理解万岁，谁说不是呢。

# 法官的尴尬时刻

法官也是一种职业，任何职业都有过五关斩六将的荣光，也有败走麦城的尴尬。回忆了这几年的经历和法院同人的分享，作为法官，如果出现以下几种情况，确实比较尴尬：

## 1. 说理被反驳

法官，特别是民事法官，在长期的审判实践中都锻炼出了不错的口才。特别是在基层法院，常年直接和大量群众打交道，说服当事人就成了民事法官的一项基本功、必修课。很多民事法官都是辨法析理的高手，经常动之以情晓之以理地说服了当事人，做到了定分止争案结事了。

但是哪有常胜将军呢，一向自信的法官偶尔也会被当事人怼得无言以对，比如，一位法官曾提道：

> 我自以为独创的话很有哲理："自己的婚姻就像自己的鞋一样，合不合适只有自己知道，但是即使鞋不太合适，我们也不能说扔就扔啊，不得考虑一下经济因素、环境因素吗？所以婚姻也一样，不能随便想离就离！"
>
> 还没等我说完最后一个"离"字，我那当事人怼了我一句："现在的人，鞋不合适立马就扔了！"我感觉我当时就很凄惨地笑了笑，求我当时的心理阴影面积……

嗯，你说了那么在情在理的话，自己都快被自己感动了，然后被当事人直接怼了回来你还无言以对，尴尬不？

## 2. 贫穷被鄙视

应该说，财富是法官的一个软肋，这不是说法官生活有多困苦，实际上，法官作为公务员论工资收入还是比上不足比下有余的。

但为什么无论是法官群体还是其他人都会觉得法官贫穷呢，一方面是法官经常被拿来和律师比较，相较于律师群体特别是律师中的高收入群体，法官的收入确实难以与其相提并论，另一方面这些年随着经济社会的发展，特别是在经济发达地区，案件标的越来越大，不免给法官一种"性价比低"的感觉。

一位法官曾发了这样一条朋友圈：

> 开个庭，同情心又泛滥，后来发现最该同情的是我自己，人家轻松分到手几百万拆迁款，我得几辈子能赚回来……

同时，很多来法院诉讼的当事人经济条件非常好，庭审中会有意无意地炫耀一下：

> 今天劝当事人调解，我说房屋还有抵押，当事人说没事，不就是几百万的贷款吗？明天清贷去……
>
> 我竟无力反驳，贫穷限制了法官的调解能力……

### 3. 失控被围观

一般而言，一线法官都是各忙各的，特别是不在同一部门或同一楼层的，有时候偶尔一见面还会互相觉得对方是不是都很久没上班了，其实天天都在同一栋大楼里。

但有一种情况会让你的存在感非常强，那就是你的当事人失控的时候。要说法官的一项能力，就是掌控庭审的能力，但有时候庭审出现一些情况法官确实掌控不住，而且有些失控的情况也并不出现在庭审之中。

一方面是庭审时当事人和法官或者当事人之间发生激烈冲突，咆哮公堂引来法警乃至其他同事的围观。还有一类情况是你的当事人来到法院非理性信访，举标语，喊口号，大吵大闹要见院长，很快全院都会知道有这个事，然后大家问的第一个问题就是：这是谁的当事人啊？

一位兄弟法院的家事法官如此描述她工作的一天：

> 早上开庭的压着没打起来，出大门就打一块了都报警了，第二个调解也差点没打起来，下午过来交钱的又在单位门口哭喊好久，这一天光剩下和不

明真相的同事认领了，对对对，都是我的当事人……

我也曾有一位当事人，审理过程中不仅去各个单位投诉我，来院吵闹就不下十几回，每回都抱着几个月大的女儿，一言不合就扬言要把女儿扔在法院，那段时间差不多全院都知道有位女当事人总是带着孩子来投诉我。直到前些天，还有同事想起这件事，还为此调侃我，真是把我给郁闷的呀。

上述这些尴尬，有的是法官依靠自身可以克服或者减少的，有些真是无论如何也难以避免的。任何职业都有两面性，既需要自我调适，也需要互相理解，大家觉得在理不?

# 被信访投诉杂记

下庭办案后，第一次遇到无理取闹的当事人，自己非常郁闷，既有对当事人无理取闹的气愤，也有对自己吵架没发挥好的郁闷。师傅看到后安慰我说，只要办案子，每年都会遇到几个这样的当事人，不能不当回事，也不能太当回事。

后来办案时间长了，自己亲身经历，以及耳闻目睹同事的经历，确实如此，本期就聊聊被投诉信访的奇葩事例。

一、

有位同事，和我在同一部门，有段时间老被当事人信访，每回还得我给他写回复材料，弄得他有点不好意思，觉得给我添麻烦了。有一天快下班的时候，他给我打电话，说我在监察室呢，又有信访件了，你来拿一下吧。我赶过去后，看到他有点尴尬地坐在那里，手里拿着材料。我问他，这回你又被投诉啥了？他有点不好意思地说，这回被投诉是黑恶势力保护伞。我说没事，这肯定是假的，就你，还保护伞？

二、

刚入院的时候在立案庭工作，并不在立案窗口。那时候庭里有好几位立案法官，性格各异。有一回两个立案法官都被投诉了，一位是被投诉话太多，另一位是被投诉话太少。

后来兄弟法院的一位同人对我说，她的一位负责立案的同事被投诉，说同事一直冲着当事人笑，当事人说，她为什么要冲着我笑，笑什么笑？！还有当事人投诉门口负责安保的法警在安检当事人时候总板着脸，服务态度不好！

三、

有一位同事，待人接物都很到位。之前和我搭档过，非常能干，单位家庭都是一把好手。她入额办案的时候，大家都很看好她。结果有一回她判一个大妈败诉，这位大妈为此天天找她，同事忍无可忍，于是有以下对话。

同事：您要是认为我判得不对，可以上诉。

大妈：我觉得你判得对！

同事：您要是对我有意见，可以去信访投诉。

大妈：我对你没意见，你是个好法官！

同事：您要是觉得我说不明白，要不找找我的领导？

大妈：你说得很好，找领导对你不好。

同事：那您要干吗？

大妈：我觉得你特别好，唯一对你有意见的就是，你知道我赢不了，为什么不动员我撤诉？

同事：……

## 四、

有一天中午在食堂吃饭，同桌的还有一位女同事，她刚入额，而且和我当初一样，之前长期在综合部门，缺少办案经验，现在要办案了，有点惴惴然的。于是她问了我一个问题，怎样才能不被信访？

我回答说，这样的法官应该有，但我没见过，至少我个人觉得，办案子想要不被信访，应该是不可能的……

# 法官·审判·父与子

我有个娃，还是小学生。小孩子的特点就是喜欢听大人聊天，不仅听，还喜欢插嘴发几句议论。我家娃也是如此，而且我有时候喜欢和娃聊聊工作的事，权当给孩子扩展一下知识面，结果娃自诩比较了解法院工作了，和我聊工作的热情就更高了，父与子互相影响，于是就有了下面这些场景：

**场景一：你犯法了吗？**

某天早上，我送娃上学，路上有这么一段对话：

> 我😳：爸爸今天得去趟监狱。
>
> 娃😱：你犯法了吗？
>
> 我🐌：爸爸是去监狱，不是进监狱……

作为家事法官，我每年都会有几件去监狱开庭的案子，大多数是在本地监狱，偶尔也有去外地监狱的。那时孩子知道一个人犯罪了才会进监狱，所以对于我所说的去监狱非常吃惊。

现在他已经明白我所说的去监狱是指去监狱开庭，现在会问：是外地的监狱吗？晚上能回来陪我玩吗？

当然，同事知道这段话之后没少批评我，毕竟让小孩子区分"进监狱"和"去监狱"，确实有点"强娃所难"。

**场景二：把庭推了吧……**

某天晚上，我们一家三口在吃饭，有如下对话：

> 媳妇：下周二下午有家长会，我没时间，你去吧。
>
> 我：哎呀，周二下午有庭啊……

　　媳妇：那怎么办？

　　娃：你把庭推了吧！

　　我😓：……

　　庭审都是助理提前安排的，但难免会出现法官临时有急事无法开庭的情况。我以前也曾取消或者推迟过庭审，也就是"把庭推了"，只是不知道孩子什么时候学会这个词了。

　　当然，法官不到万不得已一般不会把庭简单地推掉，毕竟这会增加当事人的诉累，有的案子如继承案件，当事人非常多，推迟或者取消庭审需要助理重新通知一遍当事人，大大增加助理的工作量。因此，法官遇到这种情况，一般是尽量争取开庭，法官实在开不了庭的，可以的话会让助理去作询问或者交换证据，实在不行才是推迟或者取消。

**场景三：浩浩，别闹了！**

　　娃小名浩浩，比较调皮，我虽是好脾气，也时不时和他发火，结果……

　　某天庭审，是离婚案件，原告和被告仇人见面分外眼红，当庭就吵了起来。

　　原告：……

　　被告：……

　　我（敲了一下法槌）：安静，注意庭审秩序！

　　原告：……

　　被告：……

　　我（猛敲法槌）：浩浩，别闹了！

　　我吼完自己都愣住了，不过现场无论是当事人还是书记员，都没有听出什么异样，整顿好庭审秩序后，就继续开庭了。事后和同事说起这件事，大家一致分析，大概他们都听成了"好好，别闹了"……

　　当然，大家一致表示这一回娃比较无辜，当事人吵架，关人家孩子什么事呢。

　　也有同事调侃我，说我真是对当事人充满了感情，把他们都当成了自己的孩子，只是不知道当事人领不领这份情啊……

# 法官的道德困境

前些天，看到一位律师发了这样一条微博：

> 调解到最后，感觉只要再压一下好说话的那一方当事人他一定会同意的，可是，凭什么？强横的一方寸步不让，良善的一方屡屡后退。如果和稀泥只是定分止争，有时候，一纸判决才是定分止争。
>
> 好吧，调解失败。

结合上下文来看，这位律师应该是在电视节目给嘉宾做调解工作，作为法律共同体，这条微博提到的情况，我在日常审判中也经常能遇到，因此看完微博，非常有感触。

办案子的时候，经常会遇到这样一些当事人，或是因为性格使然，或是因为法律知识匮乏，比较容易轻信他人，就是比较"好忽悠"。这样的当事人，好说话，易让步，调解的时候，稍一劝说，就容易一让再让，甚至有的当事人，稍一劝说，何止让步，撤诉都行。

如果法官庭审时把精力放在这样的当事人身上，软硬兼施"压"其让步，或是干脆"忽悠"其撤诉，结果是案子顺利审结，判决不用写，上诉不会有，简直是一举多得。特别是在案多人少的大背景下，如此结案对法官的诱惑不可谓不大。

我有时也会遇到这样的当事人，也会遇到这样的诱惑，也会非常动摇，那么多案子压在那儿，简单几句话就把案子结了，多好啊，但就像这位律师提到的这样，"凭什么"，就这样把案子结了，自己的内心能平静吗？当事人又该怎样评价自己呢？

法官都欢迎撤诉，但当事人的撤诉不应该建立在法官"忽悠"的基础上，我就曾见过有的当事人第一次来法院起诉被"忽悠"撤诉了，第二次再来法院起诉后，对法官的态度非常冷漠乃至粗暴，毕竟谁都不是傻子，被骗了一回就很难再对法官建立起信任了，这样的撤诉，真可谓前人挖坑，后人掉井。

调撤如此，判决也是如此。

之前审理离婚案件的时候，经常会遇到一个问题：这次原告又来起诉了，到底判不判离婚？判决驳回吧，判决好写，安抚好了当事人也鲜有上诉，即便上诉了发改的也非常少。可是如果判决离婚后，被告很可能非常不满，投诉信访乃至威胁恐吓都少不了。而且一旦判决离婚，案件审理的难度简直是几何级的增长，大量的庭审和调查就随之而来，一不小心审限就会拖得很长。很奇怪的现象是，离婚案件如果判决驳回起诉，当事人上诉的很少，而一旦判决离婚，上诉的概率非常高，上诉的多，案件发改的概率就高，审判指标就有可能会不好看。因此，判决离婚还是驳回起诉，对于家事法官来说确实是一大考验。

任何工作干的时间长了，都容易出现麻木、倦怠的情绪，都会比以前变得"油"了。因此我很喜欢那句话，不忘初心。无论从事哪个行业，都会像法律工作者一样遇到道德困境，每当这个时候，问问自己当初从事这个职业的初心是什么，如果自己刚入职的话，面对这样的困境会做出怎样的选择。

如果每一个行业都欺负老实人，那么你会喜欢这样的社会吗？

# "拆散"这么多夫妻，会有心理压力吗？

这几年，院里加大了各业务庭之间的人员交流，各个业务庭都有力度很大的人事调整。例如，有的民事庭的法官和助理调到了执行局，给家事庭配备了刑事庭来的法官，而我则从家事庭调到了民事庭，而且调走的员额法官需要将自己尚未审结的案子带走，于是不同业务庭的法官乃至书记员、不同类型的案件，会碰撞出意想不到的火花。

按说家事案件也属于民事案件，为什么民事书记员和家事案件还会有碰撞呢？主要是由于很多民事庭的助理和书记员来院的时间比较晚，当年他们进入法院工作的时候，家事庭已经从民事庭中独立出去了，他们之前几乎完全没有接触过家事案件，所以有碰撞也就不奇怪了。

某天下午我开庭审理一件离婚纠纷，没错，是我从家事庭带过来的案子。经过调解，双方达成一致，庭审过程还是很顺利的。

我们回到办公室，书记员整理卷宗，看着原、被告交的结婚证原件，有外皮有内页，不知道该怎么处理，于是问我怎么办。

离婚案子对于结婚证的处理，民事书记员不知道也正常，于是我回答说，撕了吧。

书记员吓了一跳：啊？

我看她误解了，补充说明：不是完全撕毁，是把内页从结婚证上撕下来，粘到一张白纸上然后入卷，外壳扔掉就行。

书记员听完，又看了看结婚证，纠结了好一会儿，最后说：要不你撕吧？

呃……

第一次遇到书记员提出这种要求，我问为啥，她也说不出来。

我猜也许原因有很多吧。也许是她还没结婚，自己还没有结婚证，撕别人的结婚证感觉怪怪的。也许结婚证内页和外皮用线缝合得非常严密，她怕撕坏。再也许，很多国人都有"宁拆十座庙，不毁一桩婚"的心理，这样把象征婚姻的结婚证撕了，有一点"罪孽深重"的感觉吧。

说实话，我办了这么多件离婚纠纷案，我也没处理过当事人的结婚证。以前的助理和书记员都没有这样的反应，不好强人所难，只好亲自上阵，不过还好，大体上完整地撕下来了，但是确实不好撕，有一处破损。

想起我的第二任书记员，年底的时候抽屉里有一大摞结婚证的外皮，有一回还拿在手里给我看，毕竟这也是工作量的体现。

之前真有朋友问过我，说"宁拆十座庙，不毁一桩婚"，你经手这么多件离婚案子，"拆散"这么多夫妻，有没有心理压力？

我回答说，刚下庭的时候我师傅就说了，现在打到法院离婚的夫妻，迟早都得离，让他们离婚是给他们发"解放证"，我觉得我在做好事，所以没什么心理负担！

# 回想起自己办过的那些案子，
# 法官是怎样的心情？

曾经有位院领导说，法官是要用案子说话的。一般介绍法官先进事迹时，都会说这位法官办案多少年，审结案件多少件。一般来说，案件数都是以"千"为单位来算的。当然，优秀的同人还会加上"无一件发回／改判／信访／错案"，等等，让大家高山仰止。

我下庭办案比较晚，但是几年下来，自己也累计办了超过1000件案子了，这个数字在好多资深法官面前不值一提，但是也勉强拿得出手。

一位法官回想起自己办过的案子，会是什么样的心情呢？

**自豪**

自豪是肯定自豪的，毕竟审结的案件数虽然不多，也是自己工作量的体现。和很多法律人一样，做一名主持正义的法官是我的梦想。一路过五关斩六将成为一名法官，实现自己当年的梦想，何等幸运和自豪。当一些案件审结后当事人由衷地向你表示感谢，这份自豪和欣慰更是难以言表。

特别是有位领导专门说过，没办过1000件案子，没有资格谈办案。自己这1000多件案子，无疑是作为一名法官资历的体现和说话的底气。

**疲惫**

结案数字的背后，是法官多年的付出。

自己通过开会、培训和网络，认识了很多优秀的同人。法官交流，忍不住会互相打听对方的工作量，很多同人在自豪地说起自己工作量的同时，也会感叹工作的不易，当然，也有直爽的同人稍微鄙视一下我的年结案数。

法官结案数字的背后，是逐年攀升的收案数，越来越高的工作标准，日益复杂的案情，难以配齐的审判团队，常态化的加班，等等。

审判工作既是脑力劳动，也是体力劳动，没有好的体魄，真的扛不下来，一线法官感到疲惫也就不奇怪了。

**惶恐**

你大概会问，法官回想自己办过的案子，何以有惶恐的感觉？

曾经在网上看过这样一句话，说如果你不觉得三年前的自己是一个傻瓜，说明这三年你没什么大的进步。

个人如此，法院也是如此。

前些天我给院里的新人讲课时曾说，以我自己这十几年在法院工作的经历，我感觉法院一直在以肉眼可见的速度快速进步着，特别是党的十八大以后。

这意味着什么呢？

意味着也许不久以前大家还习以为常的事情，过几年就被认为是不够正确的甚至是错误的。

我曾在微博上看见一位同人评论，说前些年民间借贷纠纷还被认为是相对简单的案子，没想到短短几年之后就成了公认的审判风险非常大的疑难案件，审理的思路和方式发生了巨大的变化。之前大量审理此类案件的法官回想起自己办过的民间借贷案件，难免有惴惴不安之感。

再比如，早几年有的法院对于扣除审限的把握并不规范，很多案件扣除审限时并未严格依照规定办理，现在对于审判规范化要求越来越严格，之前的案件要是重新审查的话，难免会在这方面出现瑕疵。

说实话，我甚至庆幸自己下庭办案的时间比较晚，帮助自己躲过了一些坑。我也真心羡慕现在才开始办案的年轻同事，他们审判生涯刚开始就遇到了严格规范的外部环境，如果你仔细想想，这真的是一件幸事。

# 助理不在，我接完电话挺崩溃

我和助理在一间办公室，办公室有一部固定电话，一般电话来了都是助理接，有时候当事人表示请法官接听，助理都会说，我是他的助理，和我说就行。时间长了，当事人及其代理人来电时都会说是找助理。

但是助理非常忙，经常不在办公室，比如去文印室拿打印件，去诉讼服务中心接待当事人，没有书记员的情况下还要跟着法官去开庭，等等。况且我的助理不仅要跟着我办案，还兼着庭里的党务工作，经常在楼里跑上跑下的，这时候要是当事人来了电话，我就得接。结果，有几次接完电话，我都有点怀疑我自己了。

**场景一：**

大部分当事人来电是想直接和我通话的，但是遇到我接电话的时候，经常听不出我的声音，或者意识不到是我在接听，听我说助理不在，就直接挂了。但是偶尔也会这样：

> 对方：W 助理在吗？
>
> 我：她暂时不在。
>
> 对方：这样啊，也行吧。哎？你是 ×× 法官吧？
>
> 我：呃，是我。
>
> 对方：哎呀，我就是找你，和你直接说就行……

我心说，你咋这么聪明呢……

**场景二：**

有一天，助理去诉讼服务中心接待一位当事人，这时来了一个电话，我放下正在写的判决拿起了听筒。

> 对方：W 助理在吗？
>
> 我：她暂时不在，你有什么事啊？和我说吧。
>
> 对方（很不耐烦）：和你说你也不懂，晚点我再打吧！（挂断）
>
> 我：……

我一直不知道这位挂我电话的当事人是谁，我真的非常想问问他，到底是啥事这么"高大上"，是助理懂而法官却不懂的？

**场景三：**

某天上午，难得没有庭，我在写判决，助理拢了拢新收的案子，集中给原、被告打电话，或是通知被告来法院拿副本，或是通知双方开庭的时间。过了一会儿，她下楼去给一位律师发调查令，没一会儿，电话响了，我接的电话：

> 对方（不耐烦的语气）：刚才谁给我打的电话？
>
> 我：呃，这里是 ×× 法院，刚才我的助理打了好多电话，请问你是哪位？
>
> 对方：我哪位都不是！（挂断）
>
> 我：……

现实生活中，很多人抱怨法院人没及时接听来电，其实法院人会遇到更多对方不及时接听甚至故意不接听的情况；很多人抱怨法院人接电话时态度不好，其实法院人会遇到更多对方接电话时态度非常恶劣的情况。以上都是不符合电话礼仪的情况，无论是法院人还是当事人一方都应该避免。只不过对于法院工作人员的要求更高，一旦犯了错也容易被放大。人与人之间打交道，还是需要更多的理解、尊重和包容，对吧？

# 法官玩心跳，助理很难受

助理坐我对桌，这几天忙得不得了，原因是她跟的两个法官这几天有一大批案子要结，需要她赶紧整卷。慢慢整卷不行吗？还真不行，因为这些案子基本都快没有审限了，必须赶在审限届满前结案，所以她这几天一边整卷，一边抱怨我为什么非要赶到审限结束前几天才写完判决，害得助理书记员们如此手忙脚乱。

批评得对，这事还真得怪法官。

有个笑话，说美国总统推卸责任的一大法宝就是把锅甩给前任，我遇到批评的一大法宝，就是把责任推给我师傅。

我师傅写判决就是这种风格，经常是周五是审限的最后一天，他周五下午才开始写判决，一气呵成写完交给书记员，书记员立刻校对打印邮寄报结，下班前就把案子结了。看得我们这些年轻法官叹为观止，但是真学不来，只能"虽不能至，然心向往之"。

所以，同事批评我不喜欢调解，我就调侃说这事不能全怪我，我师傅就不喜欢调解；同事批评我总是审限的最后几天才把判决交给助理书记员，我就调侃说这事同样不能全怪我，当初师傅就没做好榜样。

当然，玩笑归玩笑，这事怪不得别人，只能怪自己。

我喜欢压案子的毛病也不是一天两天了。经常在案件审限届满前或者考核日届满几天前写完一大批判决，一股脑儿发给助理或者书记员，弄得助理手忙脚乱的。曾经有一回年底结案前几天一气给了助理将近 20 个判决，我写完判决优哉游哉的，助理那几天天天加班加点，按同事的话，早上来的时候辫子扎得好好的，晚上走的时候披星戴月的不说，头发也是乱乱的，都顾不上弄一下。

我这个不好的工作习惯，原因也有很多。一是案子难度不一，自己办案也是喜欢"捡软柿子捏"，简易的案子早早弄完结出去，对疑难的案子抵触情绪比较大，总想先放一放；二是很多案子下不了决心，最后因为审限逼着，或是自己下了最后的决心，或是向领导和同事请教厘清了审理的思路，但是往往这时候审限已经非常紧张了。

因为从完成判决到最终结案还有大量的工作要做，所以尽管很多时候当事人都希望我能对其何时拿到判决给一个明确的承诺，我一般都不会这么做。因为确实出现过法官承诺当事人多少天后拿到判决，但是因为助理和书记员的原因没有兑现承诺的情况，让当事人非常不满。所以有一回当事人问助理，什么时候能拿到判决，助理回复说尽快，当事人说，我听法官说了，庭审后 10 天就能拿到判决，助理斩钉截铁地说，不可能，他不会这么说的！我知道后还开玩笑地说，助理还是很了解我的。

很多同事这方面就做得非常好，审限把握得很精准，结案总是非常从容，还有的同事非常注意减轻助理书记员的负担，有的法官甚至庭审时就把案卷整理得非常好了，助理书记员的整卷压力就小了很多。能干的助理会让法官轻松很多，反之亦然。

审限的最后几天才把判决给助理确实不是个好的工作习惯，特别是我这种对助理书记员工作一窍不通的法官，更是如此。这么短的时间内助理要校对、印刷、签章、发判决、整卷、结案，忙中出错的概率会高很多。审判无小事，各个环节配合也非常重要，自己今后在案件审理上要多未雨绸缪，少手忙脚乱，争取少一点让助理书记员跟着我玩心跳。

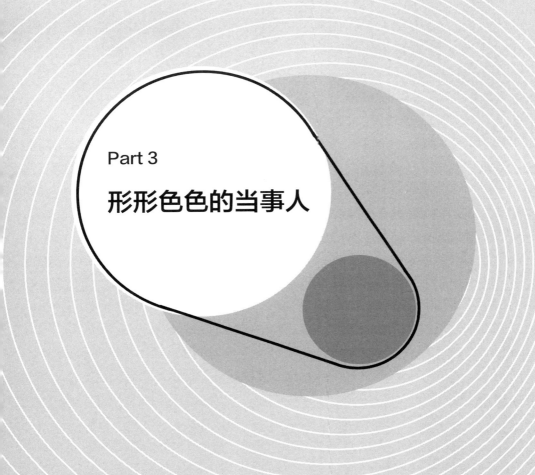

Part 3

# 形形色色的当事人

## 那些令人印象深刻的当事人

# 诉讼中当事人最喜欢说的十句话

一线法官天天都在和当事人打交道，我也是如此，时间长了，发现有些话在当事人口中出现的次数特别多，在此小小地总结一下，难免挂一漏万，欢迎补充指正：

**一、我的案子为什么还不开庭？**

很多当事人对于法官的工作量没有概念，以为法官只审理他／她这一件案件，恨不能今天立案明天就开庭，后天拿到胜诉判决，大后天就执行到位。

**二、法官，不信你可以去调查啊！**

很多当事人俨然已经把案件外包给法官了，似乎举证和他们是没关系的，当事人只负责胜诉，不然还要法官干什么呢？

**三、我的案子特别简单！／我的案子有那么复杂吗？**

很多当事人都觉得自己的案子特别特别简单，法官迟迟不下判决，不是太笨（这么简单的案子都审不明白）就是太坏（拿了对方的好处故意拖延）。

**四、你是不是拿了对方的好处？／对方是不是找人了？**

每次听到这种话都很无奈，中午聊天时同事还说，以后当事人没有证据的情况下这样说，是不是该负一些责任？我听得已经麻木了，只是感叹要是当事人说的都是真的，我早该实现财务自由了吧……

**五、我打官司不是为了钱！／我根本不在乎钱！**

司法实践中确实有当事人打官司不是为了钱，但绝大部分都不是这种情况。特别是喜欢把这类话挂在嘴边的当事人，更多的是说这句话时豪情万丈，涉及具体利益时锱铢必较。

**六、法官，你怎么不让我说话呢？/ 我还有好多话没说呢！**

开庭不是为了让你倾诉的，是为了审理案件的。你交的是诉讼费，不是心理咨询费。其实，要是法官真的让你在庭审时滔滔不绝有啥说啥，那么十有八九你是要败诉了。

**七、法官，你就判吧！**

这是当事人不同意调解或是调解不成时最喜欢说的话。亲，不撤诉也就算了，给点面子调解调解呗，判决哪有那么好写啊。

**八、这个官司我一定要告到底！**

这是很多当事人上诉前对法官撂下的话。其实上诉是当事人的合法权利，对于法官来说，上诉总比上访好，是吧？

**九、我要见你们领导！**

在法院，接待当事人是业务庭领导的一项日常工作，尽管给领导添麻烦还是挺不好意思的。

**十、我要见院长！！！**

……

心好累，让我静静！

# 签笔录这种小事也可以是书记员的噩梦

某年十一期间,一位从事书记员工作的同事在朋友圈发了这样一条动态:

刚刚做着梦听到有人喊我,第一反应竟然是:谁签笔录又找不到人了。(我已疯,你们都好好的)

看到了吗,签笔录都已经是可以让书记员做噩梦的事了。对于司法实践不了解的人会很奇怪,签笔录是多么简单的一件事啊,怎么还可能是噩梦呢?我只能说,亲,你对诉讼参与人的想象力和所作所为太缺乏了解了。签笔录也是可以签出一系列幺蛾子的。

**一、忘记签**

经常有当事人忘记签笔录,有的确实是因为文化水平不高,对诉讼程序不了解,有的是记性差,告诉他/她开完庭别走得签笔录转眼就忘,有的当事人也不能说是故意不签,反正开完庭就走,书记员拉着他/她不让走说得签笔录,找个理由说去趟卫生间马上回来,结果就是一去不复返。有的因为庭审中双方冲突很激烈,开完庭法官让一方先离开法庭在外面等一会儿再签,结果就径直走了。这种情况经常发生,又不能算当事人拒签,发现早的赶紧打电话追回来,发现晚的只好再约时间过来补签。大部分当事人对于补签很配合,还有个别的因为种种理由不太配合,对于法官来说就比较麻烦了。

**二、改日签**

我下庭之前就听说过有这样一位律师,特立独行,通过给法官出些难题来彰显个性。其中一个做法就是开完庭就走,不签笔录。法官让他留下来签笔录,立刻表示在中院那有个案子需要马上赶过去,一回两回也就算了,怎么会那么巧每回开完庭都在中院有案子呢?笔录不签,你告诉他按照拒签处理,人家还振振有词地说，民事诉讼法第一百五十条规定了，法庭笔录应当当庭宣读，也可以告知当事人与其他诉讼参与人当庭或者五日内阅读。我不是拒签笔录，五天内肯定过来，看完再签，说罢扬长而去。当然，为难法官的事不止这一件，真有年轻女法官被他气哭过，只好找老法官当审判长坐镇。后来我下庭后，有一回开庭这位律师是一位被告的代理人，开始我如临大敌，生怕他庭审过程中又出什么幺蛾子，不过庭审过程很顺利，开完庭他老老实实签完笔录才走的，看得我真有点受宠若惊。

### 三、拖延签

绝大多数案件的当事人开完庭后都会在很短的时间内阅读笔录并签字，但是也有少数当事人拖延好久才签，你还不能催，人家说了开庭时又不知道你们怎么记的笔录，万一错记漏记了呢，所以要仔细看慢慢看，没看完不能签。听过这样一个故事，说有一回下午开庭，临近下班才开完，法官宣布休庭就走了，被告看笔录没完没了，书记员当天晚上有个重要的约会，于是找来一位同事替换他。他以为当事人磨蹭一会儿也就签了，结果第二天才知道他的同事在法庭一直陪着当事人两个多小时，看着窗外夜幕低垂万家灯火，这位当事人才恋恋不舍地在笔录上签了字。这下可好，这位书记员欠同事的人情可是欠大发了。

### 四、刁难

有些当事人对于签笔录，真的是纯粹的刁难了。去年夏天一位书记员就遇到这样一件事，有一个庭整整开了一上午，开完庭已经过了下班的时间了，噼里啪啦打了一上午笔录的书记员饥肠辘辘地等着当事人签完笔录好去食堂吃饭，结果当事人表示要抄笔录，书记员无奈说手抄太耽误时间，我给你复印一份吧，对方表示不用复印，就手抄，都把书记员气乐了。

因为本院为了减少当事人开完庭看笔录的时间，原、被告面前都有一台显示器，庭审时可以第一时间看到书记员记录的情况，对于记录有不满意的地方随时可以提出修改意见。这种情况下这位当事人开完庭还要看笔录，不仅看还要手抄，真的纯粹就是刁难了。正当大家都以为这位书记员午饭肯定赶不上了，没想到最后她紧赶慢赶还是赶到了食堂。大家都奇怪她是怎么脱身的，她微微一笑表示，当时在法庭她想了好一会儿，然后站起身默默地关掉了法庭里的空调。当时正值酷暑，正午屋内阳光灿烂，那位当事人默默地抄了一会儿，擦了几把额头的汗表示这次就这样，下次开庭后再抄……

# 我投诉，法官开庭时不让我说话！

我刚进法院的时候，被分配到信访部门工作了一年多，天天忙着接访、汇总、移送信访件，后来下庭办案，也时不时收到信访部门转来的投诉我的信访件。感觉无论在信访部门还是在业务部门，当事人投诉比较多的事项有两个，一个是案件审限太长，另一个就是"法官不让我说话"。在当事人看来，庭审时法官总是打断我讲话，很多重要的案件事实我都没有说出来庭审就结束了，一定是法官收了对方的好处。其实不只我有这种感觉，前些天去本地法官学院参加业务培训，一位来自上级法院的法官在授课时也专门提到了这个问题，语重心长地教育听课的民事法官们要让当事人畅所欲言，充分表达自己的观点。由此看来，当事人投诉"法官不让当事人说话"这一问题，还是有一定普遍性的。

为什么总有当事人感到法官不让他们说话呢？我总结有几个原因。

一是事实认定的问题。当事人之所以认为法官不让他/她说话，并不是说庭审时当事人一言未发，而是认为还有很多非常重要的事实需要向法官陈述，而法官没能满足他/她的要求。这里就存在法官和当事人之间的认识差距问题。很多时候法官之所以不让当事人陈述，是因为法官认为当事人所陈述的事实并不是需要的事实。例如，法官在审理离婚纠纷时，最重要的是查清原、被告夫妻感情是否完全破裂，如果法官发现已经存在符合该法条的情形，比如原、被告因夫妻感情不和，分居已满两年，那么法官基本就会下定决心判决离婚，如果被告之后还在反复陈述不同意离婚的意见，对于法官来说就是在浪费宝贵的庭审时间，当然会客气或者不客气地打断，反之亦然。

二是时间分配的问题。很多时候一线法官工作节奏非常快，为了节约时间会最大限度地压缩庭审各个环节的时间，自然也包括当事人发言的时间。曾经有兄弟法院的法官对我说，同事曾总结，她的口头禅是"你别说，听我问"。有一回本院对我的庭审情况进行评查，指出了其中存在的若干问题，其中一个问题是我在询问当事人身份信息时没有让当事人自己回答，而是自己径行宣读，在接下来的庭审中只是核实了原告的诉讼请求，在确认被告看过诉状后没有让原告宣读事实和理由，直接让被告发表答辩意见。评审人员认为上述行为都是不符合庭审规范的，应当予以改正。其实我并不否认上述行为不够合乎规范，但问题是，在一天开三到四个庭，中间还有一到两个询问的工作强度下，不可避免地就会产生急躁的情绪，会去想办法压缩各个环节所需的时间。连当事人陈述身份信息的时间都要斤斤计较的情况下，自然不会给当事人留下长篇大论的时间。

三是工作作风的问题。毋庸讳言，现实中确实有的法官存在对当事人态度粗暴、不够耐心的情形，这种情况还是要避免的。

当然，说一个很多法官和律师都知晓的公开的秘密，如果一位法官对一方当事人非常有耐心，让其知无不言言无不尽，那么最大的可能就是这位法官已经确认自己查清了需要的案件事实并且准备判决这位当事人败诉，当事人的滔滔不绝纯粹是法官希望他／她拿到判决书时心理稍微平衡一些。

因此，当事人反复投诉"法官不让我说话"，这确实是一个应当解决的问题，但这个问题的产生并不只是某个法官的工作态度或工作作风的问题，而是由法官工作强度、审判资源分配、审判团队建设等等共同作用的结果，一味地要求一线法官如何如何并不能从根本上解决这一问题。老百姓都知道"萝卜快了不洗泥"不是？综合施策，才能彻底解决。

# 法官你说的不对，抖音上不是这么说的！

我审理过的案件，绝大多数当事人对于案件都是很认真的，表现之一就是开庭前一般都会做一番功课。当事人除了咨询专业人士，也会通过其他途径学习法律知识，通过和他们交谈，我能清晰地感受当事人学习法律知识途径的变迁：

一开始，他们说，法官你说的不对，昨天我看了电视，不是这样说的……

再后来，他们说，法官你说的不对，昨天我看了微博，不是这样说的……

而现在，他们说，法官你说的不对，昨天我看了抖音，不是这样说的……

每当有当事人用他们自学来的似是而非的"法律"知识和我争论不休，我都有两个想法：

**一是诉讼是个技术活，是有门槛的。**

对于专业问题，不怕无知，不怕全知，就怕半懂不懂而不自知。我之前在企业当会计时，就有小领导在在职 MBA 课堂上听了几节财务讲座，再来报销时就自信满满地指导我如何做账，让我哭笑不得。

进了法院从事审判工作，也遇到类似的情况，特别是近两年，不少当事人在抖音上看了几个短视频就坚信自己已经可以对案件作出专业判断了，不要说法官的话听不进去，我不止一次见过当事人用抖音学来的知识指导代理人该如何诉讼，有一回一位代理人实在说服不了她的委托人，只能向我投来期盼的目光，希望我能帮着做说服工作，我瞅着这位争论得面红耳赤的当事人已然进入癫狂状态，无奈摊摊手，真是爱莫能助。

**二是你不去占领宣传阵地，会被别人占领。**

我也曾在综合部门做过普法工作，早年间法院的普法方式主要是讲座、电视报道、纸媒宣传、开通微博微信等。随着信息技术的发展，各类自媒体层出不穷，特别是近些年，视频为王的趋势已经非常明显了，抖音上普法类视频非常多，据我观察这类视频大多数出自律师群体。律师群体拍短视频，既有宣传自身拓展业务的需要，又不像法检群体那样受到的束缚比较多，因此占据普法题材短视频的主流地位并不稀奇。

但是自媒体门槛比较低，从业者素质良莠不齐，少数制作者为了博流量，一味迎合受众，制作的视频不仅没有普法价值，反而有辟谣的必要，少数人得到了收益，律师群体乃至法律共同体的整体形象都受到了影响。

因此，衷心希望今后有更多的优秀法律工作者加入普法短视频的制作中来，不否认，视频制作门槛更高，投入更大，但是，每个法律工作者都有普法的责任和义务，成为"专业人士 + 抖音网红"，岂不美哉？

# 当事人该如何向法官 / 法官助理介绍自己?

有一天刷手机,看到一位律师发了这样一条微博:

助理问我以前结的一个案子,她报了人名,我问是谁。

助理:就是那个你给他做了很长时间笔录的。

我:这样的人有很多。

助理:就是那个你说什么他都听不进去的!

我:这样的人也有很多⋯⋯

无论是法官还是律师,案子办得多了,都很容易出现记不得当事人名字的情况。无论是面对面交流,还是通过电话联系,当事人都经常会遇到法官 / 法官助理就是想不起当事人到底是谁的情况,那么当事人怎么介绍自己比较有效呢?

## 一、说名字

前些天在诉讼服务大厅值班,一位当事人看到我后主动过来打招呼,说您还记得我吗? 我是 ×××啊。我听了一愣,想了一会儿说,我记得你,你是当年离婚案子的原告吧,被告是卖保险的。对方连连点头说,您记性真好,案子都过去好几年了,您还记得这么清楚。

其实这纯属小概率事件,我大部分情况下都是记不住当事人名字的,对于案情简单的案件更是如此,能记住当事人名字的案子,要么案情奇葩,要么当事人特能折腾。上文中的原告,我之所以结案四五年后还记得,是因为那件案子被告逃避送达,我为了送达穷尽手段,花了 127 天才送达成功。不然,几年前的离婚案件的当事人名字,我真的很少能记得住。

## 二、说案号

大部分案件,无论是未结案件还是已结案件,沄官或者法官助理都不太可能记得当事人的名字，特别当双方是通过电话沟通时，不可能通过容貌唤起记忆，如果法官／法官助理通话时在办公室，可以借助审判系统查询，所以这时候如果对方想不起你的名字，直接报案号效果更好一些。

只是实际生活中大部分当事人都记不住案号，而且很多已结案件的当事人手边也没有裁判文书，所以提供不了案号。

### 三、说特点

一些民事案件，特别是家事案件，案情比较奇葩，多少年过去了，法官记不得当事人的名字，记不得案号，但是一提到案情，记忆就会立刻复活。

前些天，我接到这样一个电话：当事人说，法官，你还记得吗？我是你原来案子的……我等了半天，想提醒他说"当事人"。结果他说，我是你原来案子的甲方啊！我顿时无语，心说我们法官是"乙方"呗。

而且我觉得他的这句话信息量太少，没名字，没年份，没案号，我记得啥呀？结果他说了他的名字，是 2017 年的案子，我马上说我记得你，你前妻和你一个姓吧。他还挺激动，说你还记得我呀！我心说你前妻分居期间给别人生了一个儿子，我判给你 5 万元的精神损害赔偿，我能不记得吗？

他要结婚了，到我这来要判决生效证明。一审判决离婚，都没上诉，民政局、公安局也不知道判决生效没，就需要法院开生效证明。

哈哈哈，不止我记得他，全庭都知道他，因为他是该类判决的上限，别人再说对方出轨法院判的精神损害赔偿低了，大家就拿他举例子，说他老婆都跟别人生孩子了，才 5 万，你没他惨吧，别嫌少了……

当事人遂服。

# 当事人对法官的奇葩称谓

即便是在今天，很多人依旧对法院和法官雾里看花一般了解甚少，其中一个表现就是送给法官很多奇葩的称谓，我根据这些奇葩称谓的来源将这些当事人分成以下三派：

**一、律师派**

无论是剧中还是戏外，律师总是西装革履派头十足的，而法院宣传法官时总是表现得田间地头土里土气的。因此，在很多老百姓眼里，律师是远比法官"高大上"的职业。法学院毕业那年，我问媳妇，你说我毕业后是去律所啊还是去法院啊？媳妇说：你吵架连我都吵不过怎么当律师啊，还是去法院吧……

还有位女法官告诉我，她的妈妈一直觉得闺女的工作很轻松，坐在法庭上敲敲法槌就行。在广大群众眼里，律师是个"高大上"的职业，能力强、收入高、形象好，工作的含金量是远高于法官的。因此，很多人来法院打官司干脆就把法官叫作律师，时间长了我都懒得纠正了。有一回一名当事人给我打电话问，你下午两点有时间吗，我想接见你一下。我听了无语了一会儿，说：有时间，很荣幸。下午"接见"的时候，他一口一句律师，让我差点儿崩溃，在确认我戴了法徽而且是在法院被他"接见"后，真想提醒他：大哥，先别叫律师呗，您还没交律师费呢。

**二、港剧派**

二十世纪八九十年代港剧风行大陆，港剧中的律政剧深深地影响了很多人对于法官和庭审的想象。特别是2000年以后，法院系统给法官配发了法袍和法槌，让很多人越发认为大陆的法院和港剧里演的应该是一致的。曾有老法官说，第一次穿法袍出庭的时候，当事人明显看愣了，过了好一会儿，一位当事人比画着头发有点不解地问：你们怎么没戴那个白头套？

有一回庭审时一位当事人这样称呼我：尊敬的法官大人，我一听就知道是从港剧里学的，打断他说，不用这么客气，叫我法官就行，法官也是公仆，可不敢叫大人啥的。

### 三、古典派

我国的历史源远流长，因此还有更多的老百姓对于法官的想象来自古代，既有那些耳熟能详的古代故事，也有热播一时的古装剧。因此，古典派当事人眼里的法官大概都是包青天那样的。

好多当事人真的把法官当成了包青天，例如完全没有举证意识，经常说的话就是"法官你可以去调查呀"，把诉讼完全外包给了法官，坐等法官送来胜诉判决。

前几天开庭，一位当事人如此说道：青天大老爷啊，您可得给我做主啊！听得我头都大了，赶紧打断她说，我是法官，可不是什么大老爷，这三个字我可担不起。而且法官都是依法办案，要看证据的。

尽管如此，依然阻挡不了广大群众对于"青天"之类古典词汇的热爱之情，当事人送来的锦旗经常有类似的字样。我一直以为青天大老爷之类的古装剧词汇已经是群众对于法官奇葩称谓的上限了，但是现实还是刷新了我的认知。有位女同学，法学院时期就被公认是大美女，现在从事法官工作。大概是她穿上法袍后比较仪态端庄光彩照人，她说她在庭审时曾被当事人如此称呼：

法官娘娘！

我知道现在宫斗剧火，但不知道已经这么火了，开始影响到庭审了……

# 法官，误会呀，真是误会！

　　法院是一个与人打交道的地方，因误会引发的笑话每天都有。不过大部分都是当事人对法官产生误解，毕竟法院是一个技术含量很高的地方，当事人产生误解很正常，也有少部分是当事人让法官产生了误解。下面聊几个当事人和法官之间的误会：

　　**误会一**

　　这个故事是兄弟法院的一位小伙伴讲的，说某天一位戴墨镜的老大爷来法院立案，一张嘴就冲立案法官喝道：趴下！法官听完先是一脸茫然，刚要发火，旁边一位女性看到后赶紧帮着解释：法官您别误会，这位大爷是盲人，带了个导盲犬，大爷刚才是让狗趴下……

　　**误会二**

　　这个故事是下庭办案不久时听一位老法官讲的：说某年夏天，法官开庭审理一件劳动争议纠纷，原告是该单位的保洁工人。到了开庭时间，法官和原告都坐好了，被告迟到了。等了几分钟，被告方也就是用人单位的代理人才不紧不慢地赶到，看样子像是单位的领导，他坐好后，环视了一下法庭，突然指着端坐在审判台的法官喝道：下来，这是你该坐的地方吗？没规矩！法官听完顿时就火了，审了这么多年的案子，这么嚣张的被告还是第一次遇到，迟到不说，还对法官如此无礼。一番争执之后才明白，原来当时法官的夏季制服和原告穿的工作服实在太像，用人单位的代理人以为坐在审判台上的是原告……

　　**误会三**

　　这个故事是我经历的：一件继承纠纷，原、被告众多，助理挨个打电话通知当事人来法院领副本。有一个被告，每次助理打通电话，刚一自报家门他就挂电话，打了好几次，最后对方烦了，电话里和助理喊道：我知道你们都是电信诈骗的，别再打电话了。助理赶紧解释说，我们确实是 ×× 法院的，现在有个继承案子，你是被告。对方一声冷笑说，编，你接着编！助理又说道，你听我说，你是不是有个亲戚叫×××，她现在来法院起诉了，被告都有×××，都是你的亲戚，我没说错吧？对方听了更加愤怒，说你们这些骗子还知道我的个人信息，太可恶了。然后就把电话挂了，还把我们的号码拉黑了，最后助理通过他的另一位亲属辗转通知到他，他才来法院领副本。一见面助理就火了，说我在电话里说了那么多，你怎么就把我当骗子呢？对方挺不好意思地说，真是对不起，都是误会呀，这不电视上说你们公检法绝不会给老百姓打电话的，打电话自称公检法的都是骗子，一律要挂断嘛……

# 千里寻人为送钱

你问一个人，最大的愿望是什么，我估计会有不少人回答一夜暴富。

一夜暴富，哪怕一夜小富，都让人浮想联翩。如果有一天，你接到电话，对方自称是法官，说奔波千里多方打听才找到你，目的就是告诉你，千里之外有三十多万征收补偿款等着你和你的母亲去继承，估计很多人听到这第一反应都是这是诈骗电话吧？不过这是一个真实的故事，就发生在我身上，唯一略感遗憾的是我不是那个接到电话的幸运儿，而是那个奔波的法官。

这是一起法定继承纠纷，被继承人于 2007 年去世，近期其名下一处房屋面临征收，征收补偿款约二百万。被继承人生前有六个子女，五个子女在本地生活，唯独长子陈某当年上山下乡去了东北，后来在当地成家立业，他在被继承人去世的第二年也因病去世。陈某的其余五位兄弟姐妹诉至法院要求分割被继承人的遗产，但对于陈某的情况知之甚少，只知道陈某的配偶和独生子仍在东北生活，但无法提供姓名和居住地址。承办法官在本地户籍中心查询到了陈某的户籍信息，但无法查询其家庭成员。不知道当事人的姓名，连公告送达的条件都不具备，只好派人赶到当地查找了。虽然我不是该案的承办法官，考虑到陈某所在城市就是我的家乡，而我又是本庭唯三的男同胞，找人的重担责无旁贷地落到了我和另外一名男助理的肩上。

我们乘坐高铁用了六个小时赶到目的地，已是下午三点多。尽管下着雨，我们还是匆匆赶往陈某户籍所在的派出所，该所工作人员经查询表示同户籍的还有陈某的配偶王某某，但是没有陈某子女的信息，大概户籍已经迁走，也没有两个人的联系电话。而当时片警已经下班，不知道王某某及其子女是否还在户籍所在地居住，建议明天再来查询。我们有点不甘心，又直接去户籍地址找人，无人开门，只好悻悻返回宾馆。第二天一早我们又赶到派出所，见到了片警，片警表示王某某已不在户籍所在地居住，其余情况不了解。线索就此中断。

我和同事分析了一下，接下来只有两个方向，一是前往王某某退休前的工作单位查找其信息，二是查找陈某子女的信息。王某某退休前工作单位是本地的一家百货商店，我略有了解，这些年多次改制，王某某又退休多年，估计查到有效信息的可能性不大，还是找陈某子女更有把握。

找陈某子女的一大难题是派出所无法提供陈某的子女情况，根据办理继承案件的经验，我们决定赶往陈某生前工作单位，因为国有企业都会有职工的个人登记表，上面会登记职工的家庭成员信息。我们直接去了这家单位的退休办，退休办的工作人员对我们很热情，经过查询，陈某的档案保存在该厂的档案馆，怕我们吃闭门羹，退休办还特意派一位工作人员陪同前往。在企业档案馆，我们如愿以偿地找到了陈某的档案，非常遗憾的是只查到了陈某子女的名字叫陈某某，不仅没有身份证号，连明确的出生日期都没有。

我注意到陈某某的名字是生僻字，重名的可能性比较小，于是我们把退休办的工作人员送回退休办后，又回到之前去过的派出所，经查询果然找到了陈某某的户籍信息，更意外的是他居然还登记了联系电话。我们立即要求记录这个电话号码，户籍的同志比较谨慎，先给对方拨打了电话，说明了相关情况，询问能否向我们提供这个号码，陈某某在电话中得知情况后很高兴地表示同意将电话号码提供给我们，我们随即将电话号码转发给了承办法官。承办法官联系陈某某，对方表示一定参加诉讼，找人任务顺利完成。

说完过程，讲几个花絮吧：

一是派出所同志给陈某某打电话时，电话接通后说是陈某某吗，这里是某某派出所，有两个法院的人找你……我赶紧在旁边对户籍的同志说，一定告诉陈某某，我们找他是好事，不是因为他犯事了。当时真怕陈某某一害怕把电话挂了，让我们白忙一场。

二是承办法官讲，和陈某某电话联系，介绍了案件的基本情况，陈某某自然是喜出望外，同时表示希望法官暂时不要将消息告诉他的母亲王某某，因为她年事已高，又独自居住，怕听到这个消息会激动过度，旁边又无人照应。承办法官听罢表示理解。

三是我把寻找陈某某的故事讲给法学院的同学听，这些同学的第一反应就是陈某某怎么会相信你呢？一个人给你打电话，自称是法院的，说你有几十万的征收补偿款等着继承，这妥妥是宣传的应当马上挂掉的电话呀！当听到陈某某提出暂时不把消息告诉他的母亲时，他们又表示，不会是陈某某想独吞补偿款吧？好吧，这就是法律人的职业病，不惮以最大恶意揣度他人。

四是在陈某生前工作的企业档案馆调取档案时，我向同行的同事介绍说，我有一位高中同学在这家企业工作，已经失联很长时间了，不知道她是否还在这工作。结果档案管理员听到后立即说我认识你这位同学，她还在这工作。于是找人之余我还找到了这位同学的联系方式，算是这次任务的意外收获吧。

简言之，这次找人非常成功，然后呢？庆功三日打道回府吗？当然没有，还有三件案子的当事人等着我们去找。我们两个人在六天之中一共跑了三个地级市和两个县城去找人，遗憾的是其余三件案子尽管或多或少都查到了一些信息，但都没有像查找陈某某一样直接联系到本人。民事法官的送达和调证就是这样，殚精竭虑，四处奔波，但很少能收获成功的喜悦，个中滋味，真是冬日饮冰水，点滴在心头啊。

# 似是故人来

作为"80后"，我也算是"上了年纪"的人了。人上了年纪的很多标志，我身上都有。

比如白头发。下庭办案后头发白得很快，院里还有一位同事和我年纪相仿，也是头发花白，也在民庭，每每我俩凑在一起，同事们看了难免感叹民事法官的不易，而当事人则经常把我们两个人弄混。

再比如觉少。自己入额后，特别是第一年，大概是办案的焦虑所致，经常凌晨三四点钟就醒了，然后再也睡不着，一个人坐在窗边看天亮。后来适应审判工作了，焦虑没那么严重了，但是失眠的毛病却落下了，现在还是如此。

当然，上年纪最主要的标志就是爱回忆，经常会想起之前的事。结果有一天参加信访接待，一上午的时间，给我来了一波"回忆杀"。

接待的第一位信访户是位女同志，年近六旬，我当时戴着口罩，还是陪同接待，结果她一看到我就说，你不是×××吗？我笑着说是我啊，您还记得我呢。这是一位老上访户了，我刚进法院的时候在立案庭工作，负责信访接待，那时候就和她打过交道。有一回她又来信访，恰好就我一个人在，她看我是新人，我正巧手头没活，和她聊了好一会儿。她那会儿大概在看宗教的书，除了和我聊她的案子，还聊了好多信仰方面的事，特别是还和我聊了好一阵自然法，让我对她顿时刮目相看。她虽然没什么文化，但是精力旺盛，信访久了政法口的人都熟，还给政法委的一位经常接待她的同志起外号。我们觉得外号起得挺有水平，私下里也用这个外号称呼那位同志，当然，我们没有恶意，纯是调侃。后来我调到了别的部门，但依旧经常能看到她，因为虽然她的事早就解决了，但是架不住她总有案子，所以总来信访。这次信访和她的亲戚有关，好多信访户就是这样，自己的事解决了，但是久病成良医，之后经常主动或是被动地帮别人信访，好像信访成了他们的一种生活方式。

　　接待的第二位信访户，她的案子我也有印象。那时我每天有半天的时间下庭，记录、合议、送达、调证什么都做，她的案子我还跟着师傅去现场送达过，当时就见过她，印象很深刻，因为她说话的特点是会非常委婉地告诉你她认识某某领导。多年之后再见到她，她对我没什么印象了，说了一个多小时，经常说"我当时向某某单位反映问题，对方一接电话我就听出是谁了（担任一定的职务），他是我的学生（或是好友、邻居等），但我没麻烦人家，自己的事咱们自己解决"，我听了暗自点头，真是一路走来始终如一，说话的方式一点都没变。

　　一直接待到 12 点，结束后匆忙赶到食堂吃午饭，和同事边吃边聊。同事问我怎么来得这么晚，我说陪同接待信访户了，同事开始和我一起回忆那些著名的老上访户各自的特点，后来的境遇，等等。人有见面之情，法官和信访户也是如此，特别是负责信访接待的法官，并不是案件的承办人，又总和信访户们打交道，时间长了，双方确实会有点亦"敌"亦"友"的感觉。我当年接待过很多次的老信访户，后来问题解决了就再也没来过，偶尔想起他们，我还会情不自禁地猜想他们现在过得怎么样，问题解决了，应该还好吧。

# 即便你未被生活温柔以待，仍愿你对生活抱有期待

　　某个周一上午准备开庭审理一起离婚纠纷，男方作为原告之前已经起诉两回了，分居时间也满两年，应该判决离婚了。女方大概也知道这一点，案件立案后，送达时百般推托，最后我带着书记员赶到她所在的单位直接送达才完成。第一次开庭先是申请法官回避，因为没有正当的理由和证据没有成功，继而又提出管辖权异议，好不容易折腾完这些对于判决离婚的百般抵制和拖延，虽然定的周一上午开庭，真是周日想起这个案子都觉得心情特别不好。

　　结果还没开庭，我就被一对父女堵在法庭门口，女方是另一起离婚案件的被告，同样是之前起诉数回，分居时间也满两年，本次诉讼很有可能判决离婚的案子。女方的父亲搬了把椅子堵在法庭门口不让我进门，女方指着我质问为什么在她提起管辖异议的情况下还给她邮寄传票，她误以为只要邮寄传票就是正式开庭审理案件。我解释即便提起管辖异议，同样需要对你的申请和证据进行质证。父女俩完全不听我的解释，在法庭门口围着我大喊大叫，有位路过的人民陪审员在旁劝解，女方父亲还差点和他发生肢体冲突。这位陪审员年近七旬，为人很友善，看得我勃然大怒，站在陪审员身前和他们吼了起来，最后父女被信访和法警的同事劝走我才得以进入法庭，刚宣布开庭，才发现自己的嗓子都哑了。

　　上述两个案子的女性非常相似，都有体面的工作，一位是公务员，另一位在研究机构工作，都是生完孩子和老公发生冲突后分居，分居期间独自或在自己父母的帮助下抚养子女，经历了多次离婚诉讼，而且基本没有大额婚后共同财产，婚房都是男方婚前购买的，属于男方个人财产，女方又有稳定的工作，想要生活困难帮助都不太容易，一旦判决离婚基本财产上分不到什么，倒是孩子还得自己抚养，因此对于法院可能的离婚判决非常抵触。

　　站在法官的角度，作为居中裁判的人，只能依法判案。中午时分，刚开完庭，

早上堵在门口不让我进法庭的女当事人又返回来找我，对上午的行为表示歉意，我用嘶哑的嗓音温和解释了一下管辖权异议的流程，让她按照要求提交证据并来院质证，然后就让她走了。一位目睹这一切的女同事愤愤不平地说，她的道歉一看就不是真心的，再说现在道歉有什么用，早上撒泼耍赖的时候干什么去了？我笑着摆摆手，没说什么。

不知怎的，我一下子就想起之前一位女当事人，也是被老公多次起诉离婚，分居期间她独自带着女儿住在公公名下的婚房，男方一家在多次诉讼离婚未成又诉她腾房未果的情况下，将婚房卖给案外人，案外人取得房屋产权后要求她腾房，她自然没有答应。对方干脆以房主的名义停掉了房子的水电，逼她腾房，她带着女儿就是坚持不搬，对方无奈，诉到法院要求她腾房，男方也诉到法院再次要求离婚。恰好我负责审理腾房案件，庭上她时而大吵大骂，时而声泪俱下，我为了维持庭审秩序差点没把法槌敲折了。无论是腾房案还是离婚案都审理得很焦灼，最后把我的师傅请出来担任离婚案的审判长，以离婚案为突破口争取两案一并解决。老将出马果然一个顶俩，最后离婚案件调解成功，女儿归女方抚养，男方同意补偿女方 22 万，女方同意尽快腾房。案子让我印象最深的是离婚案调解结束后，双方上交结婚证，打开结婚证，照片上女方清秀温婉，真的和眼前这位一脸蛮横的本人相差甚大。师傅说，你这几年外貌变化很大啊。女方有点羞涩又有点凄苦地笑笑，嘴角动了动，似乎想说点什么，似乎又不知该从何说起。

再说回遇到的这两位女当事人，无论曾经表现得多么无理取闹，突然觉得也许她们之前也不是今天这个样子吧，当年她们也受过良好的教育，也许也是温文尔雅的人，但是一场婚姻彻底改变了她们。结婚后，住着老公名下的房子，养着老公的孩子，没有怎么感受过家庭的温暖，分居后一边独自抚养子女，一边忙于自己的工作，一边还要承受男方一轮又一轮的离婚诉讼。真的离婚了，房子是老公的，孩子倒是还得自己抚养，前夫大概很快会另有新人，自己年龄大了，带着孩子，很难再组建一个新的家庭，手持判决书看着这一切，又该是怎样的凄凉呢？

没有法官以判决离婚为乐，但是案子进了法院就一定要结出去。法院不可能永远驳回原告的离婚请求，法律规定的离婚标准要遵守，司法解释规定的房屋分割标准要执行，离婚对女性的伤害也不是靠法官一己之力就能避免的。只能衷心地希望，即便你未被生活温柔以待，法官仍愿努力温情地对待你，并也请你仍对生活抱有期待。

# 离婚案件的原告，都在法庭上吐槽被告什么？

我在家事审判庭工作，审理的案件中最主要的就是离婚纠纷。几年下来，我审理过的离婚纠纷不下数百件。离婚纠纷法律关系并不复杂，但是庭审往往不好把控，因为一不小心整个庭审过程就变成了原告对被告的吐槽、控诉乃至声讨。很多人曾问我，原告们都在吐槽什么呢？吐槽被告出轨吗？其实原告指责被告出轨的案子并不多，大多数的吐槽都集中在以下三个方面：

**一、家庭没有责任心**

有一件离婚案件，被告是男方，庭审中男方挺委屈的，说我外面没有人，下班就回家，工资全上交，啥过错也没有，怎么女方还来起诉离婚呢？看他委屈的样子，就差没说自己是打着灯笼都找不到的好男人了。再问女方，女方一说就气就不打一处来，这位好老公确实外面没人下班就回家，问题是回家后往床上一躺捧着手机啥也不干。饭不做，地不擦，孩子作业也不管，时间长了女方难免火大。而且这样的男同胞还有一个特点就是虽然工资全交，但基本收入都不高，很多收入没有女方高。这样的老公对于女性来说，真是除了交一份不太多的工资外啥作用也没有，时间长了女方难免怨气比较大。本院一位领导曾经说过，夫妻抢着干家务的一般都不会离婚。审过了这么多离婚案件，感觉这句话确实是真知灼见。

**二、工作没有进取心**

曾经听过一句话，就业关乎一个人的尊严。对于大多数家庭来说，工作是家庭收入的主要来源，想要把日子越过越好，不努力工作是不行的。但是很多离婚案件中，女方吐槽男方的重点是男方不好好工作，干活拈轻怕重，一不高兴就辞职，辞职了又不抓紧找工作。我遇到一个案子，男方辞职后在家宅了三四年，除了接送孩子干点家务就是在家打游戏，女方怎么说都不行，说急了男方说没工作啃老又不花你的钱，女方最后忍无可忍，只能来法院起诉离婚。毕竟对于女方来说，这样的日子不是不能维持，但是没有希望。也有少数案件是男方吐槽女方结婚后一直在家不出去工作的，有的是一开始就不想工作的，有的是生了孩子后不愿再去工作的。在我国，大部分家庭都是需要两个人共同工作来维持的，一般家庭仅靠一个人的工作收入，日子难免会过得紧巴巴，时间长了就会影响夫妻感情。当然，每回遇到女方吐槽男方不工作，我都会问一句，结婚之前他有工作吗？很神奇的是，好多女性回答男方结婚之前就没工作。这让我很是无语，一个没有工作的男人你为什么要嫁呢？当初嫁给他的理由是什么呢？为什么现在又不能容忍了呢？很多原告都回答不了这样的提问。

**三、婆媳（翁婿）矛盾大**

婆媳关系大概是我国婚姻的一大杀手了，很多男同胞收入不低，家务也干，最后婚姻毁在了婆媳关系上。婆媳关系是个千古难题了，大家都是听得多也见得多了，我就不多说了。据我观察，男方处理不好婆媳关系的，很多都是"妈宝男"，从小对母亲特别依赖，娶了媳妇依旧摆脱不了这种依赖。还有越来越多的离婚纠纷中，是男方吐槽女方被娘家精神控制了，隔三岔五就回娘家，自己没主意，特别听娘家的意见。一件离婚纠纷中，男方是原告，庭审中提到一件事，说孩子姥爷提出给孩子买保险，女方觉得应该买，男方觉得没有必要，男方在家做了两个多小时的工作说服了女方，结果女方回了一趟娘家就改了主意，回来和他大吵一场说孩子姥爷说得有道理，保险一定要买。买就买吧，买的时候原本信誓旦旦的姥爷又说自己没有钱，最后男方拿钱买的保险。男方说，类似的事发生了好多次，他觉得再也无法容忍了，索性起诉离婚。而且不止一件离婚纠纷中，作为被告的女方，代理人是她的父亲，庭审时女方基本一言不发，全程由她的父亲发言，甚至我询问女方是否同意离婚都是她的父亲代为回答的，我窝着火要求女方自己回答，女方表示同意父亲的意见。还有一个离婚案子，女方作为被告同意离婚，但双方对子女抚养权的争夺很激烈，女方的父亲庭审时表示承诺女方离婚后终身不嫁，工作也可以辞掉，一心一意地抚养孩子，女方在一旁一言不发。我直接打断他说，你的女儿才三十出头，她未来的生活不该由你规划，而且你的这种规划也不是法官判决抚养权时考虑的因素。说实话，看到女方父亲的庭审表现，我都有点同情男方了，遇到这样软弱的妻子和强势的老丈人，男方婚后的日子想必也是不好过的。

审了这么多离婚的案子，感觉维持好婚姻关系的重点就在于平衡，平衡好自己和配偶的关系，平衡好家庭和工作的关系，平衡好原生家庭和小家庭的关系，但是很多事真是知易行难。很多工作上岗之前都有培训，似乎配偶和父母这两个岗位上岗前就没有任何培训，大家都是在边干边学，只是一旦干砸了，受到伤害的并不是只有自己，配偶、子女、父母乃至全社会都要随之付出相应的代价。如何让这种伤害变得小一点，再小一点，家事法官在努力，也需要更多的人共同努力。

# 法庭上，高情商的"渣男"都是怎么说话的？

之前在家事审判庭工作，审理最多的案子就是离婚纠纷。审理离婚案件时，经常会遇到不负责任的男方，也就是女同胞口中的"渣男"。但是渣男遇多了，会发现渣男和渣男也不是一样的，比如在庭审时的表现，有的是赤裸裸的渣，而有的则是应了那种说法，叫作高情商表达，让你感叹，渣男也是分段位的。

**场景一：**

离婚纠纷中，经常会遇到女方起诉离婚，男方利用女方急于离婚的心理，千方百计地拖延离婚过程，以达到多分财产的目的。所以庭审时，当我问男方是否同意离婚时：

低情商回答：我不同意离婚，除非她同意……

高情商回答：我不同意离婚，我觉得我们还有感情，如果女方坚持离婚，请法官调解。

翻译成人话就是，我不同意离婚，但是这件事不是不能谈，希望法官从中调解，如果对方开的条件合适，也是可以同意离婚的。

**场景二：**

离婚案件中，如果双方有子女，法官通常会询问双方是否愿意抚养子女。绝大多数案件都是女方要求抚养子女，男方不愿意抚养子女，但是同样的意愿，不同的人表达起来就不一样了。

低情商表达：我不同意抚养、我没有能力抚养。

高情商表达：尊重女方的意愿（潜台词：女方既然愿意养就养吧）。

我本来以为这就可以了，后来碰到更有情商的表达：服从法院判决。

我当时听了暗自感叹，这话说的，女方同意抚养，你不表达意见，法院可不就判决由女方抚养？以后孩子长大了还可以对孩子说，儿啊，当初不是我不想抚养你呀，都是法院判的呀……

**场景三：**

一件离婚纠纷，双方有一儿一女，我问男方，你想抚养哪一个啊？男方有点纠结，纠结的原因倒不是难以取舍，因为我明显能看出他想要儿子不想要女儿，但是我在等着他回答，书记员看着他准备记录，他觉得不太好措辞。

低情商的说法：我要儿子／我不想要女儿。

结果他一脸诚恳地回答：我对两个孩子非常有感情，都是我的心头肉，哪一个都舍不得，但是经济能力有限，只能选一个，我想了好久，觉得儿子还小，更需要我的照顾，而且他一直都很依赖我，我担心离开我会影响他的健康成长……

我打断说，你是想要儿子呗？（我心说，儿子还小难道不更需要亲妈吗？）

他说，哎呀，不能这么说，两个我都想要，但是还是要考虑哪个孩子更需要我……

当时我就想，不知道以后他的女儿看到这段笔录，作何感想？

**场景四：**

有一个抚养费纠纷，男方已婚，职业是驾校司机，女方是学车时和男方认识的，最后还和男方有了孩子，没等孩子生下来男方就和女方断绝联系了，逼得女方在孩子生下后找男方要抚养费。开了几庭，感觉女方无论是长相、学历、谈吐都碾压男方，不知道怎么就走到了这一步。庭下八卦的书记员还拿这个问题去和女方的律师探讨，结果她也是一脸苦笑地说，这个问题其实我也想不明白……

庭审时有这样一段对话：

> 我：之前知道女方怀孕了吗？
>
> 男方：知道。
>
> 我：孩子出生你知道吗？
>
> 男方：不清楚，孩子出生时我不在现场，已经和她没联系了。
>
> 我：怎么和女方断绝联系了？
>
> 男方：我想回归家庭……

我听完不由得感叹，看着他其貌不扬没啥文化的，居然能把始乱终弃说得这么理直气壮。

# 家事审判干久了看到的人性 "闪光点"

我是家事法官，日常工作中会遇到形形色色的当事人，时间长了，发现一些表现"恶劣"的人，人性上还是有一些闪光点。

比如，前些天审理的一件离婚纠纷，女方是原告，起诉状中说，男方在 2005 年突然不辞而别了，女方多方寻找未果，十几年来一个人含辛茹苦地把女儿抚养大，总想着男方还能回来，既没有起诉离婚，也没有申请宣告男方死亡。今年春天，不死心的她去派出所报人口走失，希望公安部门帮着再找一找，结果办案民警一查，男方居然还在本市，按照男方留下的电话和他联系，居然还能联系上他。女方看到这一幕简直要崩溃了，于是起诉到法院要求离婚。

我拿到这个案子有点犯嘀咕，问女方有没有男方的住址和联系电话，女方说没有住址，只有联系电话，派出所不告诉她，只能法官调取。于是我和助理跑了一趟派出所，找到了当初接待女方的那位警察，警察挺配合工作的，不仅给了我们男方的电话，还回忆了当时的情景，不过说出了和我一样的担心：之前给男方打的电话会不会"打草惊蛇"呀，要是男方换了电话，可就又联系不上了。

回到法院，助理拨打了我们从派出所调取的男方的电话，还好，手机号没换，男方不肯说自己的实际住址，但是同意第二天到法院领取副本。我在一旁听得直撇嘴，觉得男方不一定会来，助理笑着说不会吧，人与人之间还有没有点信任了？

出乎意料，男方第二天居然来了，老老实实地领了传票，填了地址确认书，表示同意离婚，真有点让我刮目相看了。

开庭那天，女方不出意料地情绪非常激动，她没法理解男方为什么一走就是十五年，而且这十五年一点音信都没有，更让她不能接受的是男方还一直居住在本市，她不理解男方这十五年怎么就能做到一次都不联系她，怎么就能忍心看着她和女儿过得这么苦。

男方也没解释原因，只是表示同意离婚。他名下有套房子，是婚后他的父亲全款购买的，他走后一直由女方和他们的女儿住着，他说同意把房子给女儿。

庭审间隙我力促他们调解，我对女方说，男方自然有很多不对的地方，你这些年也确实吃了很多苦，但你看男方也不是一无是处吧，第一他没逃避诉讼，第二他同意离婚，第三他还知道把房子留给孩子。女方平静下来后表示可以接受，最后约定双方离婚，房屋归女方所有，女方表示会尽快把房子过户到女儿名下，案件调解结案。

按说案件调解了，我应该高兴才是，但是回想自己对女方说的话，总有点不舒服的感觉，觉得自己怎么在一个抛妻弃女的男人身上还能找出这么多闪光点呢？是不是自己案件审多了，连看待当事人的道德标准都降低了？这是好事还是坏事呢？

还没等我想明白，又遇到另一件案件，这是一件赡养费纠纷案，是从速裁庭转过来的，说是当事人情绪特别激动。原告是父亲，被告是女儿，女儿刚大学毕业，还没找到工作，代表她出庭的是她的母亲。庭审还算顺利，我还嘀咕为什么之前的法官说双方情绪激动。案件进入调解阶段，原告说了一些好话，希望能调解，被告一直很犹豫，原告嫌对方太拖拉，不耐烦地拍了桌子，结果被告的母亲情绪一下子就爆发了，指着被告哭喊着说了好多话，不仅把隔壁法庭开庭的同事招来了，连法警都闻讯赶来。我听了半天大概明白了，男方结婚后不顾家，孩子很小的时候他因为犯罪进了监狱，出狱后还是我行我素，最后被告的母亲和他离婚了。这些年被告一分钱抚养费也没给过，女方带着孩子寄居在女方父母家，大概和女方父母的关系也不太好，这么多年寄人篱下过得很艰难，女儿上大学时实在没钱了请求男方资助，男方借口没钱不予理睬。他名下原来有间房子也卖了，钱挥霍掉了。女儿今年刚大学毕业，赶上疫情就业环境不好，至今还没找到工作。现在男方患病了，想起找女儿要赡养费，这让她们娘俩感情上非常不能接受。

当时我在法庭上看着这位卖掉房子也不肯接济女儿的爸爸，突然想起之前离婚案件的那位爸爸，和眼前这位相比，他至少还知道把自己的房子留给女儿，似乎也没有那么渣了。

人间不可能只有真善美，但是，还是真心希望每个人在与家人相处时能更多一些信任、责任和温情，而不要让家事法官每天都看着道德底线不断被突破，毕竟，底线的突破是没有尽头的。

# 庭审中的 "高光时刻"

　　起诉状记载着原告的诉讼请求和事实理由，是法官了解案情的第一步。离婚案件中，如果原告是女方，基本都会把男方描述成"渣男"，不过不幸的是，大部分案件中女方的描述和事实相差的并不太远。

　　然而，还是有那么一些案件，这些人的某些表现让我另眼相看，算得上是他们的"高光时刻"了。

　　一、

　　一件离婚纠纷，女方是原告，起诉状中言辞激烈地历数男方在婚姻生活中如何对她漠不关心，说明婚姻感情已完全破裂，请求法院判决离婚。

　　庭审时，我照例询问双方举办婚礼的日期，男方说是在某年 10 月 8 日。

　　听到男方的回答，我有点意外，抬起头看了看他。

　　他能够记住婚礼的日期。

　　审理了这么多离婚案件，几乎所有的女性都能记住举办婚礼的日期。是的，那一天是她生命中的一个转折点，在这场隆重的仪式之后，她告别了原来的生活，以一种新的身份开始新的人生阶段，所以这一天对于她们刻骨铭心，多少年之后都不会遗忘。

　　但是庭审中，几乎大部分男方都记不住举行婚礼的准确日期，毕竟，婚礼更多是属于女性的，时间一长，激情消退，这一天也就逐渐淡漠了，大概能留下回忆的更多是举办婚礼过程的烦琐和麻烦。

　　在那一刻，听到他的回答，我心里一动，时隔多年还能记得婚礼的日期，他对婚姻还是有着深刻的记忆和感情的，大概并没像女方说的那样没有感情吧。

　　接下来的审理也证明了这一点，男方对女方还是有感情的，只是因为工作的繁忙和性格的内向，没有把感情充分地表达出来。我给双方做了很长时间的工作，特别是针对女方的抱怨对男方提出了一些要求，最后驳回了女方的诉讼请求。

133

后来，没见到女方再来法院起诉。

二、

一起离婚诉讼，女方是原告。男方原本有一份不错的工作，后来因为沉迷于赌博，负债累累，工作丢了，房子卖了，尽管双方父母竭力帮助还债，起诉时夫妻双方仍欠着巨额债务。男方多次表示悔改，女方原谅了一次又一次，但是等来的是一次又一次的失望，女方忍无可忍，起诉到法院要求离婚。

因为第一次开庭时男方迟到了，所以我和女方简单聊了一会儿。

我：双方分居了吗？

女方：三个月前分居的。

我：你说男方沉迷赌博，有相关的证据吗，比如他有没有被公安机关处理过？

女方：没有，只有一次赌博被抓到了，还被家人给"捞"了出来。

我：你们有共同财产吗？

女方：没有，原来有套房子，卖了还债了。

我：债务呢？

女方：我们都有很多债务，有欠小贷公司的，有欠银行的。这些债务都是为男方还赌债才借下的，应该由男方个人偿还。

听到这，我心里暗暗猜想男方大概率不会同意离婚。不符合法定离婚条件，没有财产只有债务，离婚了对男方一点好处也没有。一个赌徒会做出什么高尚的举动呢？很可能不同意离婚，再拖女方几年。

庭审开始后，照例先核实双方的个人情况，当问到男方的职业时，男方说原来在一家汽车公司工作，后来被开除了，现在开专车。

那是一家大型汽车公司，能听得出，他对原来的工作还是有留恋的，如果不染上赌博，他应该还在那家公司工作吧。

女方陈述完诉讼请求和事实理由，我问男方的意见。男方说，我同意离婚。

这有点出乎我的意料，我抬起头又看了看他，他说我同意离婚，然后小声地说，但是债务还是应当共同偿还的。

突然，对他有点另眼相看了。是的，能够痛痛快快同意离婚的一方值得赞许。

审理了这么多离婚案件，很多当事人都在第一次离婚诉讼中表示不同意离婚，有的是确实还有感情，还有一部分纯粹是为了刁难对方。你不是要离婚吗？我偏不同意，拖你一两年。而目的各有不同，有的是为了争夺子女的抚养权，有的是为了让对方在分割共同财产时做出更大的让步，还有的是纯粹的恶意拖延，反正我的生活已经困顿如此了，拖着你也和我一起。

因此，无论这个男人因为赌博如何一步步毁了两个人原本美满的婚姻，至少他在最后一刻，选择了放手，为一段不堪的婚姻留下一个略带暖意的结尾。

三、

还是一件离婚纠纷，依旧是女方是原告。通过审理发现，双方感情破裂的原因主要在男方。男方是个"妈宝男"，父亲早逝，是母亲拉扯他长大的。他性格有些懦弱，即便是婚后也是处处唯母命是从。女方的性格也有些强势，时间长了自然婆媳矛盾比较大，男方又处理不好这一矛盾，最后女方来法院起诉离婚。

男方同意离婚，双方没有什么共同财产，因此审理的重点是子女抚养问题。女方要求男方今后每月支付 2000 元抚养费，男方月工资不到 6000 元，我就此询问男方的意见，男方有些迟疑。男方的律师捅了他一下，能看得出，律师的意思是可以不同意，毕竟即便最后法院判决，一般也不会超过 1800 元。

男方想了想，说同意每个月 2000 元。她离婚后带着孩子不容易，就 2000 元吧。

女方显然也没想到这一点，愣了一下，我则向男方投下了赞许的目光。

很多离婚案件，双方在分割共同财产，特别是分割房屋时相持不下，这一点我可以理解。但是还有一些当事人，在子女是由对方直接抚养的情况下，仍在子女抚养费上锱铢必较，似乎多给了一分钱都是让对方占了便宜。其实多给的那点抚养费，又怎么能抵消得了直接抚养子女耗费的时间和精力呢。夫妻固然做不成了，但孩子永远都是自己的，很多当事人经济条件还是挺好的，但是在支付子女抚养费上绝不松口多给一分钱，对自己的孩子还吝啬至此，真的让人有些不齿。

法律是严肃的，但是婚姻应当充满温情。希望婚姻中的每一个人，都能对婚姻充满感情，即便真的需要结束一段婚姻，也衷心希望能为对方、为子女，留下一个温情的结尾。

# 离婚了，你会把婚戒还给对方吗？

2020 年 9 月 23 日的《人民法院报》第 4 版刊登了一篇文章，题目是《一枚特殊的戒指》，讲的是一位女执行法官，执行一件离婚纠纷，案子的起因是判决孩子由男方抚养，但女方一直没有给付子女抚养费。执行法官将女方传唤到庭，经过做工作，女方主动交纳了抚养费，并请求法官将婚戒转交给男方。执行法官凭借女性的细腻感觉到女方对男方还有感情，于是亲自来到男方的住处转达了女方的心意，在了解到男方也对离婚有所懊悔后，又带着男方和婚生子女到女方住处进行劝导，终于促成双方复婚，破镜得以重圆。

读完这个故事，首先要感叹这位女法官的心思细腻与古道热肠。没有前者，就不会在办案过程中敏锐地察觉到案件中的女方对于男方尚有感情，没有后者，就不会在工作职责之外几次到双方当事人家中做情感修复工作。很多法院在组建家事审判庭或者家事审判工作室的时候，都会特意选拔有一定办案经验的女法官，果然是非常有道理的。

不由得想起我之前的一位女助理。有一件离婚案件，我们去当事人家送传票，开门的是女方的母亲，按照我的想法，传票送到了也就可以了，咱们有话到法庭上去说。但是助理让她签收传票后，又和她聊了半个多小时，既聊聊家常，又了解了当事人的情况，我们临走时，女方的母亲特别热情地把我们送到门口，一再表示一定配合法院的工作，真的快把助理当成自己第二个闺女了。我在一旁看得心悦诚服，真是自叹不如啊。

再聊一聊婚戒。离婚案件审到最后焦点就是分财产，而当下国人的重要财产是房子，有时候审理离婚案件时，要是双方都没有房子，反而松了一口气，这样的案子至少财产分割上难度不大。和房子相比，婚戒以及结婚前后双方购买的饰品一般价值不高，但是依然会引发很多问题和故事。

比如，去向问题。

　　和房子、车子、票子（银行存款）相比，婚戒这样的饰品的一大问题是去向难以证明。庭审时经常有一方指责对方分居时把饰品拿走了，而另一方往往坚决予以否认，甚至说这些饰品在对方处。双方都很难就此进行举证，最后只好因为举证不充分不予处理。一般而言，通过分配举证责任来处理法律问题，社会效果都不太好，很多实际上并没有占有饰品的一方对于法院不予处理的做法非常不满，但也无可奈何。

　　也有例外。有一对夫妻，女方分居期间突然回到婚住房拿走了包括饰品在内的大量财物，男方发现后立即报警。出警的警察还是很负责的，虽然发现这属于家庭纠纷应该由法院解决，但是警察还是做了一份女方取走财物的清单并让双方签字确认，为法院审判创造了很好的条件。

　　再比如，分割问题。

　　一般而言，包括婚戒之类的饰品并不是特别贵重，又主要是女方佩戴，所以往往分割时就判决归女方所有。当然，有时候饰品对于男方有着特殊的意义，例如家传的饰品等，审判时会给女方做工作归还给男方。但有时还真会遇到在饰品分割上特别较真的当事人。有这样一件离婚纠纷，我利用周末时间给双方电话调解，结果女方因为一件并不很贵重的首饰坚决不松口，调解了一上午，功亏一篑，就连庭长得知这个情况后都表示不理解，说不知道女方离婚后还戴着这件首饰会作何感想。

　　当然，最头疼的是执行。

　　刚办案的时候审理一件离婚纠纷，最后判决离婚，其中有一条黄金项链，双方都认可在男方处，判决归女方所有，男方这还给女方。结果执行时出了问题，男方确实给了女方一条黄金项链，但女方说这条不是双方婚后购买的那条，男方坚持说就是判决书中要求返还的那条，爱要不要。我在判决书中只是写了返还黄金项链一条，克数没写，钱数没查明，给执行法官制造了很大的麻烦。当时自己没经验，也没想到双方会在一条黄金项链上起这种纠纷。面对执行法官的怨言我也是无言以对，吃一堑长一智吧。

　　婚姻是从一张结婚证和一枚婚戒开始的，小小的婚戒也许并不多么贵重，却和结婚证一样，见证着婚姻的全过程，承载着双方的复杂情感，记录了普通人的悲欢离合。也许婚姻不会像婚戒那样"恒久远"，但是每个人对于感情的真诚和珍惜，却一定能够永流传。

## 案件背后的故事

# 能用法律手段把你的婚姻"吓"好吗？

看到一位律师朋友发了这样一条微博：

> 帮客户写婚内财产约定协议，我说这个协议也没啥用啊，你确定要写？她说写吧，吓吓他也好啊！

挺感慨的，有点穿越或说怀旧的感觉。

我下庭后就开始办离婚案子，当年师傅对我说，八十年代那会儿，起诉到法院离婚的，特别是原告是女方的，基本都不是真想离婚，而是希望借此吓唬吓唬男方。法官也懂这个道理，那会儿民庭基本不在法院开庭，而是在原、被告所在的街道，借人家的地方开庭。开庭时不仅原、被告在场，双方的亲友邻居也大部分都在，往往双方单位也会派人来做工作。开庭之后，让原告说说对被告的不满，旁听的亲友、邻居还有单位代表一起说说被告，劝劝原告，被告认个错表个态，原告气消了也就不起诉了。

我问师傅，现在呢？

师傅说，现在基本没有这样的了，原告起诉到法院，那是铁了心一定要离的，劝也没用。

确实如此，我审理了这么多离婚案件，几乎很少见到原告来法院起诉是为了吓唬被告的。细想一下，也就两件，而且两件案子原告都是女方。

第一件案子开庭前女方的母亲就对我说，原告不是真心想离，被告也没有做什么出格的事，就是太贪玩不顾家，法官您待会儿说说被告，吓唬吓唬他，让他收收心，以后好好过日子。

　　我听了以后倍感新奇，毕竟头一回遇到这样的案子，师傅讲述的传说中的情境居然让我遇到了，我自然是满口答应。庭审中发现被告和女方母亲描述的差不多，他对原告有感情，但是不成熟，贪玩，结婚了也没承担起丈夫的责任。经过我和双方亲友做工作，男方认错，表示以后好好过日子，最后女方撤诉，皆大欢喜。

　　后来又遇到类似的案子，女方庭审前对我说，自己不是真心想离婚，和男方还有感情，希望法官做做工作，让男方认识到自己的错误就好。没想到庭审开始后，原告陈述完诉讼请求和事实与理由后，我问男方的意见，男方很干脆地表示同意离婚。这就有点尴尬了，女方又急又气地说了男方的种种不是，我也做了男方的工作，男方就是不为所动，坚持说我同意离婚，法官你就判吧。看着女方不知所措的样子，我只好宣布休庭，给双方一段冷静思考的时间。

　　结果，还没等我通知双方再次开庭，女方主动过来撤诉了。

　　从那以后，再也没有遇到过原告起诉离婚是为了吓唬对方的离婚案子了。

　　我问师傅，为什么会这样？是因为以前的夫妻感情基础更好吗？师傅说，也不是，只不过是以前的夫妻能够互相"就和"，也就是互相容忍，现在的人，已经越来越不愿意"就和"了。

# 你的生活被老人"掺和"了吗？

周围的朋友得知我在家事审判庭工作，往往会对我审理过的离婚案件比较好奇，问的比较多的是：哪个年龄段的人去法院离婚的比较多啊？我回答说：大概是"80后"比较多。又问：他们为什么离婚啊？因为一方出轨吗？我回答说：其实大部分都不是因为对方出轨，我听到的最多的理由是一方或者双方父母的"掺和"。

在审理离婚纠纷案件过程中，对于父母干涉小夫妻婚姻生活的案例真是见怪不怪了。我见过的最极端的案例，是一对小夫妻来法院离婚，庭审时却都是欲言又止的，深入交谈才发现两个人并没有什么矛盾，倒是两家父母因为生活琐事闹掰了，要求他们必须离婚，两个人被逼无奈才诉到法院的。我听后真是哭笑不得，劝说他们自己的生活还是要自己做主的，小夫妻虽然赞同我的观点，但是两家亲戚就守在法庭外面，不离婚真是出不了法庭的门，甚至一方父母放言今后复婚都可以，但今天必须离。最后双方无奈之下还是以调解方式离婚了。

目前"90后"来法院离婚的相对比较少，但是和其他年龄段当事人进行对比，将老人"掺和"夫妻生活作为离婚理由的，基本上是"80后"的特有现象，据我观察，发生这种现象大概有以下三个原因：

**一是经济上不独立**

买房是结婚的前提条件之一，而"80后"们进入成婚年龄时，又恰逢我国房价连年上涨，特别是在一、二线城市，对于普通"80后"来说，依靠自己的力量买房基本不太可能。大部分人都是依靠父母垫付首付，小夫妻婚后共同偿还贷款，遇到房价较高或是小夫妻收入较低的，房屋贷款都要靠父母帮助偿还。小夫妻经济上依赖父母，自然在生活上也会受到父母的干涉。我在审理案件时遇到的好多"80后"，不仅结婚时依赖父母的经济帮助，离婚时也是如此，毕竟分割夫妻共同财产时往往涉及较大金额的补偿问题，这些钱同样依赖父母的帮助。所谓经济基础决定上层建筑，国家如此，家庭也是如此啊。

**二是生活上不独立**

"80后"是第一代独生子女，其中一些人独立生活能力较差，生活上依赖父母照顾。即便是生活能力较强的，生育子女后也不得不请一方或是双方父母帮助带孩子，这样一来，老人不可避免地深入小夫妻的生活之中。对于普通夫妻来说，怀孕及孩子出生的前三年都是矛盾高发期，照顾子女是一项劳心劳力的工作，更何况两代人观念上存在较大差异。因为带孩子，两代人时常爆发较为激烈的冲突，处理不好自然容易导致家庭的解体。小夫妻与老人分开居住可以在一定程度上缓解这方面的矛盾，但对于很多到大城市打拼的年轻人来说，蜗居尚不易得，又哪有条件再给老人准备一套房子呢？

**三是思想上不独立**

一些"80后"的原生家庭，父母已经习惯于事事替子女做主，而一些子女也同样习惯于事事听命于父母。曾经审理过这样一件离婚案件，女方起诉男方离婚，我问女方感情破裂的原因，女方表示主要是婆婆的干涉过多。庭审中基本男方一言不发，作为代理人的婆婆全程代言，看得我哭笑不得。庭审间歇我和这位婆婆闲聊，劝说她不要过多干涉儿子儿媳的生活，她点头称是，也承认自己干涉得有点多，但是问她以后能少干涉一点吗，她又说，我舍不得啊，我也不放心啊。这样大包大揽的母亲再加上一个"妈宝"式儿子，小两口的日子自然是过不好的。同样，我也遇到过事事听命于娘家的女性，一位男当事人向我抱怨，好多事明明和他的妻子已经商量好了，结果媳妇回一趟娘家就改了主意，偏偏他又在很多事情上和他的岳父大人意见不一致，这种事反复发生，让他忍无可忍，痛下决心到法院诉讼离婚。

有次我去社区进行《婚姻法》普法讲座，听众基本都是老年人，活动结束后好多人就子女婚姻涉及的法律问题向我咨询，回答之余我都不忘劝说他们：儿女们自己过得好比什么都强，儿孙自有儿孙福，莫与儿孙作远忧啊！

# 我遇到的那些"京津夫妻"们

所谓京津夫妻，就是一方在北京工作、一方在天津工作的夫妻。2008 年京津城际开通后，京津两地同城效应明显，京津夫妻日渐增多，仅我所在的法院，就有四五对京津夫妻。

法院的案件总是以滞后而又略显极端的方式反映社会现实，因此随着京津夫妻的增多，涉及京津夫妻的离婚案件也日渐增多。算了算，这几年我审理或是了解的该类案件大概有二十几件，将这些案例写成论文或是调研力有未逮，写篇随笔倒是可以的。

据我观察，京津夫妻有很多显著的特点，比如说就经济收入而言，在北京工作的一方实际收入明显高于在天津工作的一方，这也和两地的经济发展水平密切相关。再比如，我接触过的京津夫妻，大部分都是男方在北京工作，女方在天津工作，而且男方基本又都是理工科专业，女方则文理兼有，以文科专业居多，且多数从事较为稳定的工作。这似乎不仅与两地的社会经济发展水平有关，也暗合我国传统的"男主外女主内"的社会习惯。当然也不绝对，我认识一位天津中院的法官，妻子在北京的一家检察院工作，他权衡再三，最终选择辞职去北京从事律师工作。

应当讲，无论高铁带来的同城效应多么显著，京津夫妻仍然属于两地分居。这不可避免地会给夫妻生活带来困扰。其中一起案件，女方起诉男方离婚，一个理由就是因为两地分居，男方与女方交流不够，男方反驳说他还是很顾家的，尽可能地返回天津居住，并当场拿出大量的火车票来证明这一点。我以前也有过每天三个小时在路上奔波的经历，看到这些车票确实感同身受。

对于普通夫妻来说，怀孕及孩子出生的前三年都是矛盾高发期，这段时光对于京津夫妻显然是更大的考验。一起案件中，女方在天津生育及抚养子女，男方在北京读博，因为主客观原因，男方对家庭生活贡献较少。女方对此怨念较深，庭审时指责男方对她关心不够，对女儿感情淡漠，坚决要求离婚。考虑到男方庭审时态度诚恳，鞠躬道歉请求女方再给一次机会，而且男方毕业后回到天津工作，因此庭审时我力劝女方慎重考虑，无论之前如何，毕竟双方目前已经摆脱分居状态，况且孩子还小，希望她能够再给男方一次机会。反复劝说后女方依然坚持要求离婚，最后我还是判决驳回了女方的诉讼请求。发判决时女方并未表现出太大的不满，男方则是充满了感激。我对男方说，抓好这次机会，我可不希望半年之后再遇到你们了！

就审理角度来讲，夫妻一方在外地，如果不配合法院工作，会给法院送达传票和查清案情带来很大的麻烦。曾经有一个案件，男方在北京工作，女方起诉离婚，但既不知道男方在北京的居住地址，也不知道工作单位。男方母亲倒是在天津居住，但是一口咬定不清楚男方的情况。既无法留置送达，也不便公告送达。最后无奈，我决定去北京社保部门查找男方的工作单位，但是又不清楚他在北京的哪个区县工作，经电话联系得知，北京社保部门没有一个统一的查询窗口。只好摸着石头过河，在北京南站下车后就近赶到丰台区社保机构查询，还好工作人员态度很好，联网查到了男方的工作单位，但是因为不是在该区，所以无法出具书面证明。就这样我们已经非常感激了，抄写下来单位全称，上网查到联系电话，直接和他的单位电话联系。本打算直接赶去送达传票，介绍完基本情况后，对方表示确实有这名员工，但是现在外地出差，向我们提供了该公司的邮寄地址，我们只好返程。结果还没离开北京，同事的电话就打过来了，说男方的母亲来法院投诉，质问我为什么把案情捅到男方的工作单位。我听了勃然大怒，让同事转告她，再不配合法院工作，我把开庭传票邮到他的单位去。男方迫于压力终于出庭，开了第一庭后，双方自行去民政局协议离婚，女方来院撤诉。案件审理过程虽然曲折，但总还算有个圆满的结果。

在改革开放前，普通人调动工作非常困难，两地分居是个并不罕见的现象。改革开放后，人的流动性大大增强，对单位的依赖性日渐减弱，两地分居似乎已经走进了历史。京津夫妻是两地分居，但又不是传统意义上的两地分居。所有认真生活的人都值得我们祝福，也相信生活都会对他们报之以美好！

# 分手见德行

网上看到这么一句话：

> 第一次见到这种男人，分手了，酱拿走一半，提一壶油走……

看完一笑，审理离婚案件，看惯了不能"好离好散"的夫妻。双方既然没有感情了，那就谈钱呗。梳理一下自己审理过的家事案件，诉讼中原、被告分财产的，一般分这么几种类型：

**一是得理不饶人的**

之前审理过这样一件离婚案子，原、被告双方自身条件都不错，一个博士，一个硕士，收入也不错，一个公司经理，一个公司高管，遗憾的是家庭生活不太幸福，孩子患有孤独症。本案是女方起诉离婚，男方同意离婚，其他没啥可争议的，分财产吧。

财产中争议最大的是一套房子，学区房，一百多平方米，价值五百多万元。女方婚前买的，婚前还清贷款，登记在女方名下，本来妥妥的是女方婚前财产，但是婚后为了再买一个房子，就把这套房子过户到了男方名下，两个人拿着假的离婚协议买了第二套房办了贷款。现在闹离婚了，男方说这房子写在我的名下啊，是对方对我的赠与，就算是夫妻共同财产，也要补偿我一半房款。

我问女方，那个房子又没贷款，当初怎么不改到你妈妈的名下呢？女方说改到父母名下算赠与，税费高。我听了很无语，这钱省的。当然，我也理解，按照老百姓的话，谁结婚时会想着离婚的事呢？

背对背调解时女方哭着说，这套房子从买房到还贷男方一分钱都没出过，以前觉得男方挺仗义的，没想到离婚时会抓着这套房子不放手，真是分手见德行！

后来做了好多工作，双方达成调解，女方到底给了男方一大笔钱，房子归女方所有。案子是解决了，但是女方哭着说分手见德行的情景真是让人印象深刻。

### 二是锱铢必较的

刚下庭的时候，师傅对我说，二十世纪八九十年代那会，夫妻共同财产特别少，房子也不值钱，能分的就屋里的那些东西，但就是有当事人锱铢必较，分财产时绝对平均主义，就是一双筷子也要拿走一根。

我遇到的一些当事人也是这样，分财产的时候非常细，是我的就是我的，必须给我。有一回助理调解一件离婚纠纷，连房子、汽车都给双方分好了，最后因为一条毛巾被双方争执不下，一个要求必须归自己，另一个表示坚决不给，最后双方因为这条毛巾被彻底谈崩了，眼瞅着一上午的努力功亏一篑，助理说当时都恨不能踹他们一脚。

我遇到过分财产时，把房子搬得那叫一个干净，屋里的灯和窗帘都拆走了，天花板就剩下伸出的电线的情形。我觉得要不是太麻烦，真的会把地上的瓷砖和地板都拆走。

### 三是"阴魂不散"的

有些夫妻，那真是孽缘，在法院声名远扬，一搜关联案件能搜出十几件，婚内就打抚养费纠纷，再打离婚纠纷，离婚后再打 N 件离婚后财产纠纷。有一回我收了一件离婚后财产纠纷案，一看当事人的名字非常熟悉，很快想起来两个人几年前就在我这打过离婚后财产纠纷了啊。开庭一问，双方离婚后已经打了好几个离婚后财产纠纷了，都是你想起了还有某项财产没分，来法院起诉我，我不服气也想起还有某项财产没分，也到法院起诉你，基本上两个人离婚后啥也没干，光剩下到法院打离婚后财产纠纷的官司了。有时候真的觉得双方其实还是有感情的，离婚这么多年也都没再婚，真想劝他们复婚吧，别折腾法官了。

当然，也不是什么东西双方都抢着要，有一回一件离婚案子中，带着女方去男方家清点财产，双方火气都很大，我竭力压着双方，总算把财产清点完了。临走时男方对女方说，把你的那张婚纱照拿走，女方说我不要，男方说我也不要，最后女方怒气冲冲地把婚纱照拿走了。男方刚关上门，女方直接把婚纱照摔在了门口，扬长而去，我和助理看着地上的婚纱照，很无奈地叹了一口气。

审理家事案件并不轻松，其中的一大烦恼就是，很多诉讼离婚的夫妻在婚姻走向终结的时候，那种反目成仇和歇斯底里，真的很考验家事法官对于人性和感情的信任。老话说再苦的瓜也有甜的时候，相信这些诉讼离婚的夫妻也曾幸福美满过，有那么多的物品见证了两个人曾经的感情，但是当感情不再的时候，他们却不能善待这些感情的见证。当他们亲手砸碎这些物品时，不仅砸碎了他们的感情，也砸碎了旁观者对于他们的理解和尊重。

# 那些被告是瘾君子的离婚案件

本文所谓瘾君子，就是吸毒的人。按说打击毒品犯罪是刑事庭的任务，我作为一名民事法官，工作上应该不涉及，但是我在家事审判庭工作，几乎每年都会遇到瘾君子作为被告的离婚案件，下面聊聊这类案件。

先说开庭地点。一般这类案件的开庭地点都在戒毒所。

戒毒所和监狱一样，位置比较偏僻，但是只要在本地，开车去就行了。去外地戒毒所开庭的案件只碰到过一回，时间是 2016 年，地点是在齐齐哈尔。那件离婚案子，被告是男方，之前吸过毒，婚后某天，妻子和朋友去北京机场坐飞机去旅游，他开车送行，结果在路上被北京的警方拉去做测试，没通过，被送到齐齐哈尔的戒毒所戒毒去了。

为啥北京警方抓的瘾君子会送到齐齐哈尔戒毒呢？很简单，因为北京在齐齐哈尔有块"飞地"，是个农场，地方还挺大，于是北京市在那里建了一个戒毒所。位置非常偏僻，在农场深处，我们又是冬天去的，白茫茫一片，要不是偶尔遇到一辆过路车也是去戒毒所，真是不知道啥时候才能找到。

再说审判结果。"有赌博、吸毒等恶习屡教不改的"属于法律规定的法定离婚事由，所以在吸毒所强制戒毒的，一般法官都会判决离婚，但是，是不是吸过毒的就一定会判决离婚呢？

不一定，同事就遇过一件离婚案件，被告是"瘾君子"，原告起诉到法院要求离婚，庭审时被告拿出证据证明自己近年来多次被相关部门进行检测，结果都证明没有吸毒，所以不属于屡教不改的。尽管从常识上说都觉得吸毒不容易戒，但是他拿出的证据确实也是有说服力的。

再聊聊如何在婚姻中避免遇到瘾君子。我在审判中遇到的瘾君子，一般分两类，一类婚前就是社会人员，黄赌毒都沾。现实生活中，我也耳闻目睹一些很优秀的女孩，遇人不淑，结婚后才知道爱上的人是瘾君子，给自己的身心造成了很大的伤害。

还有一类是原本不吸毒，婚后经过努力，生活好了，因为追求刺激才开始吸毒的，按照本地话，就是"有好日子不好好过"的。

对于前一种，瞪大眼睛，别被他蒙蔽了，而且有过吸毒案底的人，公安机关会经常叫他们去检查，所以多留意是能够发现的；对于后一种，一旦发现对方吸毒了，赶紧离婚，即便不能马上离婚，也要及时将财产控制到自己手里，不然无论积累了多少财富都是经不起瘾君子挥霍的。

应该庆幸，我国算得上禁毒最严格的国家，毒品和瘾君子一般都很少出现在普通人的生活中，这背后是国家坚强的禁毒意志和千千万万禁毒勇士的无私付出。现在大麻已经在一些国家合法化了，受此影响，国内也开始出现类似的呼声。一些公众人物涉毒的新闻也时不时上了热搜。要问我的态度，这些所谓的呼声和做法都是扯淡。咱们作为普通人，支持国家禁毒，自己不沾毒，对那些沾毒的公众人物理都不要理，这才是我们应该做的。

# 家事案件中的亲子鉴定与"幸存者偏差"现象

"'二战'期间战斗机防护，多数人认为，应该在机身中弹多的地方加强防护。但有一位专家认为，应该注意防护弹痕少的地方。如果这部分有重创，后果会非常严重。而往往这部分数据会被忽略。事实证明，专家是正确的。请考生结合材料进行分析。自定立意、自拟标题，写一段作文。"

这是 2018 年高考作文题，这次考试让原本只在军事爱好者这样小众群体中流传的"幸存者偏差"现象一下子名扬全国。很多人看完这个题目有点不以为然，觉得高考题出这种冷门知识纯属为难考生。非也非也，根据百度百科记载，幸存者偏差（Survivorship Bias），是一种常见的逻辑谬误，指的是只能看到经过某种筛选而产生的结果，而没有意识到筛选的过程，因此忽略了被筛选掉的关键信息。这种现象不仅出现在军事领域，在日常生活中也广泛存在，这不，我在家事审判过程中也遇到了。

我审理过的家事案件中进行亲子鉴定的大概有十几起，每回都会有不明真相的小伙伴等着鉴定出非亲子关系，然而非常有意思的是，这十几起亲子鉴定，其结果无一例外，孩子都是与申请人存在亲子关系。这样的结果不仅让八卦的小伙伴们很失望，我也有点迷惑不解，难道说现实婚姻中双方都是互相忠实的吗？这不符合大家的一般印象啊。但是十几起鉴定的结果无一例外都显示存在亲子关系又该怎么解释呢，巧合吗，又不太像。后来我在网上看到了这样一个段子，一个男孩向一个女孩挑衅：

男孩说：我知道自己未来孩子姓什么，你就不一定了。

女孩说：我知道未来的孩子是不是自己的，你就不一定了……

这时我才恍然大悟，我遇到的分明是"幸存者偏差"现象啊！

一般而言，女方对于孩子的亲子关系是清楚的，因此在家事案件审理过程中，申请鉴定的一般是男方，而且孩子又是由女方直接抚养。因此，如果女方很清楚孩子不是男方的，那么也不会同意进行鉴定，反之，如果女方同意进行亲子鉴定，那么女方必定是确信孩子是男方的。

作为反例，我曾遇到过一起离婚纠纷，男方起诉时直接就提交了亲子鉴定，证明被告婚内生育的两个孩子都和原告没有亲子关系。虽然女方领副本时风轻云淡地说大概是在医院抱错了，但是在庭审中，女方干脆利落地答应了男方提出的全部要求与之达成了和解，这说明女方对于孩子的亲子关系是清楚的，知道在这件事上纠缠下去没有好的结果。还有一起抚养费纠纷，原告是被告（男方）的非婚生子，庭审中被告不承认与原告存在亲子关系，原告的母亲作为代理人庭上提交了双方之前签订的协议书，载明了双方的关系，并提出就原、被告是否存在亲子关系进行鉴定，于是我问被告的意见，被告对此百般推托，在我释明法律后果后才勉强答应，鉴定现场被告不出所料地没有出现，于是我在判决中直接支持了原告的诉讼请求。

想明白家事案件中的亲子鉴定与"幸存者偏差"现象后，再遇到男方要求亲子鉴定的，我都会先审查男方是否提交了必要的证据，如果提交了，再问女方的意见，如果女方表示同意进行亲子鉴定，我一般都会回过头再劝说男方不要做鉴定，毕竟在我看来结果已经能够预料到了，而亲子鉴定对女方的精神伤害也是存在的，男方又何必做这种花钱又不讨好的事情呢？可惜一般情况下男方都不能体会我的用心，一次又一次上演"男方要求亲子鉴定—女方同意亲子鉴定—鉴定结果认定存在亲子关系—双方感情彻底破裂"的悲剧循环。

# 那些走进家事法庭的孩子

　　每年都会有一些孩子走进家事法庭，这些孩子可以分两类，一类是来参观的，听听法官叔叔或阿姨的讲解，看看法庭是什么样子的，当然最受欢迎的还是角色扮演（cosplay）环节，穿上法袍敲敲法槌，脸上洋溢着新奇又满足的笑容。

　　另一类则没这么快乐，他们进入法庭是因为父母离婚，不能就离婚后子女抚养问题达成一致，孩子又年满十周岁，家事法官需要征询孩子的意见。自《民法总则》施行后，很多法院把标准放宽到了八周岁。我作为家事法官，每年都会和这样的孩子打交道，下面聊几个令人印象深刻的孩子吧。

　　一个离婚案件，原、被告分居了很长时间，孩子随母亲共同生活。后来孩子一个人去东北一家寄宿制学校就读，好像是学舞蹈。当时我仔细打量了这个男孩，他个子很高，皮肤很白，但是言谈举止中散发着孤独抑郁的气息。突然间我对他产生了很深的同情，这么小就父母分居，又是一个人去外乡求学，应该很不容易吧。我先说了一些安慰的话，让他不要紧张，随后询问了他的意见，他不出意外地表示愿意和母亲共同生活。询问完我又和他聊了聊，告诉他父母离婚只是大人间出现了问题，不代表他们不再爱你了。他没说话，只是点了点头。最后我问，还需要我做什么吗？他想了一会儿说，法官您能见到我父亲吗？我说能，他说您替我问问他，为什么这么长时间都不来看我？他是不是把我忘了？我听了真的感觉有点心酸，保证说我一定替你问问他。后来再次开庭，我将孩子的问话转述给了男方，他听了沉默了一会，什么也没说，我又问，有什么需要我转述给孩子的吗？他摇了摇头，还是什么也没说。直到今天，我还偶尔能想起这个忧郁的带着艺术气质的男孩，常常想他的父亲离婚后去看他了吗？几年过去了，他还那么忧郁吗？

　　大部分孩子并不都像这孩子这样忧郁，但是毕竟第一次进法庭，很多孩子都会略显紧张，但是真有一个男孩是例外。这个离婚案子中，女方是原告，男方吸毒,孩子一直随奶奶共同生活,当时小学六年级。这个孩子真的一点都不怯场,进了法庭好奇地东张西望,始终笑嘻嘻的。我开玩笑地问,法庭和你想象的一样吗?他说不一样,法庭里不应该有警察吗,还得拿着枪啊?我耐心地解释这是民事案件,法庭里没有警察的。询问完意见,我和他闲聊,问他,今后有什么打算啊?他说想去××中学,我问为什么?他说因为那个中学的足球队特别棒,我长大了想去踢足球。真心不用我做什么安慰疏导工作,我常想,要是孩子都这样该多好。

还有一个孩子,进了法庭明显有些紧张,我先和他聊了聊让他平复一下情绪,然后问他的意见,他问我,我说了我的意见你能替我保密吗?我听了一愣,说放心,一定替你保密。他说我想今后和××一起生活,我问为什么要保密呀,他说一位长辈威胁他,说他敢对法官说和××生活,就把××的爸爸妈妈都杀了。听完这句话我真是气愤不已,这都什么长辈啊。孩子走了我对笔录发了愁,按说应当和其他证据放在一起,但是这样的话原、被告均可以看到这份笔录,明显违反了我对孩子的承诺。斟酌良久,告诉书记员还是把这份笔录放到副卷吧。

我还在法学院就读的时候,看过《去他的巴西》一书,该书曾经如此评价我国和巴西两国离婚现象的不同:

虽然中国现在离婚现象也很普遍,但离婚在人们的心目中始终不是一件拿得起放得下的事情,很多人虽然可以接受离婚,但还是不能接受把离婚当作一件平常的事情随随便便地讲述出来,离婚多少还是一个阴影一样的玩意儿,压得人心里沉甸甸的。许多离婚之后的夫妻依然处于反目或者老死不相往来的状态,这对下一代的成长造成了巨大的心理创伤。我从小到大结识的气质比较抑郁的朋友大多出自离异家庭,有的离异家庭的孩子甚至形成了婚姻恐惧,自己长大以后打死都不愿结婚。

巴西在这方面完全相反。虽然在欧美的很多国家,离异夫妻之间保持友谊、离异夫妻继续维持和孩子的共同感情也是司空见惯的事情,但只有在巴西,我才第一次感受到离婚的喜剧性,第一次见到离婚之后大家不是从法律的角度和平共处而是从民俗的角度其乐融融的景象。在巴西,离婚仿佛不是对家庭的摧毁,而是家庭的一种蛛网状扩张方式,无数次的离婚不但不会带来心灵的任何创痕,反倒会导致"家庭"的概念成倍扩张,换句话说,离婚在这里不是家庭的终结,而是家庭的"增殖"。

　　巴西的离婚率名列世界前茅，可能正是因为这里的离婚并不像东方那样沉重，所以大家就依照自己的天性用平常得不能再平常的平常心来对待它、来"使用"它。在我的汉语课上，每当我问到"你家有几口人"的时候，很多学生的答案会把自己已经不在一起生活的生父或者生母也算上，有时还要算上生父或者生母的新家庭的成员。他们提到这样的事情的时候总是很自然地说："我的妈妈现在不在巴西利亚，她和我爸爸离婚以后住在圣保罗，和若热结了婚，她和若热有三个孩子。我爸爸后来娶了马尔西娅，他们有两个孩子。现在，我有五个兄弟姐妹……"看到他们在课堂上如此阳光地说起这些在中国人看来沉痛无比、属于"绝对隐私"范畴的话题的时候，在他们喜气洋洋的脸上，我在感到莫大的快慰的同时，也突然感到一阵生命中不能承受之轻。

　　当初读到这段话，只是莞尔一笑。成为家事法官之后再读到这段话，不由得产生很多感慨，我不知道若干年后的我国，离婚是不是也能像巴西一样不再那样沉重甚至带有喜剧色彩，但是在当下，离婚确实伤害了很多人，特别是孩子。法官像是社会的医生，努力地去治愈或者减轻社会的创伤，但衷心希望所有的人都能够更多地负起责任来，为了自己，更为了孩子。

# 老了以后，会成为赡养费案件的原告吗？

　　家事案件中，赡养费纠纷不算多，不要说和家事案件中数量占绝对优势的离婚案件比，就是和抚养费案件相比，也是要甘拜下风的。

　　但是赡养费案件的审理难度可不低，其实抚养费案件更好审，法定的标准摆在那儿，查明被告的月收入，再结合考虑子女日常生活的实际需要，酌情判决就好。

　　赡养费案件则不然，要考虑老人日常的收入和支出，还要考虑到赡养方式，老人家有没有自己的住房，是更需要钱还是更需要子女的照顾。如果是前者，赡养费如何在几个子女间分担，这又要考虑各个子女的收入情况；如果是后者，那么在哪儿照顾，如何照顾，谁出钱谁出力？能因为老人赡养问题闹到法院的，子女间矛盾都很尖锐，承办案件的法官拿出一个让各方满意的方案非常难。

　　结合自己审过的案例，一般两种老年人容易成为赡养费案件的原告：

　　一是处理不好自己财产的老人。不少老人有一定的财产，比如有一套房子，有的还不少，比如赶上了拆迁。按说财富是生活的保障，但是老人要是处理不好自己的财富，反而会给自己的晚年生活惹出麻烦。有的老人过早地把财富转移给子女，结果有的子女拿到了老人的房子，感觉老人对自己没什么利用价值了，对老人日益怠慢，有的甚至不闻不问，这时候老人真是后悔不已。还有不少老人有好几位子女，老人在财富处理上没有一碗水端平，厚此薄彼，导致子女间互相埋怨，有的觉得别人拿得多自己拿得少，有的觉得自己出力多反而拿得少，时间长了互相埋怨，谁也不去好好赡养老人，逼得老人跑到法院起诉要赡养费。

　　二是没有对子女尽到抚养义务的老人。这类老人以男性居多，当初孩子小的时候，抛妻弃子，不闻不问，现在自己年老体衰了，才想起自己还有这么个孩子，理直气壮地向人家要赡养费。缺乏关爱的子女早就对这样的老人伤透了心，有的自己本身就很困难，有的即便不困难，对于赡养这样的父亲在心理上也是过不去的。

　　我就遇到过一件类似的案件，女儿一岁时男方就和女方离婚了，这么多年女儿始终是和母亲相依为命，女儿上大学没钱又赶上母亲生病，跑去找父亲，希望对方能在经济上拉自己一把，结果被父亲骂跑了。现在父亲瘫痪在床无依无靠，厚着脸皮找女儿要赡养费。法庭上女儿态度很明确，多少钱法院看着判，判多少都认，让我主动给，门儿都没有。女儿受过良好的教育，温文尔雅的一个人，唯独谈起自己的生父，咬牙切齿的，不难想象她一路走来都经历了什么。

　　我国逐渐进入老龄化社会，养老问题是每个人都迟早要面对的。有时候同事之间也会聊以后老了如何养老的问题。养儿防老不靠谱，以房养老也不太靠谱，少年夫妻老来伴，可是再好的伴也会有一位先走啊。聊来聊去，也没有什么绝对好的方法，只能说，勤锻炼，多行善，其他的，真不是自己一定能掌握的了。

# 老人家的案子不好审

有一天下午我开完庭后一言不发，为啥？因为嗓子哑了。

开的庭是个离婚案子，原、被告的年纪加起来有一百六十岁，被告耳背，那真是交流基本靠吼……

中华民族有尊老爱幼的传统，我对老年人也很尊敬。但是作为家事法官，拿到案卷一看，如果原、被告是老年人，也确实是一个头两个大。

老年人的案子为什么不好审？

一是身体差。老年人绝大多数患有多种疾病，身体比较差，而家事案件当事人又特别容易激动，比如这个案子，被告说到动情处痛哭流涕，问题是他之前还说自己有心脏病，我当时是真担心他的身体出什么问题，竭力地帮着老人家平复情绪。而在审判实践中，老年当事人庭审现场因为情绪激动不幸发病乃至猝死的案例也不是没有，因此很多法院都备有硝酸甘油这类药品，虽说有备无患，但谁也不希望真的会用到。

二是文化低。不少老年人因为时代的原因文化水平不太高，好多人几乎一辈子没进过法院，既缺乏法律知识，也没有诉讼经验，对于"打官司就是打证据"没有概念，觉得这都是法官的事情，动不动就是法官你可以去调查呀，法官你一定要给我做主啊。简言之，你的道理很难说服他，你的处境也很难被理解。

法院很多时候也会引导老年当事人申请法律援助，大多数也能得到律师的帮助，但是有的时候效果不太好。据我观察，一是有的律师对于这样的案子积极性不太高，有的庭审时一言不发，比较应付。二是遇到顽固的当事人，律师和老人家沟通也很困难，很多时候也没法发挥更大的作用。

三是交流难。都说人上了岁数心理状态像孩子，还真是，很多时候老人特别执拗，特别是家事案子，很多老人家发起言来就滔滔不绝，说的大多数是生活琐事，和案子关系不大，还一定要说，停都停不下来。对于法官来说，打断普通当事人的发言尚且不易，更何况是老年人呢。

　　还有极少数老年当事人利用年龄存心给你制造障碍。有一回同事就遇到这样一位老人，说自己耳背，听不清，开庭前搬张椅子直接坐到了法官面前，但是你问的问题对他有利，他回答得可快了，你问的问题他不愿回答，他就大声对你说，你说什么？我听不清！反正你问几遍，他都是听不清，真是选择性失聪，气得你一点办法也没有。这样的当事人，大概就是所谓的"坏人变老了"吧。

　　老年人的案子不好审，但怎么办呢？家事法官能做的只能是耐心一点，再耐心一点。毕竟每个人都有老的时候，自己年轻时努力善待老人，等自己老了，希望也能得到类似的善待吧。

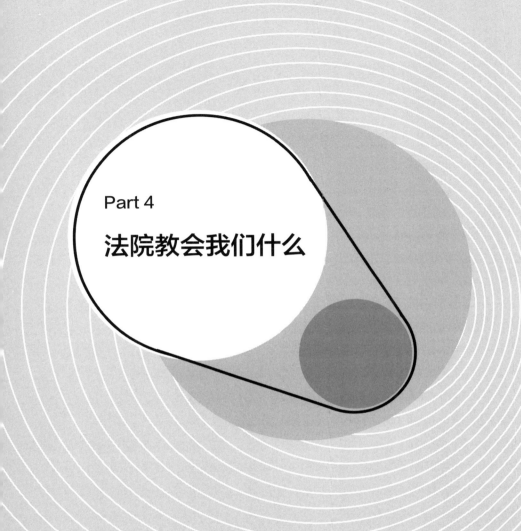

Part 4

法院教会我们什么

# 不断进击的法官

## 法院教会了我们什么之一

### 不轻信

这些年我国法院特别是基层法院的法官来源相对单一，几乎是清一色法学院的毕业生。在法院内部，对这种情况表示忧虑的大有人在，他们把这些法学院的毕业生称为"三门干部"，即从家门到校门再到法院门，潜台词是缺少生活阅历和社会经验。其实这并不要紧，只要把他们扔到审判一线和当事人打几年交道，充分领略一下利益诱使下的尔虞我诈人情冷暖，就能迅速地成熟起来了。

记得刚进法院不久，我被安排从事信访接待工作，有一天一对衣着整洁的老夫妇来信访，称自己的女儿是本院某件案子的被告，主审法官庭审时严重偏袒该案原告，徇私枉法，如何如何，说着说着不禁老泪纵横，痛哭流涕。两个人看着挺有修养的，不像是在说假话，那时的我年轻气盛，越记录越气愤，心说这位法官怎么这么过分啊，简直是法官群体的害群之马。正巧这位法官的书记员和我比较熟，私下里就此事向她求证，她听完我的陈述非常愤怒，说完全不是老夫妇所描述的那样，并向我介绍了案件的审理情况。双方所言差距甚大，听得我将信将疑。后来主管领导调取了该案的案卷，也发现老夫妇所言完全不实。这件事着实对我打击不轻，让我深深怀疑自己看人的眼光和对事实的判断。这是我来法院得到的第一个教训，不要轻信他人所言。

独立办案后，这种体会更加深刻，一线法官每天都要时刻提防各类诉讼陷阱。有一回，一位老年男性来院起诉他老伴和儿子，说老伴背着他把自己名下应属于夫妻共同财产的房子卖给了儿子，还过了户，要求法院确认合同无效，将房屋重新过户到自己名下。庭审进行得很顺利，两名被告对原告陈述的事实并无异议，对原告诉讼请求全部认可。庭审中我没看出有什么问题，但是就是觉得不踏实，想起师傅那句越是顺利的案子越要警惕的教导，没有当庭结案。庭下就该案咨询其他同事，一位法官问我，他家儿子娶媳妇了吗？儿媳知道该案的情况吗？我听了恍然大悟，赶紧去查，果然他家儿子不但已婚，夫妻俩正在本院打着离婚官司，于是立即把儿媳追为本案第三人。没多久，儿子儿媳的离婚官司调解结案，确认该房屋归男方所有，男方向女方支付房屋补偿款，之后本案原告也自行撤诉。现在想想，真是捏了一把汗。事后我专门就此事向那位法官表示感谢，他语重心长地教导我，看过《三国演义》里群英会那一段吗？现在好多人都想当周瑜，可咱们要瞪大眼睛，千万不能做蒋干啊！

　　时间久了，往往你很容易把这种心态带到日常生活中去。前几年，我的一位书记员买房，和房东谈价交定金的时候拉着我和另一位同事同去，一是帮着砍砍价，二是帮着看看有什么风险。大家落座后，卖方拿出了房屋产权证，原以为我们看一下就算了，结果我每页都仔细地看了一遍，另一个同事干脆掏出手机，找出自家房屋产权证的照片，逐页比对。卖方和中介看着直新鲜，中介问，你们是干什么的啊，卖了这么多年房子，头一回见买家看房本看这么仔细的。

　　无独有偶，也是前几年，院里一位老法官给儿子买婚房，中介介绍一个房源，老法官看完房哪哪都满意，就是觉得这房子太便宜，心理特别不踏实。卖方解释说家里有事着急用钱，所以要价低，中介也极力劝他赶紧交定金把房子买到手，说过这个村可就没这个店了。他考虑再三，还是顶住诱惑表示再看看。结果转天中介就给他打电话说房子被别人买走了，埋怨他太犹豫，错过了一个好机会。我问他，您后悔吗？他回答说有一点吧，但是在法院工作了这么多年，不知道审理了多少件房屋买卖合同纠纷，看惯了各种风险和陷阱，轻易不会相信他人，遇到事总往坏处想。职业习惯啊，没办法，改不了了。说罢，一声叹息。

　　我听完，沉默良久，也是一声叹息。

# 法院教会了我们什么之二

**查事实**

前些年，最高院的一位法官给我们讲课时曾经这样提问：什么是法官的独门绝技？大家一时面面相觑，不知该如何回答，授课法官给出的答案是：查清案件事实。他说，查明事实最能体现法官的价值和能力，这也是法官强于律师和法学家的地方。

深以为然。

怎样做一名法官，小学生都知道：以事实为依据，以法律为准绳。问题是事实是什么？在法学院学习时，这并不是问题。在法学院的试题里，你仿佛在以上帝之眼俯瞰众生，案件事实都是已知条件，即便是历年司法考试试卷里那些稀奇古怪的题目，案件事实也是清楚的，之所以会编造种种匪夷所思的案情，目的是让你陷入思维混乱，最终难以正确适用法律。而当你在法学院修炼多年，接连通过司法考试、公务员考试、法官员额考试，终于成为一名光荣的人民法官，意气风发地披（法）袍上阵准备撸起袖子加油干的时候，你会发现之前所学的绝大部分知识，就是那些如何适用法律的知识，并不能帮助你审理好一件简单的案件，因为你将碰到一个难题，那就是你该如何查清案件事实？

作为一名法官，查清事实你需要掌握两点。一是什么是你需要的事实，二是如何查明这些事实。

以前在信访部门工作的时候，经常会有当事人来投诉法官，其中一个很常见的理由是"法官不让我说话"。在当事人看来，庭审时法官居然打断我讲话，很多重要的案件事实我都没有说出来，一定是法官收了对方的好处。当然，现实中确实有的法官存在对当事人态度粗暴、不够耐心的情形，但是更多的时候是法官认为当事人所陈述的事实并不是他需要的事实。例如，法官在审理离婚纠纷时，最重要的是查清原、被告夫妻感情是否完全破裂，如果法官发现已经存在符合该法条的情形，比如原、被告因夫妻感情不和分居已满两年，那么法官基本就会决心判决离婚，如果被告之后还在反复陈述不同意离婚的意见，对于法官来说就是在浪费宝贵的庭审时间，当然会客气或者不客气地打断你，反之亦然。青年法官最常犯的错误，就是因为缺乏经验，不清楚需要查清的案件事实是什么。当然，如果一个法官对一方当事人非常有耐心，让其知无不言言无不尽，那么最大的可能就是这位法官已经确认他查清了他需要的案件事实并且准备判决这位当事人败诉，你的滔滔不绝纯粹是法官希望你拿到判决书时心理稍微平衡，不要有什么过激的举动。

确定了该查清哪些事实，你会发现查清这些事实是个更大的难题。有人说，法官就是一个普通人在从事神一样的工作。是的，法官也是普通人，没有上帝之眼，法庭上原、被告对簿公堂，陈述的案件事实南辕北辙之时，法官也不知道当时究竟发生了什么。特别是当前，很多当事人庭审前也会做好功课，或自学法律，或上网搜索，或咨询他人，或聘请律师，甚至会检索承办法官的履历乃至以往判决，也懂得庭审时法官关注的事实是什么，并有针对性地证明或掩盖这些事实。还是以离婚案件为例，越来越多的被告庭审时不仅不同意离婚，还干脆否认双方因感情不和而分居的事实，毕竟夫妻分居这种事实，如果被告不承认，原告也很难举出有力的证据予以证实，即便是经查证双方确已分居，也有被告挖空心思来证明双方分居的原因并非感情不和。凡此种种，想方设法给法官查清事实制造障碍。于是乎，有位老法官这样和我感叹，现在的民事法官哪里是在审案，分明是在破案。

在审判一线你会观察到，很多老法官没有受过专业的法律训练，但是他们有丰富的审判经验，特别是查清案件事实的经验。比如，他们对当事人的性格和心理判断比较准确，大体能够判断出谁的陈述更加真实；他们有较为丰富的社会经验和生活阅历，能够更快地觉察出谁的陈述不符合常理；他们的询问更有技巧，很多事实通过询问当事人便能够予以确认；他们对其他单位更加熟悉，知道哪些证据可以从哪些单位调取；甚至你会奇怪为什么他们审理的案件败诉一方当事人上诉和信访的情况比较少，因为他们能够对看似混沌的案情做出比较准确的判断并敢于在判决中坚持这些判断，判决结果基本符合双方当事人的心理预期，因而败诉一方大体能够接受判决。而这些经验往往难以用文字准确描述出来，只能靠在审理案件的过程中不断积累和感悟。

因此，从法学院毕业的法官需要静下心来，在一件件案件的审理过程中磨炼自己，积累经验，特别是要尽自己最大的努力去突破障碍，查清案件事实，而不是轻率地分配举证责任。

# 法院教会了我们什么之三

## "过三关"

有个同事，进法院后就一直在业务庭工作，恰好我和他的爱人也熟悉，有一回她对我感叹说：你们法院真锻炼人，以前觉得我老公拙嘴笨舌的，结果他到了法院这些年，工资没见涨，和我吵架的本领嗖嗖地提高！

权且一笑。

一般而言，法律是用来调整人与人之间的关系的。在法学院的时候看过一本著作，内容记不清了，唯独对序言中的一句话印象深刻：如果地球只剩下一个人，他会遇到很多问题，但这些问题中没有一个会是法律问题。从事法律实务，不可避免就要和人打交道，法院也不例外。据我观察，很多初进法院的新人们，是非常怵和当事人打交道的。这个可以理解，毕竟大家都是学习经验多而社会经验少。其实不要说刚进院的新人们，就是一些已经在法院工作较长时间的老法官乃至院庭领导，也怵当事人，特别是怵胡搅蛮缠的当事人。但是经过几年锻炼，绝大部分法院干警，无论你的性别是男性还是女性，性格是内向还是外向，籍贯是本地还是外地，都能形成较强的和人打交道的能力，颇让人有刮目相看的感觉。但这过程，也是过五关斩六将，真是甘苦自知啊。

一是过畏难情绪关。和当事人打交道一定不能怵，你越怵，就会越显得底气不足。有的当事人也是看人下菜碟的，像弹簧一样，你弱他就强。同一个当事人，这次开庭胡搅蛮缠把年轻的女法官或女书记员气哭了，转成普通程序请位老法官当审判长，立马变得客客气气的，非常配合工作，简直判若两人。因此，不要怕和当事人打交道，大多数当事人都是通情达理的，即便有部分当事人不配合法官工作，交道打多了，经验丰富了，也都是可以应对的。有个女同事，性格活泼开朗，又长期从事书记员工作经受了磨炼，特别不怵和当事人打交道。每次书记员和她说又有当事人来了，非要当面和法官说说案情，她就风轻云淡地说，哦，既然粉丝来了，那就见见吧。走在去开庭的路上，总是步伐轻快，神采飞扬。

二是过工作能力关。打铁还需自身硬，这句话放在哪行哪业都没错。现在很多当事人，维权意识强烈，法律知识也是储备良多。因此，如果你自身业务素质不过硬，审判工作存在瑕疵，对其提出的意见给不出令人信服的答复，自然没法"hold 住"当事人。刚进法院从事信访接待的时候，有一回一个当事人怒气冲冲地找到我，丢给我一份本院判决和一本《民事诉讼法》，指责判决中引用的法条和法律原文根本对不上，让我做出解释。我对照了判决和法条，还真是对不上，对方看到这种情景顿时来劲了，大吵大闹，说了好多难听的话，让我必须给个说法。现场还有其他当事人也围过来看热闹，还好我当时还算冷静，拿出了自己买的《民事诉讼法》又对了一遍，立刻把判决书和我那本《民事诉讼法》丢还给了对方，告诉他《民事诉讼法》已作了修改，你的那本是旧版本，法官在判决中引用的是新版本，当然会对不上。对方对照着看了几遍，顿时泄了气，说了几句道歉的话灰溜溜地走了。这件事让我印象深刻，虽然最终有惊无险，但是如果我的业务能力更强，对法律条文更了解，就不会在当事人的质问下一时哑口无言，一度陷入如此尴尬的境地了。

三是过语言技巧关。和人打交道是很考验一个人的语言技巧的，特别是和当事人打交道，说什么不说什么，先说什么后说什么，效果是完全不一样的。例如，我的一位书记员，和好多刚进法院的新人一样，一开始和当事人打交道时特别客气恭敬，电话联系时尊称当事人为"您"，确定开庭时间时也是先征求其意见。大多数当事人还是比较有素质的，但也有的当事人看到书记员是个客气的小女生，立马就把架子端了起来，这个也不行那个也不方便，弄得书记员很为难，打了半天电话也确定不了开庭时间。一位老法官看到这种情形后告诫她，第一对当事人一般不要称呼"您"，平等地称呼"你"即可，语气要不卑不亢。第二不要首先询问当事人什么时间方便开庭，而是要直接通知其开庭时间，如果对方不同意，让其给出合理解释并提供证据，这样就是当事人请求你变更开庭时间，你就掌握了话语的主动权。真是一语惊醒梦中人。之后书记员再和当事人确定开庭时间就高效多了，慢慢地，她的其他工作也是越干越好。后来她离开了审判岗位去了综合部门，有一回还和我感叹，说好久没和当事人打交道了，真有点怀念。

法官就是这样，每天都在认认真真地和形形色色的当事人打着交道，有时枯燥，有时痛苦，但也收获着进步和快乐。有位法官曾如此评价审判工作，上半句是：其实办案子还是挺有意思的。是的，我和大部分同事都赞同这句话，但是我们也赞同她的下半句话：就是案子别太多了。

# 俗语中的司法智慧之一：肉别埋在饭里

所谓俗语，百度百科是这样解释的：俗语，是汉语语汇里为群众所创造，并在群众口语中流传，具有口语性和通俗性的语言单位，是通俗并广泛流行的定型的语句，简练而形象化，大多数是劳动人民创造出来的，反映人民生活经验和愿望。俗语使人们的交流更加方便且具有趣味性，亦具有地方特色。

进入法院后，经常和老法官们交流。老法官们往往有两个特点，一是审判经验丰富，二是多是本地人。因此，他们向我传授司法经验时，不仅会结合自己审理过的案件，还经常引用本地俗语，语言生动形象，让人印象深刻。

第一次听到"肉别埋在饭里"这句话是在一次会议上，本院审理的一件案件被上级法院以事实不清为由发回，因此院里召开专门会议对该案进行考评。那时我还是本院的信息员，虽然会议主题与我没有直接关系，但是按照院长的话，信息员除了院党组会不能旁听外，本院其余会议均可旁听。有了这把"尚方宝剑"，我经常出现在本院各类会议的会场上，时间长了大家也就见怪不怪，偶尔还让我客串一下工作人员端茶倒水啥的。

时间久远，那次会议的细节我已经记不太清楚了。印象中主要是研究承办法官对未能查清案件事实的责任问题。会上，承办法官及其所在部门的领导均辩解说，承办法官多次前往相关部门调取证据，但因客观原因未能成功调取，因此没有完全查清案件事实的原因不应由承办法官承担。会议即将结束、主管副院长总结时表示，相信我们的法官会认真对待每一件案件，也相信法官为了查清案件事实做了很多工作，但是翻阅案卷，完全看不出法官做了这些工作，希望一线法官以后注意到这一点，肉别埋在饭里，一定要把自己的工作体现在案卷上。

下庭办案后，自己对这句话有了更多的感悟。案多人少的重压之下，一线法官，特别是基层法院的一线民事法官们，每天都在为了结案而努力奋斗。

应当讲，大部分案件都会顺利结案，但是一旦案件被发改，或因当事人信访闹访而引起重视，该案件就必然会被上级部门、院领导和同事们详细审查。也许就会有人责问，有没有去现场实际送达或勘验，是否去相关部门调取了证据，为什么没有做好当事人的法律释明和情绪安抚工作。这个时候，如果你的案卷过于简略，你真的会觉得百口莫辩。所以，也许去当事人家中送达扑了个空，最好拍张照片；去相关部门调取证据而一无所获，不妨写一份追记；对于情绪激动的当事人做了调解或安抚工作，别嫌麻烦，做一个笔录或者把过程刻成光盘，把这些材料放到卷里。无论案件审理正确与否，至少这些材料能够证明你的工作态度是认真的。还是那句话，把你的工作体现到案卷中，别把肉埋在饭里。

# 俗语中的司法智慧之二：会听的不如会问的

第一次听到这句话时我还在立案庭，当时庭里有很多经验丰富的老法官，他们虽然已经不在一线办案了，但依然愿意聊一些和案子有关的话题。那些年有的法官对庭审不重视，觉得庭审就是走程序，走过场，查清案件事实还得靠庭下下功夫。很多老同志对此不以为然，他们认为查清案件事实主要在庭上，如何查清呢，主要靠询问。一位老法官总结说，会说的不如会听的，会听的不如会问的，很多案件事实都是可以通过庭审询问查清的，庭上走过场，庭下再去调查往往事倍功半，不会询问的法官不是合格的法官。

我下庭后有这样的感觉，当前基层法官特别是民事法官，调查的手段确实有限。而且在案多人少的情况下，也没有那么多的时间去调查，况且基层的案子，甚至没有什么书面证据可供你去调取，因此庭审询问就成了查清案件事实非常重要也是非常快捷的手段。一位老同志就说，很多事实都是问出来的。询问要解决三个问题。

一是要问到。记得刚开始办案的时候，因为没有经验，结果案子走完庭审程序了，写判决时才发现还有一些问题没有问到，还需要再开庭进行询问，庭长形象地批评我审案像是"拉抽屉"，来回折腾，真是一针见血。

二是要问清。我下庭前也喜欢去旁听案子，但是往往听不出所以然，觉得庭审真没意思，现在才明白，是当初自己没有审判经验，不理解法官为什么会这么问，当事人为什么会这么答，很多时候，一问一答之间，你来我往，暗藏玄机，真是外行看热闹，内行看门道。对于法官的询问特别是对于一方当事人不利的询问，当事人往往避重就轻或是顾左右而言他，因此法官或穷追猛打，或循循善诱，一定要把自己关注的事实问清楚。很多问题第一次问到了而没有问清楚，以后再询问，当事人就有准备了，往往更难查清。

三是要记录。庭审时审判员和书记员的配合非常重要，有时候当事人回答的内容很多，往往其中一两句是特别重要的，而书记员可能会因为抓不住重点而漏掉了，因此审判员要关注书记员是否把关键点全部记下，如果没有记下或记录不全面的一定要提示书记员予以记录，否则法官问到了而书记员没有记录，也是竹篮打水一场空。

# 俗语中的司法智慧之三: 不怕慢就怕站

刚开始办案时，案子少还不觉得，随着时间的推移，案子越来越多，真有顾此失彼、无从下手的感觉。这时候一位老法官提醒我，结案就像走路，不怕慢就怕站。当时听得懵懵懂懂，等到后来积案一大堆的时候，才真的理解这句话的含义。

案子多了，自然有难易之分。有的案子，案情简单，分分钟就可以结案; 有的案子，案情复杂，当事人难缠，按照同事的话，这样的案子想想就心情不好。避难趋易，人之常情，无论是从感性出发还是从理性出发，往往会自觉不自觉地就把疑难复杂的案子放到一边，集中精力去审结案情简单的案子。但是时间一长，那些被搁置下来的案子，案情更加淡漠生疏，当事人似乎更加面目可憎，案件审理更加无从下手，想起来更加心情不好。拖着拖着，又一个季度要过去了，自己似乎又有理由继续搁置这些案子，集中精力去审理那些简易案子了。周而复始，恶性循环，这些搁置的案子，似乎真的就不愿意再被提起了，成了悬在自己头上的达摩克利斯之剑，成了扎在心头的刺，惴惴的，又不知该如何化解。

所以，确如老法官所言，审案如走路，不怕慢就怕站，案子是万万不能放的。今年我痛改前非，专门做了一个 excel 表，把全部的案子都列在上面，案件的每步进展做了标识，每天上班先打开表格，查阅一下各个案件的进展情况，督促自己把每个案件都推进下去。应当讲，虽然自己的惰性依旧难以完全克服，但是效果确实还是明显的。记得一位领导曾因为积案问题批评我，年轻法官，要养成良好的工作作风。突然觉得，审判像一场修行，以后的道路还很漫长，应多多吸取他人的智慧，让自己走得更远一些，更稳一些。

# 送给新入额法官的十句话

几乎每年都有一批同事加入法官的队伍，其中不乏我的好朋友。聊天时能感觉到他们的心情是兴奋而又忐忑的，而上一批入额的法官们入额大约有一年的时间了，其中也有一些朋友向我说起了这段时间的兴奋、困惑、苦恼乃至失误。我听了都非常有感触，因此再聊聊这个话题，给新入额的法官一点参考吧：

**一、办案子没有你想象的那么难**

很多刚入额的同事，特别是像我这样之前长期在综合部门工作缺乏办案经验的人，对办案真是既期待又敬畏，对自己缺乏审判经验耿耿于怀，甚至对于自己能不能办好案子没有足够的信心。周围也不乏一些朋友渲染案件如何复杂，当事人如何不好说话，听得越发没有信心了。其实大可不必，法院最不缺的就是会办案子的人，自己又不比别人差什么，别人能办好案子，自己也一定可以的。

**二、办案子没有你想象的那么简单**

就好像新司机出事故大多都在开车的第二年一样，法官也是如此。刚办案时战战兢兢如履薄冰，办了一阵特别是顺利地审结了一批案子后，往往又会觉得办案子也不过如此嘛，难免有自满懈怠的情绪滋生。这个时候千万要警惕，君不见好多经验丰富的老法官办案子都有"走麦城"的时候，刚办了几件案子又有什么可以得意的呢？顺便说一句，有时候办案子和打牌一样，新手的手气往往比较好，不止一位法官和我说刚办案的时候特别顺，接连调解了好多案子，但时间一长就发现案子可不都是这样的。曾有一位领导说过，没办过一千件案子之前不要轻言办案，也许略有夸张，但是确实有一定的道理。

**三、审判路上最好有位领路人**

有一句话叫作"扶上马送一程"，大概每位新人都希望能有这样的待遇。刚办案时的一大痛苦就是有时候你不知道自己不知道，或者说因为缺乏经验犯了错都不知道自己犯了错，因此有位领路人就特别重要了。我刚下庭时比较宽慰的一点就是庭里有自己的好友，当时想总还是有人可以请教的。下庭后惊喜的是庭里氛围特别好，考虑到我之前缺乏审判经验，特意选了一位经验丰富的法官当我的师傅，最开始和我搭档的书记员也是老书记员。因此，我现在回想起来，仍然衷心地感谢当年的领导、师傅和同事们，也包括当年的当事人。

**四、审判过程一定要留痕**

现在都在反"痕迹主义"，但是任何事都不要绝对化，对于法官来说，办案过程中一定要留痕，把你的工作体现在案卷中，形式可以多样，追记、照片、光盘都可以，说不定多年之后某件你办过的案子被翻了出来，这些"痕迹"就可以派上用场，甚至是大用场。

**五、学好程序法**

在法学院时候，很多评论说一些法官只注重实体正义不注重程序正义，结果进了法院，老法官教导我判案子宁犯实体上的错误，也不能犯程序上的错误。原因很简单，犯了实体的错误，多少都有辩解的余地，犯了程序上的错误，那真是秃子头上的虱子，明摆着啊，一点辩解的余地都没有。因此，一定要学好诉讼法，千万避免程序上的错误。

**六、越是没有争议的案子越要警惕**

现在虚假诉讼比较多，好多案子双方一点争议都没有，唯一的要求就是法官尽快出调解书。越是这种看似简单的案子越要警惕，特别是刚办案的法官，不要图快，觉得可疑又看不出破绽的案子，不妨晾一晾，回到办公室再琢磨琢磨，或者去请教一下老法官，不要害怕丢掉调解的机会。刚办案的时候，不出错比出彩更重要。现在好多当事人都想当周瑜，但法官要瞪大眼睛，千万不能当蒋干！

**七、细节决定成败**

这几年不时有涉法网络舆情出现，如果有心留意一下就会发现，这其中相当一部分都是法官或者助理犯的低级错误引发的。低级错误这种事，是人就会犯，但是一旦犯下，被人抓住并引发围观了，真是没有任何辩解的余地，会非常被动，可以说既很冤又一点也不冤。因此，在日常工作中要小心小心再小心，低级错误不可能完全避免，但也要尽量做到发生得少一点、再少一点。

**八、了解你的团队**

入额之后你就不是单打独斗了，会有助理和书记员，尽管很多法院一时难以给每位法官配齐审判团队，但你至少会有一个搭档，无论这个搭档是你独有的还是和别的法官共有的。要尽快了解你的搭档，一个好的助理顶得上半个法官，而助理犯的错误法官要负主要责任。有的助理工作能力很强，但也许细节上不够认真；有的助理执行能力很强，但是主动性有所不足；有的助理工作热情非常高，但是缺乏经验。因此，新入额的法官要尽快了解你的助理，既要了解优点也要了解缺点，以便在工作中发挥其优点，尽量弥补其缺点。

### 九、安抚好当事人的情绪

前些年有句非常流行的话，这些年不太提了，但我觉得还是有一定道理的，那就是"摆平就是水平"。我曾听到过这样一种说法，说这个世界无所谓错案，只要双方当事人都不上诉都不信访，你办的案子就是对的。这话虽然偏激，也不无道理。因此，办案后不仅要坚持学习法学理论知识，更要注意积累和当事人打交道的经验，不仅要研究法律，更要研究人。现在都要求办案做到三个效果的统一，其中就有社会效果。你的判决当事人能接受，社会效果就好，否则无论在法学理论上多么无懈可击，当事人不接受，不断地上诉上访，这个案子就难以说得上办得很好。这也是很多法学院的高才生到了法院特别是基层法院工作后会被认为不接地气的原因。多研究当事人，多增加自己的生活阅历，也是法官的基本功。

### 十、动什么别动感情

法官要带着满腔热情去办案，但是新入额的法官容易被当事人的情绪感染，不知不觉被当事人牵着鼻子走。做什么事都要到位而不越位，法官更要如此。牢记客观中立，既不要在当事人面前表露出自己的感情倾向，更不可在庭审之外有违反客观中立的举动，无论你对一方当事人多么同情都要如此。法律释明是必要的，但是帮着出主意想办法是万万不可的。

# 剑走偏锋找被告

关于送达的问题，许多同行和我一样为找不到被告而苦恼，向我询问有没有送达的好方法。我只能很肯定地回答：没有。但是往往又会补充一句：有几种方法，可以试一试。然后再强调一句：谋事在人，成事在天，这些方法是否有效就不一定了。

## 一、询问近亲属

很多案件被告下落不明，但是可以通过询问其近亲属来了解被告的情况。例如，有一件离婚案件，男方是原告，称已与被告分居多年，完全不知道被告的下落。经询问，被告有一个姐姐，原告只知道名字，连出生日期都不知道。还好这个名字不常见，通过查询户籍信息查到了被告姐姐的联系方式，向其询问被告下落，对方说被告已在监狱服刑多年。原告得到消息后也是哭笑不得，说难怪这么多年找不到她。最后带着原告到监狱开庭，双方见面后居然还不忘互相调侃几句，庭审时被告倒也配合，案件顺利审结。原告开完庭很高兴，主动找到监狱管理人员，表示念在夫妻一场，给被告在监狱的账户存500元钱。虽然数额不大，倒也显得略有温情。还有一件离婚纠纷，女方称男方骗婚，现已下落不明两年多。被告没找到，我辗转找到被告的舅舅，又通过他找到了被告的父亲，询问时问道：知道您的儿子已经结婚了吗？对方回答：他都好几年没有消息了，没听说他还结婚了啊。我把女方作为证据提交的结婚证递给他，说：来，看看你儿媳妇什么样？对方哭笑不得地接过来看了看，对我说，我真不知道这件事，这小子不是个东西，连我们的拆迁款都骗走了，您就给判离了吧，别耽误人家闺女。虽然没找到被告，但是可以确定被告确实下落不明，最后采用了公告方式送达，经审理判决原、被告离婚。这种方式的缺点有两个，一是很多案件原告无法或不愿提供被告近亲属信息，二是很多近亲属出于亲情考虑不向法院如实陈述被告的情况。

### 二、查户籍信息

在我国，每个人都有户籍信息，法官通过调取户籍情况掌握当事人的个人信息。曾经审理过一件离婚后财产纠纷案件，一对夫妻协议离婚，约定男方名下的一间房屋由女方偿还贷款，还清贷款后男方协助女方将该房屋变更登记至女方名下。离婚后男方就不知所终，女方一人一边拉扯着孩子一边还房贷。大约经过十年时间终于还清贷款，但怎么也找不到男方，只好诉至法院。我接手案子后很是头疼，找不到男方的近亲属，没有其他线索，甚至都没有男方的身份证明，于是带着书记员前往户籍中心打印男方身份信息。查询过程中询问是否有男方的联系方式，经查有一个手机号码，但是工作人员表示他们也不知道这个号码是什么时间登记的，不确定对方是否还在使用这个号码。我如获至宝地把号码抄了下来，抱着试一试的想法拨打这个电话，第二次拨打接通了，接电话的是一位女性，经询问确实是男方的电话，我立刻表示我是法官，向她询问男方的居住地址，这位女性有点措手不及，就如实陈述了。在我的反复劝说下，男方终于来到法院领取了副本并参加了庭审。女方得知我找到男方本人后很是激动，甚至有点不敢相信，她还想带孩子参加庭审，毕竟孩子这么多年都没有见到过父亲了，但孩子最终选择拒绝和他见面。庭审时双方见面后自是百感交集，案件审理得很顺利，以调解方式结案。只是男方庭下不解地问我，您是怎么查到我的电话号码的？我义正词严地表示，配合法院工作是公民的义务，法院想找你自然有办法找到！男方敬畏地连连点头称是，不再继续追问，让我小小地享受了一回胜利的喜悦。当然，这种办法也有很大的局限性，当代人口流动性很强，人户分离现象非常严重，造成户籍信息时效性不强，而且很多信息诸如实际居住地址、通信方式并不强制登记。很多次我查询当事人户籍信息时，发现户籍所在地早已拆迁，或没有留下联系电话，或联系电话早已变更，得到的信息非常有限。

### 三、查社保信息

之前审理劳动争议案件的时候经常去社保中心查询当事人的社保信息，主要因为一些案件中用人单位拒绝承认与劳动者存在劳动关系，可以通过查询劳动者的社保信息来佐证双方存在劳动关系。审理离婚案中也会采用这种方法。使用这种方式找人需要有个前提：一是要知道对方在哪个城市生活，二是对方必须有正式工作。曾有这样一个案子，一起离婚案件中男方在北京工作，采取多种方式逃避送达，最后在其他手段送达无果的情况下，我带着书记员专程赶到北京，通过向当地社保中心查询找到了男方的工作单位，实现了送达。但是现实中，很多案件的原告完全不知道被告到底在哪个城市居住，因此这个办法的局限性还是很大的。

**四、查服刑信息**

这种方法比较适用于有犯罪前科的当事人。有一起离婚案件，原告是女方，外地人，询问时称和被告结婚后在原告老家居住，结果只生活了几个月被告就返回本市居住。女方后来多次来到本市寻找被告，因被告房屋被拆迁而没有找到。又是一个找不到当事人的案件，询问时原告称被告有犯罪前科，查询被告户籍信息时发现被告与前妻生育的儿子也有犯罪前科，于是专程前往本市监狱管理局查找线索，得到的信息是被告的儿子在本市××监狱服刑，和监狱取得联系，狱方表示服刑人员登记的亲属信息是被告的妹妹，并提供了她的联系方式。非常遗憾的是和被告的妹妹联系时，对方态度非常恶劣，不同意来法院做笔录，电话中也拒绝提供任何情况。她不是案件的当事人，也没有办法采取强制措施，功败垂成。

**五、查关联案件**

最高人民法院《关于进一步加强民事送达工作的若干意见》中规定：……八、当事人拒绝确认送达地址或以拒绝应诉、拒接电话、避而不见送达人员、搬离原住所等躲避、规避送达，人民法院不能或无法要求其确认送达地址的，可以分别以下列情形处理：……（三）没有约定、当事人也未提交书面材料或者书面材料中未载明地址的，以一年内进行其他诉讼、仲裁案件中提供的地址为送达地址……因此，查找关联案件是解决送达的一种新途径。查找关联案件可以有以下几个途径，一是通过本地法院内网查找，二是通过中国裁判文书网查找，三是向案件当事人询问对方近期内是否有诉讼。办案时多次遇见类似的情况，一个案件的被告恶意逃避送达，但是他／她又是本院或兄弟法院其他案件的原告，于是提前和案件的承办法官取得联系，在庭审开始前在法庭向其直接送达。

以上几个方法都是笔者个人在实践中采取过的方法，平心而论，有一定的效果，但各有其局限性。送达难这个问题出现了好多年，也反映了好多年，虽然法院想了很多办法，但是始终没有从根本上得到解决。个人觉得解决之道还是要得到相关部门的配合，充分掌握当事人的信息，实现直接送达。毕竟这些逃避送达的当事人不是通缉犯，有正常的生活，不会刻意完全隐藏自己，通过合法途径是可以得到这些人的信息的。但现实中这些信息既不集中，也不关联，而且即便有也不一定向法院开放。而在法院内部，民事法官的权限又远低于执行法官，很多执行法官可以查询到的信息，民事法官反而无权查询。不止一个案件的原告质问过我，我一个老百姓找不到被告，你们法院怎么也找不到被告呢？为什么还要求我提供线索？每每我都无言以对，而谁又能回答呢？

# 不会"掏人"的法官不是好"侦探"

　　送达难一直是民事审判的一大顽疾。曾有一位同事从刑事审判庭调到民事审判庭工作，过了一段时间我问他适应吗，他说好多地方都不适应。我问哪方面最不适应，他说送达最不适应，怎么法官还需要花费这么多的精力去找当事人啊？我说知道民事法官的苦了吧，哪像你们刑事法官，公安部门都帮你们完成"送达"了。送达的方式有很多种，法院的同事把直接送达称为"掏人"。这种送达方式最牵扯法官的时间和精力且又充满了不确定性，因为直接送达既不能保证不会扑个空，又具有一定的风险性，所以法官不穷尽其他手段，一般不会轻易去"掏人"。自打下庭办案，我也经常去"掏人"，而印象最深刻的一次"掏人"，是原告诉被告胡××离婚案件，拿到案卷时万万没有想到，这样一件看似普通的离婚案件，送达过程一波三折，结果虽然圆满，代价同样不小，教训也算深刻。

　　拿到案子，首选的送达方式自然是电话送达（吐槽一句，防诈骗宣传主张对方自称是公检法电话的一律挂掉，确实是害人不浅）。原告提供了被告胡××的手机号，但是使用法院的座机拨打却总是无法拨通，打了好多次都是如此，电话送达的方式只好放弃。（事后分析，大概胡某在手机设置了拒接固定电话）

　　其次是邮寄送达。向被告的户籍所在地邮寄，没能妥投，原因是地址不详。原告称被告与其母住在一起，向该地址邮寄，同样未能妥投。电话联系被告的母亲，对方称被告不和她一起居住，也无法提供被告居住地址，再联系，电话也打不通了。原告提供了被告的工作单位地址，是一家保险公司，我们向这个地址邮寄，也未能妥投，快递员反馈说送达时保险公司员工称胡××已经离职，拒绝签收。

　　邮寄不成，只好"掏人"了。原告不确定被告是否还和他的母亲住在一起，但坚称被告还在原单位工作，于是我带着助理赶到保险公司"掏人"，结果他的同事告诉我胡××早在一年之前就离职了。我问离职原因，同事回答说主要是他的妻子带着亲属来单位打架，影响很坏，加之这一行业人员流动性特别大，胡××索性就辞职了。我问知道他的近况吗，答复是离职后就再也没有联系。我问胡××和保险公司签过合同吗，对方说保险员和公司不签订劳动合同，没有底薪，完全靠提成，公司人事部门也不掌握他的情况。我问能否做个笔录，对方表示不同意做笔录，也不签字。这种情况屡见不鲜，我只好在部门办公室门口拍张照片快快而归。

山穷水尽，似乎只有公告送达这一条路了。

但最终还是没有选择公告送达。一是因为原告虽然不反对公告送达，但反复说被告现在还在原单位工作，他的同事在说谎；二是在保险公司办公室内的白板上，我看到了被告胡××的名字，虽然他的同事解释说这是之前留下来的，一直没有摘下来。但是再结合原告的坚持，确实让人感到疑窦丛生。

于是我把被告的手机号存入手机通讯录，搜索对应的微信号，发现找到的微信名和被告本人姓名、所在部门完全都能对应上。

然后我用个人手机拨打他的电话，结果顺利拨通。开始他很警惕，询问我是如何知道他的联系方式的，我称是同事推荐的，我想购买个人保险。他很热情地推荐了几个险种，我问能否把详细信息发到我的手机，他表示内容太多不方便发送，面谈为宜，于是我问在哪面谈，结果他提供的地址就是之前我去"掏人"的地址。放下电话我勃然大怒，看来被告的同事确实在说谎。（很遗憾法官外出执行公务没有类似于执法记录仪的设备，虽然他的同事说谎，但是我手里没有证据啊）

确定他的实际工作地点后，我初步打算以购买保险的名义约他见面完成送达，又担心方式不妥当被扣上"钓鱼执法"的帽子，于是先向院里请示，很快得到批准，我计划和胡××定好时间后带着法警去"掏人"。之所以带法警去，一是怕他发现上当后情绪激烈有过激反应，二是法警配有执法记录仪，可以记录现场情况，以防万一。但是接下来的一段时间多次给他打电话都打不通，这让我大失所望，"钓鱼执法"的计划只好放弃。（事后推测，有可能是胡××有所警觉，还有可能是当时拨打电话时间均在上午，而他上午经常参加公司培训，无法接听电话）

跑得了和尚跑不了庙，我又把突破口指向了他的工作单位，去社保局查了被告的社保信息，他的社保只交到了2011年，保险公司确实没有为他缴纳社保，还真不好确定保险公司和他的关系。还不死心的我请教一位兼职推销保险的同学，保险公司和你们签合同吗？同学说当然签啊。我又问，给你们缴纳社会保险吗？她说当然不上社保。我有点糊涂了，那你们签的是什么合同啊。同学回答不上来，但说一定是有合同的。

于是我又带着助理再次赶到保险公司，这次首先直奔人事部门，我亮明身份后问，有胡××这个员工吗？对方查询之后说没有，我说他就在你们单位××部，对方说这个部负责个险业务，个险的保险员和公司不签订劳动合同，但是有代理合同。再一查，确实有胡××的记录，我如释重负，说你带我去这个部找他一下，对方说这个部已经搬到××大厦了。我说你联系相关领导，我想知道这个人现在在哪。对方打了半天电话，告诉我他正在新地址参加培训，于是我们立刻赶往该大厦，在那里一位热心的保安领着我们找到了他所在的部门，我又见到了那个谎话连篇的同事。我单刀直入地说，你们人事部门已经证实胡××就在这个部门，说吧，他现在在哪？对方显然猝不及防，含糊地说可能在培训，也可能在外面跑业务。保安说，培训地点不就在楼上吗？我带你去！于是我跟着保安上楼，又叮嘱助理留下看着这个同事。到了楼上，保安带着我找了三个会议室，因为光线昏暗保安都没找到，他又带着我去问别人，对方说胡××就在二教听课呢，当我们赶到教室门口时，胡××已经走出教室，立刻被我们喊住了。

真是无法形容当时的心情，以至于事后同事追问我胡××当时的表情，我都完全没有印象了。胡××态度尚可，只是表示走廊人多，可不可以到他的办公室谈话。在他的办公室，助理向他发了副本，我趁机就离婚事宜给他做了笔录。这么做是吸取之前的教训，曾有一个离婚案件也是到当事人家直接送达，结果对方收到传票后没有出庭，离婚案件一方不出庭很多事实难以查清，给审判造成了很大的困扰。我问胡××同意离婚吗？他回答说同意，当时真想踹他一脚，同意离婚为什么要逃避诉讼？他回答对方太能闹，他也是没有办法。我对他进行了口头训诫，至于是否还要进一步采取惩罚措施，还要再行商议。

完成送达，我在胡××办公室门口又拍了一张照片。这一天，距离原告来法院立案，已经过去了127天。

# 庭前可以不看卷吗?

以前在办公室工作的时候,经常跟着领导旁听一线法官的庭审,庭审结束后还要讲评。记得有一回领导讲评时批评法官说:庭审准备得不充分,是不是庭前连卷都没看啊?

那时我虽然已经是助理审判员了,但是没有独立办案,听完领导的批评后,事后私下问另一位一线法官:你庭前看卷吗?

对方听了我的提问,半开玩笑地回答说:戎啊,从来都是一步到庭!

一般很少有法官庭前绝对不阅卷,但是庭前不看卷或者不怎么看卷这种情况确实有。

有的是因为制度安排。我听说有的法院随机分案贯彻得比较彻底,法官开庭前才知道自己审理的是哪个案子,这么短的时间,庭前阅卷基本无从谈起了。

有的是因为案卷材料太简单。我审理家事案件,发现很多离婚案件案卷的材料非常少,只有起诉状和结婚证的复印件。很多时候起诉状的内容非常简单,或者虽然洋洋洒洒长篇大论,但是有价值的信息非常少,真是不太有阅卷的价值。再加上很多时候案件非常多,一天开三到四个庭的情况也很多,萝卜快了不洗泥,眉毛胡子一把抓,真的就是一步到庭了。

还有的是因为法官的工作习惯。《法庭上的心理学》一书是邹碧华法官主编的,书中文章的撰写者均是法院的一线法官,这本书是很值得一读的,特别是如果你对心理学比较感兴趣。该书有这样一段文字:

> 一直以来,我都有个习惯,就是提前不看卷宗。因为开庭前的材料一般都是原告立案时提供。如果先看了原告的一面之词,就容易先入为主,对被告产生不好印象。

很显然，这位法官为了避免原告的起诉状对自己的判断造成干扰，有意识地庭前不看卷宗，这就是个人工作习惯问题了，我在日常工作中也遇到过类似做法的法官。

庭前是否应该阅卷呢？

我觉得还是应该的。

案子分下来后，我一般都会逐一把案卷看一遍。一是提前熟悉一下案情，例如离婚案件，了解一下原、被告个人的基本情况，哪个年龄段，做什么工作的，有没有孩子，之前是否起诉过，起诉过几次，是否符合法定离婚条件，等等。如果觉得原告的起诉状可能影响自己的判断，不妨把重点放在客观信息的收集整理上。二是有针对性地做一些准备工作，例如在审判系统中查一下是否有关联案件，如果有的话调出相关的判决和笔录，增强自己对当事人的了解；如果是继承案件而且继承人较多的话，提前把亲属关系图画好，方便助理开展工作以及以后的庭审。三是便于提前发现问题，例如案件可能存在管辖问题，有时候就是庭审结束后才发现的，还有的继承案件遗漏了继承人需要查找并追加，等等。

特别是如果助理的经验不是很丰富的话，法官更应该庭前阅卷，指导助理开展好庭前的准备工作。

不打无准备之仗，不打无把握之仗。作战如此，审理案件亦如此。我觉得庭前阅卷只是庭前做好准备的一种方式，未必强求某种形式，但是不阅卷也要尽可能地采取其他方式为审理案件做好准备打好基础。把庭前的工作做好做扎实，既是为了减轻当事人的诉累，也是为了提高法官自己的工作效率。

# 如何选合议庭成员？

日常审理民事案件，适用普通程序时，可能需要组成合议庭，合议庭一般有三人，一位是承办法官，另外两位可以是人民陪审员，也可以是法官，这时候承办法官就需要考虑如何选择合议庭成员了。

**一、承办法官 +2 位人民陪审员**

一般这种情况下，承办法官没有太多的想法，只是单纯地依法适用普通程序审理案件。

当然，有时候选择这种组合也是因为没有办法，例如同事们都非常忙，抽不出时间参加合议。

还有一种情况是承办法官人缘不是太好，找同事组合议庭比较困难……

**二、承办法官 +1 位领导 +1 位人民陪审员**

这里所说的领导，有可能是院领导，但更多的是庭领导。

很多时候承办法官会去请领导组合议庭，一般情况是案件疑难复杂，承办法官搞不定，向领导寻求支持。毕竟大多数领导见多识广，经验丰富，自己搞不定的案子，说不定领导能帮着搞定。还有一种考虑就是领导在合议庭都是审判长，万一案子出了问题，还有领导帮着担待不是。

当然，请领导组合议庭并不容易，一是档期问题，领导一般比较忙，不一定能抽出时间和你组合议庭；二是意愿问题，不是所有领导都愿意亲自参与审理疑难复杂案件的；三是能力问题，当然，随着司法改革的不断推进，相信这类情况会逐渐减少的。

**三、承办法官 +1 位资深法官 +1 位人民陪审员**

这种搭配方式和选择领导组成合议庭意思差不多，更多的是考虑案情复杂，或者当事人非常难缠，自己可能搞不定，所以请资深法官组合议庭担任审判长。

说到这又想起我师傅了，当年他是我们庭最受欢迎的合议庭成员，案件转普了都想找他当审判长，不仅是因为他经验丰富能镇得住场面，更让我们赞叹的是只要他当审判长，基本庭审就他承包了，承办法官坐在旁边听就可以，师傅就差没帮你把判决写好了。导致那时候找他合议都得预约，不然没有档期，毕竟他自己的案子也很多啊。

**四、承办法官 +1 位"小白法官" +1 位人民陪审员**

这里所说的"小白法官"，是指合议法官在资历上和经验上不如承办法官，一时没找到合适的词汇，姑且称之为"小白法官"。

这类组合的作用和第一类组合作用差不多，没有太多的想法，当然"小白法官"的作用怎么讲也是强于人民陪审员的，选择一位小白法官组合议庭，即便不能帮自己镇场面拿主意，好歹也多个人可以共同商量不是。

当然，选择"小白法官"组合议庭，还有一种可能是因为"真爱"。有位同事就给我讲了这么一个故事，说她办案不久，她的师傅找她组合议庭，她问为什么找我？她的师傅回答说，这件案子非常棘手，判决完了当事人可能会上诉，二审法官有可能会发回案件，要是真的被发回了，你是合议庭成员，就不会把这件案子分给你了……

我们评论说，真是亲师傅！

# 案件那么多，先结哪一件？

近年来，法院对于审限的管理是越来越严格了。每一位一线法官都会遇到审限难题，一面是越来越多的案件，一面是越来越严格的审限管理。真心觉得一线法官和流水线上的工人差不多，工作时都被要求多、快、好、省。案件那么多，总有先来后到轻重缓急，该如何安排结案顺序，每位法官都有自己的观点和习惯，简单说，有以下三类：

一是先易后难。简言之，就是先审结难度较低的案件，后审结难度较高的案件。实际工作中，包括我在内，有相当一部分法官都有这种工作习惯，一方面这符合常人拣软柿子捏的特性，另一方面也是符合实际的方法，就连解放军十大军事原则的第一条就是先打分散和孤立之敌，后打集中和强大之敌。同样加班一天写判决，用来写简单案件也许能写完三五个，用来写复杂案件也许一个也写不完。但是这种做法的弊端也很明显，那就是想着先易后难，最后就变成了有易无难。恶性循环之下，简单的案子始终放在优先的位置，复杂的案子越来越不愿提上日程，看似案件结了不少，实际上积案越来越多，最后免不了成为积案的大户和汇报会上的常客。

二是先短后长。我刚下庭办案不久，存案数就飞速达到了几十件，看着这些案件真觉得老虎咬天无处下嘴，于是请教一位同在审判一线工作的好友。好友的回答倒是很干脆：不知道该结哪一件案件吗？很简单啊，哪件案件审限最短就先结哪一件！应当讲，这是在严格的审限管理下养成的工作习惯，优点是可以有效应对审限难题，缺点是一线法官面对的难题并不是只有审限，坚持单一的结案顺序往往难以为继，因此在现实中采取这种结案次序的法官并不多见。

三是先难后易。某一次领导对我谆谆教导：办案子就该迎难而上，我以前办案，从来都是哪件案子棘手就先结哪件，千万不要对硬骨头案件有畏难情绪，不然案子越拖越难办，越拖案件越多。应当讲，这是我认为的从理论上讲最有道理的一种结案方式，但是为什么现实中很多法官实际上没有采用？原因有很多，一是这种方法多少有点反人性，每个真正在一线办案的法官都会遇到一些棘手案件，按照一位法官的话，不要说审理，就是想起这些案件都让你心情不好。法官也是普通人，不是每个人都具备迎难而上的勇气的。二是存在着目标冲突，现实生活中对于法官的考核指标有很多，审限仅仅是其中一个，到了年底法院考核的重点是结案率，追求的是多结案，这时候再坚持先难后易显然就有点不合时宜了。

如果你问我，什么样的结案顺序是最好的？我只能说我还在摸索中。以往我基本上采用先易后难的方法，在越来越严格的审限管理下，觉得先短后长的方法似乎更值得尝试。还是那句话，在多、快、好、省的多项要求下，每位一线法官都要结合承办案件的情况艰难地作出平衡。在日常工作中，不止一位当事人抱怨自己的案件为什么还没有审结，不止一位领导批评案件审理为什么没有再抓紧一点。质量、速度、数量，法官审理案件时真是在三个鸡蛋上跳舞，哪个都不能踩破，既然还要跳下去，与其祈求他人理解，不如努力跳得更好一点吧。也在此抛砖引玉，欢迎审判一线的战友们多多分享经验。

## 驾驭庭审

# 庭审时你会询问当事人的性别吗?

　　法官和当事人因为诉讼产生交集，在整个诉讼过程中，甚至诉讼终结之后的一段时间内，双方都会有接触。和任何人与人之间的接触一样，谁都希望双方在接触过程中即便不令对方如沐春风，也至少不要引起对方不必要的反感。而法官与当事人接触的过程中，确实会在一些细节上，例如提问或者其他事项上，引起当事人的反感，法官对此应当感同身受，对于这样的问题，应当识别出来并尽可能地避免或者减少。

　　例如，庭审伊始，法官会询问当事人的基本情况，这本是当事人陈述的内容，但很多当事人并不知道该介绍哪些情况，或者有时候当事人陈述得非常缓慢，为了节约宝贵的庭审时间，法官有时会逐项提问，当事人一一回答。

　　我在下庭前曾在办公室工作，经常和审委会委员一起旁听庭审。有一次庭审中，就出现了法官逐项询问当事人个人情况的情景，法官依次问到姓名、性别、民族、出生日期、居民身份证号码等问题，当事人一一作了回答。

　　庭审结束，到了点评阶段，院领导就明确表示，下次再遇到这种情况，法官不要询问当事人性别。毕竟这是通过观察就能确定的事项，再专门进行询问，会让当事人，至少是一部分当事人觉得不舒服。

　　我对这段话印象很深，觉得这种做法确实体谅到了当事人的心理感受，后来我下庭办案后一直牢记在心，从来没有询问过当事人的性别。

　　还有些举动，明知当事人会反感，但职责所在又不能回避，这就需要处理问题的艺术了。

　　审理家事案件特别是离婚案件，经常会遇到当事人的父母或者其他近亲属作为代理人的情况，这时候当事人需要提供书面材料证明双方的身份关系。这对当事人确实是个不大不小的难题，如果双方还在一个户籍还好办，户口簿会注明户籍上的人员与户主的关系。如果不在同一户籍，则确实不好证明，特别是当事人年纪大一点的。

一些当事人对于法官要求当事人证明双方系父母子女关系这一点很不满意。有段时间，有关机关让老百姓证明"你妈是你妈"，炒得很热。我们就更不敢让当事人提供相关证明了，但不提供确实又不清楚代理人与当事人的关系。

有问题，问师傅！当我向师傅提出这个问题，师傅想了想，说这好办，再遇到这种情况，问对方当事人对于这一点是否有异议。家事案件中对方当事人一般知道一方当事人和代理人之间的亲属关系，对方无异议，自然就可以证明了，记入笔录就好。

嗯，姜还是老的辣。

后来的庭审中，遇到类似情况，我都会问双方是否在同一户籍，如果不在，就问对方对此是否有异议。极少数情况下，对方还真有因为赌气表示不了解相关情况，要求提供书面证明的。一般劝解几句对方也就不再坚持了，真遇到坚持到底的，另一方也不会因此对法官有意见。

法官和当事人相处，一般都是互相理解，不卑不亢。我作为法官不敢期望当事人诉讼结束后能对我心存感激，但也衷心地希望双方在接触的这段时间内尽可能避免不愉快。我努力不引发诉讼参与人不必要的反感，也衷心希望大家都抱有同样的心态。

# 你会当庭呵斥当事人吗？

前些年，一段女审判长当庭怒斥毒贩的视频在朋友圈广泛流传，人民日报、新华社等媒体纷纷转发，很多网友为这位女审判长点赞。

正巧，前几天与一位同人聊天的时候，她也提到庭审时呵斥了一位不给子女抚养费的当事人。

很多法官，特别是刑事法官、家事法官，在审判中经常会遇到一些罪行严重或者罔顾亲情的当事人，法官也是普通人，激愤之余拍案而起呵斥当事人的情况在所难免。下面就聊聊这方面的话题。

应当说，老法官们呵斥当事人，并不罕见。

我刚进法院的时候，从事了一年多信访接待工作。那时候一位在民庭工作的老法官总是被投诉，以至于这位法官的名字是我最早记住的同事的名字之一。当时我缺乏法院工作的经验，对一线法官也不了解，暗自奇怪这位法官是不是非常不称职，不然这么多投诉是哪儿来的？

后来和这位法官接触多了，我慢慢理解，她办案经验很丰富，能力也非常强，总被投诉的原因，是因为她审理案件的时候，不止投入了时间和精力，还投入了她的感情。

曾有一件离婚纠纷，男方家境不错，父亲是外地某县的局长，女方是本地人，在政府机关工作。大概是因为两个人家庭环境都不错，因此互相不太能包容，婚后过得磕磕绊绊，生完孩子更是如此。那年冬天，刚生完孩子不久，双方再起冲突，女方一怒之下驱车上百公里来到公公工作的单位，把几个月大的孩子放到单位的传达室后扬长而去。

这位老法官在庭审时知道这一细节后勃然大怒，严厉斥责女方这种不负责任的行为。后来她对我说，她写判决的时候，想到这个孩子这么小，大冬天被自己的母亲抛弃在一个陌生的地方，一边写一边流眼泪。

不止一位同事看见她和当事人发生激烈争吵，直到这时我才明白为什么当初会有这么多的当事人投诉她，因为她在审判中带入了强烈的感情，因此喜欢她的当事人对她非常喜欢，不满她的当事人对她非常不满，她收到的锦旗和投诉几乎一样多。

二十世纪八十年代参加工作的老法官，大多不是法律专业科班出身，很多来自工厂、街道、学校，而且基本都是本地人。因此他们和当事人有着天然的亲近感和紧密联系，再加上当时的社会风气，因此庭审时带着明显的感情色彩乃至呵斥当事人都不罕见，而很多当事人也真的不介意这一点，很多矛盾反而得到了较好的化解。

慢慢地，时代变了。

萨苏的《京城十案》一书中有这样一段话：

> "有位老刑警提前退休，吃送行酒的时候老头子说，我不退不行啊，以前我们那片儿的小流氓我敢揍他，现在可好，我刚数落他两句，他已经把手机掏出来投诉我了。"

类似的情形，也发生在法院。

当事人变了。以前的当事人，对法院充满了敬畏，真是视诉讼为畏途，视法官为权威。现在的当事人，对法律知识越来越了解，权利意识越来越强烈，受到的制约反而越来越少，因此打官司不再是神秘甚至有些羞耻的事情，见法官也不再敬畏，有时甚至起码的尊重都没有。很多时候法官正常的审判行为都会被投诉乃至信访，更不要说法官的呵斥了。

法官也变了。新世纪的法官，普遍都是法律专业科班出身，因为公务员考试的关系，很多地方法官大多数是外地人。而从大环境来说，庭审要求越来越细致，越来越规范，因此现在法官呵斥当事人的现象也非常少见了，但也可以这样说，法官和当事人的关系也越来越程序化乃至产生了距离感。双方缺少共情，难以产生共鸣，很难说这一变化是不是绝对正确的，但现实确实如此。

我会当庭呵斥当事人吗？只要不违反庭审纪律，大概是不会的。我觉得庭审时呵斥当事人，就民事法官而言，于人大概突破了法官的行为规范，容易落人口实，于己属于没有控制住自己的情绪，显得不够冷静。

只是有时我也有些迷惘，作为一个职业法官，冷静和麻木的边界究竟在哪里？

# 庭审时如何得体地避免当事人喋喋不休？

我写的审判琐记《我投诉，法官开庭时不让我说话》一文，就当事人经常投诉的庭审时法官不让当事人说话的问题进行了分析。结果文章发出后，一些法院的朋友向我诉苦，说他们的苦恼不是当事人投诉不让说话，而是欲让当事人不说话而不可得！庭审时当事人一发言就停不下来，和颜悦色地打断吧，根本就没用，强行叫停吧，还会造成当事人和法官的冲突，为此他们苦恼不已。

我也有类似的烦恼，例如有次开庭审理一起继承纠纷，被告是两位退休的女当事人，自己发言停不下来不说，对方发言时还频繁插话，三个多小时的庭审基本从头到尾都需要维持庭审纪律，面对这样的当事人该怎么处理比较得体呢？综合自己以及老法官的经验，大概有以下几种方法，抛砖引玉，欢迎补充：

**一是"总结法"。**

就是当事人发言了一段时间后，截住对方的话头，把对方发言的要点总结一下让书记员记录，同时告知当事人这一点已经记录了，不要重复发言了。例如，你可以说：先停一下，我听了你的发言，是不是……的意思。如果当事人回答是这个意思，立刻让书记员记下来，然后对当事人说，你的这条意见书记员已经记录了，时间宝贵，重复的话咱们就不说了，还有别的意见吗？对当事人的发言进行总结，当事人会觉得法官认真听取且明白了他的发言，并且记入了笔录，容易让当事人对法官产生好感。如果当事人之后再有重复的发言，法官可以说你说的还是……法庭已经记入笔录，不要重复了。这样也便于制止当事人的重复发言。

**二是"打断法"。**

庭审中，发言时间越长当事人就越激动，发言就越停不下来。古人云，一鼓作气，再而衰，三而竭。面对当事人的喋喋不休，采取合适的方法打断当事人的发言，会让当事人平复情绪，厘清思路，避免长篇大论。当然打断的方式很重要，要让当事人能接受。庭审中最常见的借口就是书记员的记录速度，法官可以说，当事人，你先停一下，你说得太快了书记员跟不上，你再说一遍。或者说，法庭有点热或你的嗓音有点哑，你先喝口水，慢慢讲。再比如借故休庭，如此这般打断几次，当事人的发言就不会陷入加速度的状态，让法官拦都拦不住。

**三是"替代法"。**

庭审时一发言就止不住的多是当事人本人，如果有委托诉讼代理人，而代理人是相对理性的，法庭询问时可以直接让代理人代替当事人发言。相对而言当事人对于代理人更加信赖，特别是涉及法律适用的问题，所以代理人发言，当事人一般也没有太大的意见，最多进行一下补充。当然这种方式局限性比较大，一是当事人得有代理人，二是代理人相对理性。我就遇到过一起劳动争议案件，劳动者的代理人是他的爱人，两个人脾气都急，嗓门都大，庭审发言时还争先恐后，有时候还互相打断对方自己抢着发言，一位速录员开完一次庭后对我表示，下次再也不去记录了，庭审下来震得头疼耳鸣。他们在本院还有好几件案件，案子无论分到哪个法官手里都会引起承办法官的哀叹之声。遇到这样的当事人，除了一个大写的"服"，我也没有别的好说的。

当然，还有很重要的一点就是法官的气场，有时候同样一位当事人，遇到年轻法官就盛气凌人气势汹汹，遇到老法官就态度平和甚至恭恭敬敬，这种气场有赖于法官个人生活阅历和审判经验的积累，体现在法官的一言一行之中，是无法速成的。

以上只是我非常浅显的总结，和当事人打交道是一种学问。世事洞明皆学问，人情练达即文章，写这篇文章就是为了抛砖引玉，欢迎更多的同人不吝分享自己的好经验好做法，在审判这条路上，大家互相扶持，行稳致远。

# 法庭上询问的技巧

一位律师朋友发了这样一条微博：

> 昨天碰到一个很有自己审判特色的女法官。她在法庭调查阶段的技巧之一是：什么？刚才的话再说一遍？
>
> 庭后，当事人问我，法官看着年纪轻轻，怎么好像耳朵不太好啊？
>
> 我说，哪里是她耳朵不太好，她是验证回答她的人有没有在说谎！找前后重复话语是否有漏洞。
>
> 想起一个法官，也是女法官，她对我说，被告律师，刚才的话头抬起来再说一遍，看着我，看着我的眼睛说！
>
> 哈哈哈哈哈……女法官再法官，但她作为女性，面对原被告双方各执一词，不得不使出了自己作为女性的灵魂手法：看着我的眼睛，再说一遍。

不得不说，这位律师朋友观察得很细致，总结得也很到位。对于基层的民事法官来说，询问是非常重要的庭审方式，按照我师傅的话，大部分事实都是问出来的。但是怎么问就是一门学问了。这门学问我不算精通，但是也算有所了解，下面就聊聊法庭询问的技巧。

大体来说，庭审询问大体有下面三种方式：

**一是迂回法**

法庭上，经常会遇到有的法官问的问题漫无边际，天南地北，一般来说，出现这种情况有两种原因：一种是法官没经验，庭前准备不充分，所以庭审中他也不知道该问什么或者问到什么程度。还有一种是法官清楚地知道自己要问什么，但是庭审伊始当事人状态很好，警惕性很高，法官为了不打草惊蛇，故意问一些无关的问题，让当事人放松警惕，等到火候差不多了再悄悄把自己想问的问题放进去，当真是润物细无声。

所以如果庭审时你遇到一个问得天南地北不知所云的法官，不用问，这位法官要么是一位新手，要么是一位老手。

**二是反复法**

和上面讲述的法官一样，庭审时，对于重要的问题，我也喜欢问两遍，以验证当事人说的是否属实。不过我一般不会同样的问题连续问两遍，这样做一是容易打草惊蛇，让对方意识到这个问题法官很关注，二是对方刚答完这个问题，印象还比较深刻，连续提问不容易露出破绽。

我一般会问完后过一段时间，甚至是下次开庭再次询问，如果两次都是相同的回答，那么这样的回答可信度就会比较高。

**三是压迫法**

天下武功，唯快不破。随着全民法律意识的增强，庭审时很多当事人也知道法官会重点关注哪方面的问题，会事先准备好答案。这时候如果简单地一问一答，是发现不了大的破绽的。面对这种情况，有的同事喜欢用压迫法，针对一个细节，一个问题压着一个问题提问，越问越细，越问越快，很多当事人的思维跟不上提问的速度，方寸大乱，之前的准备完全不足以应对，一不小心就说了实话。

当然，任何方法都需要一定的环境和配合，比如有位同事，特别喜欢关键时刻用压迫法提问。结果有一回开庭他的书记员没来，他临时抓了一位助理顶替，这位助理别的还好，就是打字速度特别慢。法庭上他又开始施展他的压迫询问大法，结果刚一个回合，助理那头就掉链子了，打字速度根本跟不上问答的速度，看到这种情景，他无奈地咽下了下面一连串的问题，唉，算了吧……

# 离婚案件审理中如何避免发生暴力冲突？

无论是对于法官、律师还是当事人，离婚案件所带来的人身危险性都是相对较高的。我有做律师的同学，就曾表示不愿意代理离婚案件。理由呢？他半开玩笑地说怕挨打。对于离婚案件中情绪激烈的当事人，主审法官的压力也是很大的，无论怎样，避免双方当事人发生冲突都是法官需要考虑的，下面聊一聊我在这方面的一些经验和教训。

**一、庭审前**

新收离婚案件，应当查找关联案件，如果之前曾经起诉过，通过查阅之前的庭审笔录及判决书，或是通过询问之前的承办法官了解案件的情况，预估案件的审理难度和风险。

助理向被告发副本时要通过直接接触了解被告对于离婚的态度以及被告个人情况，以此对发生冲突的风险进行预判。好的助理顶得上半个法官，家事案件尤其如此。

**二、庭审中**

如果一方或双方当事人开庭时有很多亲友陪同，法官一定要提高警惕。好多来旁听的亲友唯恐天下不乱，有时情绪表现得比当事人还激烈，一般都不会起好作用。庭审时避免这些人旁听，如果两家亲友都来了很多人而且情绪激烈，及时联系法警并尽量把双方隔离开。

如果一方当事人有暴力倾向，另一方明显是弱势一方，庭审结束后签笔录时让弱势一方先签笔录先离开法院，通过签笔录、了解情况等方式把另一方留在法院，避免双方在法庭外或是法院外发生冲突。

法官对于有可能发生冲突的庭审要负起责任，如果庭前就预感双方可能发生冲突，提前联系法警，重点盯防；法官尽量提前十分钟赶到法庭，观察双方当事人及亲友的情况，早做布置；庭审结束后法官不要立刻退庭，至少确认一方当事人签完笔录先离开法庭后再走。

有一回审理一起离婚案件，庭前就感到双方情绪激烈，开庭时男方带来了十几位亲友，女方带来五位亲友，我看到后立刻和本楼层的法警打招呼，请他们帮助分隔，以免起冲突。庭审时采取不公开审理方式，防止旁听人员干扰庭审，结束时让女方先签笔录，先离开法庭。我看到女方签完笔录离开法庭后长舒了一口气，轻松了很多，脱下法袍搭在胳膊上，催促男方签笔录。突然我听到什么声音，书记员还没反应过来，我就噌地一下冲出法庭。原来百密一疏，女方离开法庭后和在走廊等候的男方亲友吵了起来，眼看就要发生肢体冲突，幸亏我反应快，而且法庭外还有两个法警，费了九牛二虎之力才把两家分开，一番训诫后双方先后离开了法院。这时书记员跑过来把法袍递给我，原来拉架的时候法袍掉到地上我都没感觉到。我一边拍打着法袍上的灰尘，一边嘱咐书记员立刻申请把庭审和冲突过程的监控视频调出并刻盘存档，以防万一。

### 三、清点财产

离婚案件难免会需要法官前往当事人家中清点财产，这是离婚案件审理过程中最容易出现暴力冲突的环节。清点财产时双方当事人都在场，现场又是双方共同生活过的地方，容易引发伤感乃至仇恨的情绪，同时对于法官而言这里又是客场，很难像在法院那样可以得到其他部门的帮助，家事法官和助理很多都是女性，容易掌控不住局面。因此，对于清点财产，如果双方情绪激烈，尽量申请法警共同前往，一方面法警比较有震慑力，另一方面法警配有执法记录仪，可以全程录像。清点过程中不要让无关人员待在现场，清点结束后确保一方离开现场后法官再离开。刚下庭第一次随同老法官去清点财产，整个过程很平和，结束后我们离开了现场。但是老法官到了楼下后发现女方并未随同我们下楼，他立刻打电话联系女方，对方说没有冲突，马上就下楼。最后我们看着女方一行全部离开后才走。因此，我清点财产学到的第一条经验就是必须确保一方离开后法官才能离开。

### 四、其他

相信我，无论怎样小心，该发生的都一定会发生。我曾经审理一件离婚纠纷，原、被告情绪并不激烈，经过一番努力，双方达成调解，因为当时条件简陋不能当场打印笔录，而且接下来马上还有一个询问，我让原、被告到诉服大厅等候签笔录及领调解书。接下来的询问很简单，很快就结束了。这时法警队给我打电话，说我的当事人在诉服大厅发生肢体冲突，让我赶去处理。我开始还不信，等赶到现场，拨开围观的群众和法警，看到躺在地上痛哭的被告，真是感到不能理解，挺和谐的原、被告怎么就突然大打出手了呢？再一问才知道原、被告刚到诉服大厅，男方的母亲突然出现并大骂女方，女方也毫不示弱，没吵两句双方就互相推搡，本来男方还在一旁劝架，一看女方打了自己的母亲立刻开始殴打女方。得知这一切我真是有种欲哭无泪的感觉，千算万算，谁能想到男方的母亲会突然蹦出来呢？

　　这些年，离婚案件总是带着或淡或浓的暴力色彩，家事法官不可能单靠一己之力就将暴力从离婚案件中完全剥离，毕竟很多时候家事法官本身就是暴力伤害的对象，只能说通过我们的努力，让暴力少一点，再少一点。

# 当事人在法院内发生暴力冲突，该怎么处理？

前些天，同事审理一件家事案件时，当事人在法庭内起了冲突，据说是一方当事人踢了另一方一脚，受到伤害的当事人当即打110报警，主管领导、部门领导、法警还有派出所警察都赶到了现场，直到晚上七点多才处理完。

庭审时当事人之间产生冲突不算罕见，特别是家事案件，当事人都是自然人，诉讼之前矛盾冲突就很激烈，庭审时控制不住自己的情绪，争吵、辱骂乃至发生肢体冲突都有可能。审判过程中，防止当事人之间发生冲突，是法官的一项重要工作。但是很多时候，这类冲突有很强的突发性，法官既很难预见，也难以第一时间完全制止住。

既然如此，发生了暴力冲突怎么办？

首先要区分冲突究竟应该由法院处理还是由法院所在地公安机关处理。

一般看发生冲突的地点，如果发生在法庭内，由法院处理，如果发生在法庭以外，由公安机关处理。

例如，上文提到的那次冲突，当事人拨打110报警，但是警察来到现场后发现冲突地点发生在法庭，立刻表示这件事应该由法院处理，然后就打道回府了。赶到现场的领导也同样认为此事该由法院处理，开始还以为是法官拨打110报警，后来发现是当事人拨打的，也就没再说什么。

当然，这是一般规则，凡事都有例外。

比如，上一节提到原、被告到了诉讼服务大厅后婆婆赶了过来，对着女方破口大骂，引发了双方的冲突。也是当事人打电话报警，警察来了之后，首先确认了一下发生冲突的地点，发现不在法庭后没说什么，又转了一圈突然问双方签庭审笔录了吗？我回答说还没有签。他们松了一口气说，没签庭审笔录那说明庭审程序还没有结束，这起冲突还是应该由法院处理，然后就走了。嗯，好吧，学到了。

其次是固定证据。

现在法院的装备水平比之前高了不少，一般法院内部都装有摄像头，法庭内部尤其是监控的重点，所以要把冲突过程的视频复制下来做成光盘存在案卷里。因为很多冲突当时虽然处理完毕，但以后很有可能还会被翻出来，所以一定要固定证据。法院的监控也是每隔一段时间就会自动删除，日后再起纷争法院无法提供冲突的视频，自然是要被当事人说道说道的。

最后是形成处理意见。

很多当事人发生了肢体冲突，后果不严重，双方当时也没有不依不饶，但是法官一定要有自己的态度，无论如何这是妨碍庭审秩序的行为，当庭训诫记入笔录是应该的，即便不做更严重的处罚，也可以要求肇事一方或者双方写悔过书。很多当事人发生冲突时并不说什么，后来对判决不满意了，是会把这件事翻出来的，法官如果就此放过，没有任何态度，很容易成为被攻击的事项。

对于法院干警来说，妥善地处理审判过程中出现的暴力冲突，既是维护庭审秩序的应然之举，也是自我保护的一种必要方式。遇到冲突别害怕，别慌乱，记住以上三点。也在此抛砖引玉，希望有更多的朋友不吝分享经验。

# 家事法官现场清点财产应该注意什么?

有读者表示对法官去当事人家清点财产比较感兴趣,希望我能够更加深入地讲一讲。我就结合去当事人家清点财产应当注意的事项,更加深入地聊一聊这个话题。

**一、永远不要大意**

对法官而言,去当事人家清点财产属于标准的客场作战,不可能像在法院一样随时会得到其他同事的支援和配合,特别是很多家事法官和法官助理都是女性,因此,每次清点财产都要高度重视,不要抱有侥幸心理。如果当事人情绪激烈,尽量申请法警陪同前往。一方面法警比较有震慑力,另一方面法警配有执法记录仪,可以全程录像。

**二、不要让另一方的当事人先进入现场**

一般而言,另一方当事人会等法官到达后一起进入现场,但是也有少数当事人先行进入现场,法官不在现场的情况下双方很容易出现冲突,因此应提前告知另一方当事人,一定要等到法官赶到后一起进入现场。

**三、事先隔离双方亲友**

现场可能会有双方的亲友在场,有时候双方亲友比当事人更容易激化矛盾。因此最好事先叮嘱双方当事人不要让亲友出现在现场。如果当事人的亲友来了,最好将其隔离在现场之外,以免节外生枝。

**四、逐屋清点财产**

现场也许有很多财产,一般而言,不要按类型清点,这样容易造成混乱和遗漏,而要逐屋清点。这么做除了不易遗漏外,还可以保证双方当事人始终都在你的视线之内,随时控制双方行为,也避免事后一方当事人指责对方当事人偷拿物品。

**五、"Hold 住"场面**

观察好当事人的情绪,清点现场大多是双方曾经生活过的地方,很容易勾起当事人不愉快的回忆，进而情绪激动，爆发争吵乃至冲突。法官一定要关注当事人的情绪，如果发现一方当事人的情绪开始激动，及时制止，如果制止无效，要果断停止清点，将同行的当事人带离现场，简言之，抓早抓小，不要等到场面不可收拾。

### 六、注意拍照录像

对于已经清点的财产，逐一拍照或录像，对于从现场带走的物品更要如此。不仅法官要拍，最好让双方当事人都拍，都留下依据，互相制约。

### 七、如果部分家电要判给另一方，检验一下是否能够正常使用

部分家电可能会判给另一方当事人，因此清点时插上电源，检验一下是否能够正常使用。否则另一方取走或日后取走家电时发现家电不能正常使用，难以确定家电何时损坏，容易将不满转移到法官身上。

### 八、如果可以的话，让另一方当事人当场取走个人物品

经常会出现清点财产时，另一方当事人的个人物品还在现场的情况。如果可以的话，让其当场取走这些个人物品。毕竟这些物品数量多价值低，法官不会在判决中一一列明，但是如果另一方当事人判决后再去取走这些物品，双方容易发生冲突，而且也可能出现一方当事人在财产清点后故意扔掉对方个人物品的情况。法官对于这种情况往往束手无策，因而引火烧身。

### 九、确保一方当事人离开后，法官再离开现场

我刚下庭第一次随同老法官去清点财产，整个过程很平和，结束后我们离开了现场。但是老法官到了楼下后发现同行的女方并未随同我们下楼，他立刻打电话联系女方，对方说没有冲突，马上就下楼，最后我们看着女方一行全部离开后才走。

### 十、如果现场局面失控爆发冲突，做好善后工作

家事法官在清点财产过程中确实出现过双方爆发肢体冲突甚至一方将另一方打伤的情况。出现这种情况，应当立刻报警，并保留好证据。尽管冲突没有发生在法院，但是确实是在办案过程中出现的，即便双方就此前往公安部门解决，承办法官仍要做好对受伤害一方当事人的安抚工作。

# 当事人要把孩子留在法院该怎么办?

2019 年 2 月 16 日的《人民法院报》第 4 版刊登了一篇文章,题目是《法官家中的小客人》,讲的是有位被执行人带着孩子来到法院,因为行为不当被司法拘留,被申请人的孩子留在法院无人照料,于是承办法官把孩子带回自己家居住一晚,并于第二天把孩子交给了她的其他亲属。

在法院,当事人吵闹、滞留都不算新闻,特别是下庭办案之后,按照老师傅的话,只要在民庭办案,每年都会遇到几个不讲理的闹腾的当事人,没遇到反倒是不正常。这些闹腾的当事人最能要挟法院的招数,大概就是带着幼儿或是身体不适的老人来法院,扬言只要不满足其条件,就把老幼扔在法院。根据我的经验,这类事情以部门论,民事庭或执行庭遇到的概率最大,以案件论,则家事案件遇到的概率最大。

遇到这种情况怎么办?我的总结,一是避免;二是妥善处理。

避免是因为大部分有类似行为的当事人是一时情绪比较激动或者是没有太多文化知识和法律知识的人,只要心平气和,动之以情晓之以理,他们都会明白把孩子或老人留在法院并不能给自己带来什么好处。当事人情绪如此激动,行为如此极端,根源还在案子上,让当事人感觉到案件会公正高效审理,打消其顾虑,最后他们都会平静离开法院的。只是个中滋味,法官自己感受吧。我审理过一件离婚案件,原告是一位年轻的母亲,文化不高,脾气急躁,对被告既恨又怕。这位当事人对案子稍有不满,就会抱着几个月的女儿来法院吵闹,有一回真的把女儿扔下就走,还好同行的还有她的母亲,这位老人相对理性,最后还是把孩子抱走了。审理过程中她来来回回来法院闹了不下十次,虽然没出现过真把孩子遗留在法院的情况,但也真是把我折腾得焦头烂额,那段时间全院都知道我有个当事人经常抱着孩子来法院闹。好几年过去了,我还对她印象深刻。当然了,老师傅有句名言,审结后想不起来的案子才是好案子。真是至理名言。

妥善处理是指把被留在法院的老幼妥善安置好。虽然我没在本院遇到过真把老幼留下的，但是在网上搜索到相关案例还是不少的。对于孩子，一般是首先联络孩子的父母，如果未果就联系孩子的祖父母或外祖父母，再次未果就联系其他近亲属，再不济还可以劝说由孩子的邻居代为照顾（浙江省宁波市鄞州区法院2014年案例）。如果所有亲友都无法联络的，大部分法院都会选择把孩子送往本地儿童福利院这样的机构（重庆市奉节县法院案例）。

本文开头提到的文章一个很出人意料的地方，是承办法官把当事人遗留在法院的孩子带回自己家住了一晚。我查过的案例中，也有类似的案例（山西省晋城市城区人民法院2018年案例）。应当说，这种做法确实很叫人感动，但是我还是觉得要慎重使用。

## 审判技巧

# 家事法官的"天时"

读过《三国演义》的人都听过一句话，曹操得天时、孙权占地利、刘备用人和。

天时、地利、人和三要素中，大概就数天时最没存在感了。一是因为不重要，都说天时不如地利，地利不如人和嘛。二是因为概念有点模糊，地利是指地理环境，人和是指人心向背。天时指的是什么呢？一般而言指的是自然气候条件。但都说曹操得天时，这个天时肯定指的不是自然气候条件了，而是指他挟天子以令诸侯。本文中的天时，取其原意，指的是自然气候条件，而自然气候条件则与时间密切相关。一年之中，到了什么季节，自然会出现什么样的天气。审理家事案子时间长了，发现有些家事案件的案情，也会与时令产生有趣的关联。

春节之后。春节是国人最重要的节日，阖家团圆，举国同庆，但是家事法官都知道，春节之后是往往离婚案件的高发期。春节引发的家庭矛盾多种多样：春节期间容易产生家庭矛盾，而这又与浓烈的节日氛围是如此的格格不入，会格外让当事人觉得难以释怀。因此，春节后的离婚案件不仅多，而且难以调和。

清明之后。清明大约是阳历的四月。清明之后，也就是每年的五六月，正是各地幼儿园、小学的招生时间。离婚案件、变更抚养权案件如果涉及适龄入学子女的话，这段时间双方的矛盾会比较尖锐而激烈。我审理过的一起变更抚养关系案件，双方协议离婚时约定婚生子由男方抚养，但离婚后实际主要由女方抚养，男方买了间学区房，将婚生子户口迁走，准备安排孩子在新房处就近入学。女方坚决反对，认为女方准备安排子女入学的学校教学质量也很好，双方一方有法律上的优势，一方实际控制着孩子，相持不下，于是女方诉至法院要求变更抚养关系。男方坚决反对，但双方共同的要求是希望法官尽快审结案件，以免孩子错过招生时间，简直是一起给法院出难题，还好在做了大量工作的情况下，案件顺利审结。我在审理另一起离婚案件时，发现起诉前因为双方相持不下造成子女到了入学年龄而没能入学的情况，我在庭审中就此对原、被告双方均给予了严厉的批评并记入笔录，但孩子耽误的一年时间却无从挽回了。

中考、高考之后。在家长眼里，中考和高考大概是孩子一生中最重要的事情之一了。因此，很多中年夫妻中的一方或双方，即便夫妻感情已经破裂，为了不影响子女升学，也会迁就忍耐。中高考之后，双方再也没有忍耐和迁就的理由了，因此会形成中年夫妻离婚的小高峰。这种现象对于法官而言正反影响都有。例如，我审理过的一件离婚案件，女方起诉离婚，男方同意离婚，庭审过程中，双方均要求抚养婚生子，婚生子就读初中三年级，需要征询其意见，结果他态度激烈，坚决反对父母离婚。原告担心离婚会影响孩子的中考，因此权衡再三，最终选择撤诉，真是可怜天下父母心。当然更多的则是终于熬过子女升学，压抑多年的情绪完全爆发，原告往往离婚态度坚决，对抗情绪激烈，审理起来也是相当的头疼。

元旦后春节前。这段时间对于法官而言，年底的加班结案刚刚结束，身心俱疲尚未恢复，单位的各类总结、评比接踵而至，非常占用时间。春节又近在眼前，少不得为过年而各种忙碌。因此法官们往往会在结案上放松自己，毕竟忙了一年也该歇歇了。而且案情简单的案件元旦前肯定都审结了，能让法官拖到元旦后的家事案件必定都是案情相对复杂的，因此法官也不急于结案。而家事案件当事人的心态却会起相反的变化，春节临近，每个人都希望告别过去，轻轻松松地过一个好年，春节后生活能有个新的开始。基于这种心理，当事人为了春节前结束离婚官司会做一定的让步，原来纠缠于财产分割的会适当妥协，判决结果只要大体可以接受的也就不再上诉。因此，这段时间对于家事法官而言，是一段难得的结案好时光。例如，刚刚审结的一件离婚案件，女方要求男方就房屋共同还贷的增值收益予以补偿，双方没能就房屋市场价值达成一致，需要进行评估。元旦过后女方考虑到这部分利益不是很大，评估又会延长审理时间，于是主动递交书面申请，表示放弃这一诉求。

诉讼不是战争，但也是人与人之间的博弈，也会受到各种主客观因素的制约；家事法官不是将军，但想要审理好案件，"天时"不可不察也！

# 继承案子来了，容我先画张图

2021 年的一天，我和一位同事组合议庭，这位同事和我一样，原来也在家事庭工作，比我更早从家事庭调到了民事庭。庭审间隙，我看她带到法庭的笔记本，绿色封面，似曾相识，突然想起她在家事庭也用这个笔记本，每页都画着图，我当时还特意借来翻看过。

我问她，现在还画图吗？

她说，离开家事庭后基本不画了，所以这个本现在还没用完。

家事法官为什么要画图？无他，是审理继承案件的需要。

在家事庭工作的时候，新案子分下来，我都会先看一看案卷，再转给助理。一方面是需要提前掌握一下案件的情况，掂量一下案件的难度，另一方面毕竟助理的审判经验不够，有的案子案情特殊，看看有没有什么特别注意的事项需要向助理嘱咐一下。

如果拿到手的案子是继承案件，那么第一件事就是画图，画亲属关系图。

我曾总结过，审理继承案件，有"两怕"，一怕遗漏遗产，二怕遗漏继承人。

现在继承案件的被继承人，在生育年龄上没有赶上计划生育政策，子女数量比较多，少的三四个，多的七八个。我在东北长大，读的是厂办学校，曾有老师讲，当年厂里很多家庭子女众多，有一家陈姓家庭，生了八个子女。有一天晚上全家要睡觉了，老六的班主任来敲门，原来孩子调皮捣蛋，被老师留下来罚写作业，很晚才写完，老师不放心，把孩子给送到家，这时陈家父母才发现原来老六没回家。没办法，孩子太多，两个人都忙起来，少一个孩子都不知道。

有的案子被继承人不仅子女众多，有的子女早于老人去世，还涉及转继承或是代位继承的情况。我就遇到一件继承案件，被继承人有十位子女，这是我遇到的子女人数最多的一个家庭，而这十位子女中，又有三位先于老人去世，还需要查清这三位的配偶和子女情况，其中一位子女，又生育了九个女儿。开庭那天，场面是相当壮观，加上代理人，来了三十多位，一般的小法庭还真是坐不下。

读到这，你大概就明白了法官为什么收到继承案件后，第一件事就是画亲属关系图了吧。

不画图，一是庭前很容易遗漏继承人，特别是涉及转继承或是代位继承的情况。二是开庭时继承人众多，法官短时间内很难记住谁是谁，不照着图，提问都有可能漏掉某位当事人。

这种做法也是那个年代的反映，随着时间的推移，这样的子女众多的家庭越来越少了，相反，现在有越来越多的继承案件，开始出现只有一位继承人的情况。这样的继承人一旦遇到无法用公证方式办理继承，必须进行诉讼的时候，一大难题就是想起诉都找不到被告。毕竟继承纠纷，就一位继承人，适格的被告都没有。不少人为了能够起诉，会找一位关系好的亲戚做被告，不然官司都打不了。

确实像那位同事所说，离开家事庭后，画图的时候少多了，一般只要涉房屋案件现场勘验的时候才有可能需要画图，而且画的图一般也都入卷了。

大概今后，真的不太需要画图了。

# 家事案件中那些"闹腾"的当事人

　　我办案子的时间不算长，但也审理了 1000 多件民事案件，其中大多数是家事案件，算得上是和形形色色的当事人打过交道了。都说民事案件越来越不好审，但应当讲，大部分当事人还是讲道理的，都能明白配合法官工作才能最好地维护自己的合法权益。但还是会有少数当事人，按照本地话，就是比较能"闹腾"的。老法官教导我说，只要办案子，每年都会碰上十个八个"闹腾"的当事人。对此我深表赞同，因为这句话是有统计学依据的。但是据我观察，这些"闹腾"的当事人也是有差别的，大体可以分为两类："文闹"和"武闹"。

　　所谓"文闹"，主要是采取合法的、温和的方式给你制造困难的当事人。这类当事人往往有一定的社会地位和文化修养，懂得一些法律知识，对对方当事人深恶痛绝，庭审时往往会提出管辖权异议，对于财产分割上锱铢必较，要求法官大量调取证据等，庭下多会反复打电话催促结案，或是反复要求当面向法官陈述自己的意见，手段合法，方式温和，与其身份地位相匹配，但是绝对让你很头疼。例如一起离婚纠纷，原、被告都在外企工作，双方对于子女抚养、财产分割几乎处处针锋相对，都交了调证申请调取种类繁多的证据。有一回庭审结束后，女方在笔录上签完字后迟迟不愿离开法庭，又向我诉说一遍自己的委屈，边说边哭，最后趴在桌子上哭了一个小时，怎么劝说也不走，又不好把她一个人留在法庭，我只好留在法庭等到她哭完才离开。

　　所谓"武闹"，主要是采取不符合法律规范的、激烈的方式给你制造困难的当事人。这类当事人一般学历不高，有的生活还很困难，脾气暴躁，庭审时大吵大嚷，态度激烈，庭下往往采取信访、闹访的手段。例如，有一位离婚案件的原告，女性，脾气暴躁，审理过程中不仅去各个单位投诉我，来院吵闹就不下十几回，每回都抱着几个月大的女儿，一言不合就扬言要把女儿扔在法院。来院吵闹的理由也比较奇葩，有一回是投诉我没有按照她的要求给她调取证据，等我在领导的劝说下把这些确实没有实际意义的证据调来后，她又来院投诉我因为调取证据拖延了审判。最奇葩的一回是有一天下午下班时，她又跑到法院门口喊着要见院长，庭长拉着我赶去接待，一问原因，是她老公给她发了一条短信让她很生气，她不敢找她老公的麻烦，于是跑到法院向我们发泄不满。那段时间差不多全院都知道有位女当事人总是带着孩子来投诉我。有个段子说，有位法官被当事人逼得没办法，替当事人写上诉状控诉自己审案不公。我倒没写过这样的上诉状，但有一回确实花了两个多小时陪着这位当事人写投诉我的信访材料，并带着她郑重地把材料交给了相关领导。

遇到这些"闹腾"的当事人怎么办呢？

遇到"文闹"的，最好不要随着当事人的节奏走，不妨放慢审判节奏，适当延长审判时间，多开几庭。"文闹"的当事人相对理性，冷静下来是能够权衡利弊的，因此只要工作做到位，很多无理的要求他们自动就放弃了，转而配合法官工作，争取尽快审结案件。我就曾审理过一起离婚案件，夫妻两人自身条件都不错，但是不仅原、被告反目成仇，两方父母也是针尖对麦芒，之前已经就离婚及房产打了三回官司，真是打红了眼。开庭也是非常艰难，到了第四庭还没等开庭，原告就因为在法院和被告亲属发生肢体冲突，直接去了派出所。当时真是对这个案子已经绝望，直到第六次开庭，原、被告怒气未消，双方律师已然崩溃，庭审时一方当事人的律师突然提出调解请求，对方律师立即应允，又是一番交涉，案件终于在第七次庭审调解结案。案子审结自是皆大欢喜，只是到现在我也没想明白他们婚房的首付款到底是哪方实际出资的。

说完"文闹"再说"武闹"。遇到"武闹"的，那就快刀斩乱麻，争取以最快速度审结案件，以防夜长梦多。审理时间拖得越长，当事人对法官的不满越多，给你找麻烦的可能性就越大，因此快速结案，既能减少当事人找你无理取闹的时间和缘由，还能彰显你对该案的重视，减轻其对立情绪。而且要注意的是，案子审结后，最好争取当事人上诉。原因很简单，你是依法判决的，但是你的判决结果往往不符合"武闹"当事人的心理预期。而上诉是当事人维护自身合法权益的法定方式，过了上诉期，你的判决就生效了。他对你的判决不满，就难有其他合法的救济途径，除了找你信访乃至闹访他还能做什么呢？如果你问他为什么对判决结果不满意还不上诉呢，他会理直气壮地告诉你：我不懂法！真是秀才遇见兵，有理说不清。所以，尽可能劝"武闹"的当事人上诉，经过二审，如果两家法院作出了同样的判决，当事人就会明白你的判决是站得住脚的，基本也就接受判决结果了。如果二审维持了判决他还继续信访，还有二审法院帮你"分担火力"不是？如果不幸二审法院发改了你的案件，那就认真查找自己审判上存在的不足吧，但是你聊以自慰的是，至少这位"武闹"的当事人不会再来找你的麻烦了。唉，两害相较取其轻吧。

　　法官是一个和人打交道的职业，特别是基层法官，直接和群众打交道，我深感自己这方面的积累还是太少。世事洞明皆学问，人情练达即文章，古人诚不欺我也。

# 找到那个话事人

　　作为一名家事法官，审理家事案件也有几年的时间了。依据我的经验，家事案件往往涉及两个家族，庭审时，当事人会来，当事人的父母往往会来，有时当事人的其他亲属也会参与，这些人往往起哄架秧子煽风点火，表现得比当事人还激动极端，很容易激化矛盾，严重干扰庭审。因此，我有这样一个习惯，就是庭审时尽可能做到不公开审理，把这些七大姑八大姨统统赶到法庭之外去，如果当事人的父母不是代理人的话，也请出法庭，让双方当事人在没有外界干扰的情况下直接对话。

　　当然，凡事都不能绝对，我往往对一类人参与庭审是非常宽容的，这就是话事人。

　　话事人这个词最近用得比较多。话事人是一个汉语词语，实为粤语用词，"话事"是"决定"的意思，"话事人"即是"可以决定的人"。按照北方人的说法，就是一家之中可以拿主意、做决定的人。

　　家事案件进入审理阶段，往往伴随着情绪安抚、矛盾化解、财产分割等，看起来这些事项与当事人密切相关，应当由当事人自主决定，但很多时候并不是这样，这个时候，需要法官尽快找到那个话事人。

　　为什么有的当事人做不到"我的事情我做主"？

　　**有的是性格原因。**

　　有的当事人性格不够果断，往往依赖别人做决定。例如，有的当事人对父母依赖较大，从小到大都是父母给拿主意，即所谓的"妈宝"，即便结婚后也是如此。因此，是否同意离婚，分割财产时能够适当让步，这些问题都需要父母做主。这时候父母就是他／她的话事人。

　　**有的是经济原因。**

　　家事案件分割财产时涉及补偿问题，特别是涉及房屋等高价值财产时，一方

213

取得房屋所有权，给对方几十万元乃至上百万元的补偿都是屡见不鲜的。很多时候当事人是拿不出这些钱的，需要亲友的经济支持。

我曾审过一件离婚纠纷案，男方的话事人是他的大姐，很重要的原因就是男方希望获得房屋所有权，但又拿不出足够的财产补偿对方，他的大姐做事很果断，同时又有经济实力，因此最后这件案件的调解阶段，实际上是男方的大姐和女方在法官的主持下直接对话，协商补偿的数额问题。

有时候律师会是当事人的话事人。我曾遇到一个离婚案件，双方的当事人都和律师交往很深，对律师非常信赖，庭审到了最后，我干脆把当事人请出了法庭，和双方律师一起拟定了调解方案，然后律师再分头做当事人的工作，最后案件调解结案了。

还有的案子更加另类，据我观察，诉讼本身是由案外人劝导原告发起的，例如在审理一件离婚纠纷案时，我发现作为原告的男方，话事人居然是他的一位男性朋友，原告似乎非常依赖这位朋友，调解时总要到法庭外和这位朋友协商。我问女方他的这位朋友的情况，女方也说不出太多，只是说男方被这位朋友带坏了，是位酒肉朋友。不过原告经过和这位朋友的协商，案件最后调解结案。

因此，审理家事案件时，诉讼目的和诉讼请求是两回事，当事人和话事人也同样是两回事。庭审中，可以通过对当事人的观察和对方当事人的陈述找到话事人的线索。因此，审理民事案件特别是家事案件，要尽快找到话事人，因为很大程度上，找到话事人，就相当于找到了化解纠纷的钥匙。

# 审判琐记: 调解成功都需要什么?

无论是现实生活中，还是在微信朋友圈，都经常能看到法院同人关于调解的吐槽，比如：

> 一整天的调解都没有成功，就当磨炼了。

对于民事法官来说，调解算是一项基本功了。大概每位法官都能讲出几个调解成功的案例，但是成功的原因又似乎很难说得清楚。

如何才能调解成功呢？我试着总结如下公式：

调解成功 = 调解意愿 + 调解方案 + 调解方法 + 运气

### 调解意愿

调解意愿分两类，一类是法官的调解意愿，一类是当事人的调解意愿。

并不是所有的民事法官都喜欢调解，比如我，刚办案时就非常不喜欢调解，庭审辩论结束后补充问一句：双方同意调解吗？如果一方回答说不同意调解就会很高兴地说那就不再进行调解了，发表最后意见吧。

不调解的好处是庭审时间短，那一阵庭里的速录员都喜欢跟着我开庭，不调解就意味着庭审时间短，否则调解的时候速录员坐在那里既不用记录又不能离开，也是百无聊赖。坏处是绩效考核时调撤率低，同时判决多就意味着上诉多发改也多，所以庭里开民主生活会，大家开展批评与自我批评，同事们包括我的助理都会批评我不重视调解。

我也曾半开玩笑地辩解说，这件事不能全怪我呀，我的师傅就不喜欢调解嘛。当然批评还要虚心接受，特别是助理的批评更要虚心接受，毕竟案件调解了，助理的工作负担也会相应地减轻。所以，这两年我在庭审过程中还是努力地进行调解的，虽说调撤率还是拖庭里的后腿，但是至少工作态度还是端正的。

还有一种情况是一方或双方当事人不同意调解，很多案件特别是离婚案件经常有一方当事人对我说希望我能费心调解一下。调解是应该的，也谈不上费心，但是很多时候另一方当事人油盐不进，死活就一句话：我不同意离婚。这真是无欲则刚了，法官想调解都无从下手。

**调解方案**

当初北京法院李红星法官授课的时候曾讲到一句话，让我印象非常深刻：优秀的法官应当能够提出合适的调解方案。

有位同人曾在朋友圈发过这样一条消息：

> 作为一个菜鸟法官，今天见识了一位老律师的调解功力。为了一个说不清楚在哪的金镯子，我就要失去耐心，一方代理人，三句两句话就促成了调解方案。嗯，吾辈缺的不光是法律知识，还缺太多的人生经验和阅历，学习受教了！

我看到后立即询问这位律师是怎么解决的，朋友答复说：

> 1. 能不能买一个相同克数的金镯子？ 2. 哎呀，样式花色不喜欢怎么办？就折钱得了！ 3. 原来花了多少钱？就一万怎么样？给我老人家一个面子！

很明显，这位代理人具有非常丰富的社会经验，因此，对于双方有争议的金镯子能够提出合理的分割方案，让双方都能够接受，这些就不是依靠书本可以积累的，需要的是丰富的社会阅历和审判经验。这也是为什么很多法学院的高才生到了基层院经常被诟病水土不服的原因。

**调解方法**

这个话题说起来范围有些大，只能说一案一议，因案施策了。例如，有的离婚案件中，双方当事人对立情绪很严重，抱有严重的赌气的心理，家里有一根筷子都恨不得法官掰成两段分给他们，这种情况下有经验的法官会"抻抻"双方，拉长审限，多开几次庭，磨磨双方的心气，待双方心态平和一些就容易调解了。

有的案子可以情动人。曾有一件离婚纠纷案，女方非常"闹腾"，动辄抱着不到一周岁的孩子来法院吵闹，一度把我折腾得焦头烂额。后来庭长了解到她独自带着孩子生活困难，发动全庭干警给她的孩子捐赠衣物和玩具，这件事之后她的态度明显好转，不再无理取闹，基本上能做到配合法官工作。嗯，实话实说，这种做法我是想不到也很难做出来的。

### 运气

有时候，调解真是需要一点运气的，即便是经验最丰富的法官，也不敢说某件案件就一定能调解成功。还有的时候，案件突然就调解成功了，而成功背后的原因法官也无从解释。

我就遇到过一件离婚案件，本来审理得很艰难，结果突然男方就大彻大悟作出让步，同意了女方的调解方案。惊喜来得太突然，我也试探地问过男方其中的原因，男方表示女方这些年带着孩子不容易，让步也是应该的。当然，这种鬼话我是不会相信的，之前女方带着孩子住在他名下的房屋里，他以户主名义断水断电的"光辉事迹"我还记忆犹新，怎么可能突然良心发现呢？但我又不知道其他原因，只好归结为运气了。后来和男方的律师聊天，对方隐约提到男方大概是被"小三"催着结婚，为了尽早结束这段婚姻所以忍痛作了让步，嗯，这个解释倒是挺合理的。

调解不是玄学，和很多技能一样，难以依靠书本学习，更多的是依靠工作的磨炼、经验的积累和用心的感悟。在基层一线，大概不擅长调解的法官不算是一个全面的法官。为自己成为一个全面的民事法官而不懈努力学习吧。

# 医保药品谈判的砍价套路，法律人看着眼熟吗？

2021 年底，一段视频上了热搜，就是那段"医保药品谈判再现灵魂砍价"，视频中医保谈判代表为了能够以最低价格采购到患者急需的药品，态度之诚恳，话语之恳切，决心之坚决，让人看了为之动容，能上热搜也就不足为奇了。

我作为一名民事法官，看完这段视频除了感动，还有亲切。谈判时出现的很多话语，很多场面，都是在日常民事审判中反复出现的。

**自谦或者给对方戴高帽**

某次谈判中，一家药企代表说：我们是东北企业，不是特别能说……

大家提起东北人什么感觉？或者说你会给东北人打什么标签？我相信好的坏的无论哪个，都不会有"不是特别能说"这个选项吧。读研的时候一位老师如此评价说，全国有两个地方的人是不用训练口才的，一个是天津，一个是东北。因此，谈判中这家东北药企如此"大言不惭"地声称"我们东北企业不是特别能说"，让听到的人都忍俊不禁。

这也是调解中常遇到的场面。

为了促使对方让步，或是说一些自贬的话，或是说一些吹捧对方的话，目的都是让对方作出让步。当然，一般都是自贬有下限，吹捧无上限。法官调解一般不会自贬，但是夸对方很常见，遇到有钱人夸对方有财力，遇到学历高的夸对方有文化，遇到老年人夸对方见识多，再说一些另一方的短处、困难等，自然而然劝导对方作一些让步，这都是常见的套路。

**吉利数**

谈判中有这样一段对话：

药企代表：4.4 元。

医保谈判代表：4 元太多，中国人觉得难听，再降 4 分钱吧，4.36 元？

药企代表（有点无奈）：同意。

我看有人评论说，这段对话有点像过家家一样，如此砍价可以算是有点"无赖"了。

其实真不是。

民事案件调解过程中，特别是涉及给付金钱的时候，双方在数字上真的是锱铢必较，而往往调解到了最关键时刻，双方相持不下剑拔弩张的时候，有经验的法官都会用合理或者不合理的理由让双方各让一步，这些理由包括但不限于"取个整""抹个零""取个吉利数"等，往往这种方式还就有奇效，很多时候双方还真就答应了。

其实，也不难理解，调解到最后还没谈崩，说明双方还是有调解的意愿，也愿意让步，但是直接让步既显得前功尽弃，又感觉没有面子，需要有个台阶下，所以取整抹零、吉利数之类的理由既调节了气氛，又给了双方台阶，最终促成了调解。

当然，这一招也不是什么时候都好使的，我当初在速裁庭的时候，跟着法官在周末去社区调解物业纠纷，亲眼看见一位老法官做被告的工作，被告坚持只支付 250 元的物业费，法官说二百五多不好听，再给点，二百六吧。当事人马上说，二百五好，我就喜欢二百五，就这个数了，不变了。法官和原告听了都很无奈，说你二百五就二百五吧……

### 反复出门打电话

医保砍价现场，谈判很艰难，医保谈判代表反复压价，逼得企业代表一趟一趟出去打电话请示价格，看报道有的企业谈判代表前后出去打了八次电话，最后才敲定价格。

一般来说，法官进行调解，要么双方都是本人到场，要么是代理人有特别授权，但是很多案件中，遇到需要让步的情况，有特别授权的律师也需要问一下当事人本人的意见。有的案子即便是本人到场，涉及金钱给付的，往往自己拿不住这么多钱，也需要问父母或者亲友的意见。所以，一方出门打电话的情况就很常见。

民事调解中还有一个类似的情境，医保谈判是医保局和药企谈，而民事调解却涉及三方，即法官和原、被告，因此不仅打电话需要出门，法官还经常进行背对背调解。比如，法官先是让被告出去，和原告谈，谈到一定程度再让原告出去，让被告进来再谈，经常双方走马灯似的你进我出，好不热闹，折腾个八九轮也不稀奇。

有时候我嫌双方这样反复进出太耽误时间，经常先在法庭和一方谈一会儿，再去走廊和另一方谈。你要是有空去法院旁听，看见有的法官穿着法袍出来进去地来回跑，不用问，这个法官忙着调解呢。北京法院的李红星法官讲课时就提到自己经常这样穿着法袍站在走廊调解，记者看了觉得很新奇，给他取了个"走廊法官"的绰号。

医保药品谈判中有人说谈得眼泪都快掉下来了，我听到这句话真是于我心有戚戚焉。调解是民事法官经常开展的工作，有的案子调解难度之大，调解过程之艰难，我经常调解成功后也有眼泪快落下来的感觉。而很多时候更让你欲哭无泪的是，很多案件虽然做了大量的调解工作，但功亏一篑的结果却并不鲜见。以至于我师傅说调解并不是靠法官努力就能成功的，更多的也是要靠天时地利人和的。

# 防范当事人调解后又反悔

一位同人分享的一个经历：

> 去年五月的一个离婚案的原告今天又来闹了，因为当时为了离婚，自愿在唯一共同购置的车辆（购买一年，价值二十万元）归她的前提下，给男方补偿三万元，约定的时间到了，男方准备申请执行，她便来哭闹，说当时如不是我们做工作，她是绝对不会答应补偿男方的……哎，气死了。

一般来说，一线法官还是喜欢调解结案的，虽然很多案件调解的过程很痛苦，需要花费大量的时间和精力，但是案件一旦调解成功，不必劳心费力地写判决书，调解率、息诉服判率、发改率等指标都会好看。

但是调解也不是没有风险的，很多当事人也知道法官喜欢调解结案，很多虚假诉讼的当事人也是以双方能够达成一致来诱使法官放松警惕尽快出调解书。有经验的法官也明白这种风险，越是双方没有争议的案件，反而越需要警惕。我刚开始办案的时候师傅就告诉过我这一点，好几次遇到类似的情况我都直接宣布休庭，想让我马上出调解书，门儿都没有！让我回办公室想清楚了再说。

但是调解的风险并不是只有这一种。

还有一种风险就是文章开头那个案例揭示的，诉讼是真实的诉讼，当事人当时也确实是达成一致意见调解的，但是过段时间后当事人又反悔了。这样的事情尽管不多见，一般不会给法官造成很大的困扰，但仍值得警惕。

同事就曾经遇到这样的情况，审理一件离婚纠纷案，一方着急离婚，在法官的调解下同意在共同财产分割方面作出较大让步，双方调解离婚。结果案件审结没几天，当初着急离婚的那一方又跑来信访承办法官，理由是法官在调解阶段误导当事人，给当事人在财产上造成严重的损失，虽然也没把法官怎么样，但也着实折腾了好一阵。

也许你会说，调解嘛，笔录和调解书都可以证明当事人是自愿的，就是事后反悔来折腾，也不会折腾出什么大事。那可真不一定。

调解中有些人和事是特别需要警惕的。例如，如果当事人年龄较大，调解后又反悔的说辞就比较多了，比如不懂法，比如法官调解时释法不当造成误导，比如调解后出现了生活困难，等等。这种情况下，承办法官就很难用一句"你当初是自愿的"这样的话就轻松地化解。

再比如，如果调解时一方让步过大，明显超出了自身能够承受的能力，也是需要警惕的，即便事后让步的一方不来找法官麻烦，但另一方因为让步的一方履行不能，无法依照调解书取得应取得的利益，也会投诉承办法官。

很多法官都是休庭期间进行调解，调解的过程没有录音录像，很多时候调解工作做了很多，但是调解成功后调解笔录记录得特别简单，这造成日后出现麻烦时法官缺少厘清责任的佐证。

庭审时，我就见过有的律师在调解阶段不太参与，说话非常有分寸，点到为止，坚持表示让当事人自己拿主意，很明显这是对自己的一种保护，防止委托人事后反悔把责任推给律师。法官调解时也要如此，既要努力促成调解，又要避免越位，特别是要严肃对待调解笔录，把调解的过程、法律释明和风险告知都记入笔录，口说无凭，立字为据，防止当事人事后反悔，把责任推给法官。

法律行业是高风险的行业，法律人要牢固树立风险意识，调解也是如此。

# 如何让你的判决结果符合当事人的心理预期（上）

办案以来，常有这样一种困惑：有的案子，判决发出前自信满满，觉得审理绝对公平公正，社会效果与法律效果俱佳，眼瞅着就要达成传说中的胜败皆服的境地了，结果判决发出后，原、被告都对判决结果强烈不满，上诉有之，信访有之，甚至发改有之，让你既狼狈不堪，又困惑不解；有的案子呢，按照本地老百姓的话，判决发出去自己心里都没根，觉得当事人不信访也得上诉，结果原、被告都很平静地接受了判决结果。我遇到几次类似情况，百思不得其解，于是向师傅请教，师傅回答说：这取决于你的判决结果是否符合当事人的心理预期。第一种情况是你的判决结果完全出乎当事人的意料，对方当然不能接受，第二种情况恰恰相反，你的判决结果不经意间符合了双方的心理预期，他们自然就能接受。

原来如此。接下来的问题是，该如何查明当事人的心理预期呢？

一是"擒贼擒王"。每件案件的原告在起诉状中都会写明诉讼请求，但是这些诉讼请求是不是就是原告的心理预期呢？不一定。因为一些案件中，诉讼只是当事人实现其诉讼目的的手段，因此抓住当事人在诉讼中真实的目的，审理案件就能起到事半功倍的效果。曾有这样一个案例，一对老夫妻来法院起诉离婚，双方完全没有争议，但坚持要求我在调解书中将他们名下唯一的一套房屋分割成两套。我听罢笑了，再一问果然是房屋即将拆迁，他们想把一套房屋拆成两套，这样会得到更多的拆迁补偿，去房屋管理部门变更无果后来到法院，希望法院出具调解书或者判决书，然后拿着法院生效文书去房屋管理部门申请拆分，如果对方不同意就申请法院强制执行。我只好向他们解释，如果你们就离婚问题达成一致法院可以出调解书，房屋作为你们的夫妻共同财产自然也可以分割，但是房屋的产权登记问题是行政机关负责的，法院也没有权限把一套房屋拆成两套，并劝说诉讼离婚并不能实现你们的诉讼目的，如果不是真的感情破裂的话，还是撤诉吧。老夫妻非常失望，在我这儿软磨硬泡了一个多小时无果后，终于死心同意撤诉了。

这个案件，如果没有查明当事人的诉讼目的，恐怕结果只能是事倍功半了。

二是"抽丝剥茧"。漫天要价，就地还钱，这个道理老百姓都懂，所以有的案件当事人的诉讼请求往往比较苛刻，而实际上心理预期并非如此。这种情况下法官就需要和当事人多交流，逐步确认当事人的心理预期。我就曾遇到过这样的法官，即便明知案件调解的希望不大，也反复给当事人做调解工作，好像做了很多无用功。经过交流我才知道，这位法官当然知道调解成功的希望不大，之所以还要调解，一方面是希望通过努力能够让双方达成调解，另一方面即便调解不成，通过与双方当事人反复协商，也能够最大限度地摸清当事人的心理预期，写判决时更加胸有成竹，即便没有提高调解率，也能提高息诉服判率不是。

三是"打草惊蛇"。有的案件，如果摸不清当事人的预期，不妨"打草惊蛇"，试探一下。曾经有一件抚养权纠纷案件，原、被告协议离婚，约定两个婚生子都由男方抚养，但离婚后一直由女方实际抚养，后来双方关系恶化，诉至法院均要求取得两个孩子的抚养权。我接手案件后因为缺乏经验深感棘手，几次开庭双方态度坚决，情绪激烈，双方父母也赶来助阵，声势不小。我斟酌再三，决定老大已经上了小学，不要改变生活环境了，继续由女方抚养，老二刚上幼儿园，由男方抚养。写完判决后感觉还是没有把握，于是向师傅请教，他提醒我，这类案件不能想当然，不妨把判决结果向当事人渗透一下，看看他们的反应。于是我以调解为名将原、被告及其父母召集到法院，调解自然没有效果，双方态度依旧激烈。我委婉地向双方说明了一下可能的判决结果后，双方都有点坐不住了，女方及其父母表示，对两个孩子都非常有感情，两个孩子都想要，但是小儿子年纪还小，一刻都离不开妈妈和姥姥、姥爷，大儿子自理能力更强一些。再问男方，男方及其父母表示两个孩子都是心头肉，哪个都舍不得，但是大儿子对爷爷奶奶更有感情，确实离不开我们啊。明白了，调解结束后赶紧修改判决结果，把大儿子判给男方，把小儿子判给女方，虽然原、被告领取判决书后均义正词严地表示对判决结果非常不满，但最后都没有上诉。

# 如何让你的判决结果符合当事人的心理预期（下）

　　查明当事人的心理预期只是第一步，法官并不需要迎合当事人的心理预期，但是如果发现判决结果与当事人的心理预期差距较大，还是应当有意识地加以引导，让当事人的心理预期向判决结果靠拢。

　　一是当庭查清事实。前些年不少法官都存在一种倾向，那就是轻视庭审，把庭审叫作"走程序"，草草了事，而把查清事实的过程放在庭审之外。为此院里狠抓庭审评查，一些一线法官不理解，觉得我把案件事实查清就可以了，庭审可有可无。院里专门就此进行了解释，当时我还在办公室，对此印象深刻。其中一种理由是如果能够在庭审中将案件事实全部查明，当事人就会对案件结果有一定的预判，容易接受调解，调解不成也容易接受判决结果。相反，如果庭审走过场，庭下查事实，不仅浪费时间，拖延审限，而且当事人不容易对案件事实有全面客观的了解，对判决结果的预期容易出偏差，进而对判决结果难以接受。

　　二是主动加以引导。常说政治思想工作应当做到"润物细无声"，法官引导当事人的心理预期也应如此，如果感到当事人可能对判决结果不理解，应当在判决发布前，适当向当事人予以说明和暗示，让当事人对法官的审判思路有一定的了解和理解，对判决结果有相应的心理准备。例如，审理离婚案件，如果被告不同意离婚，又不符合法定离婚条件，法官会判决驳回原告的诉讼请求，这类案件比较简单，被大家称为"离婚判驳案件"，但是此类案件虽然法律关系简单，也不能简单驳回了事，毕竟不是每个原告都能理解法官的判决结果，法官应当予以引导。曾有人向家事法官提出建议，既然离婚判驳的案件比较简单，能不能全部都当庭宣判，家事庭的同志经讨论没有采纳这项建议，原因有很多，其中一个原因是应当在庭审和宣判之间留出一定时间，一方面用于引导离婚心切的原告的心理预期，另一方面当庭驳回原告的诉讼请求容易使原告对判决结果产生抵触情绪。我曾审理过一件离婚判驳案件，原告离婚心切，但又不符合法定离婚条件，庭审结束后特意把原告留下进行释明。经释明，原告表示可以接受判决，但称和被告共同生活期间都是被告掌管双方收入，原告怀疑被告向其母亲的邮政储蓄银行账户转移了存款，要求法官调证。我考虑一下，觉得这个要求不过分，于是按照原告要求调取相应的银行流水，发现并不存在原告所讲的情况。原告看完证据有些失望，但表示接受法院判决，于是判决驳回原告的诉请，原、被告均没有上诉。

三是善用第三方力量。当前法官审理案件的一大难题是很多当事人不信任法官，因此一些案件中法官出面去引导当事人的心理预期，效果未必好，有必要借助第三方的力量。哪些第三方呢？一是律师，相对于法官，当事人更信任自己聘请的律师，而律师因为职业素养往往能够对法官的判决结果有一定的预判和理解，因此，同样的话，律师说出来，当事人更能接受。顺便说一句，我真心觉得法官和律师没有对立的必要，很多案件，如果能够互相配合，既能维护当事人的合法权益，又能使双方的工作顺利开展，一举两得。二是人民陪审员、家事调解员等，这一类人身份、地位更贴近当事人，相对中立，当事人也容易信服。

审判是和人打交道的工作，按照官话就是干一行爱一行，按照老话就是干啥就得琢磨啥，因此法官在审判工作中应当下一番力气去了解当事人的心理，在依法办案的前提下努力让当事人最大限度地接受审判结果。深感自己离这个目标差得很远，还需更加努力，在此与大家共勉吧。

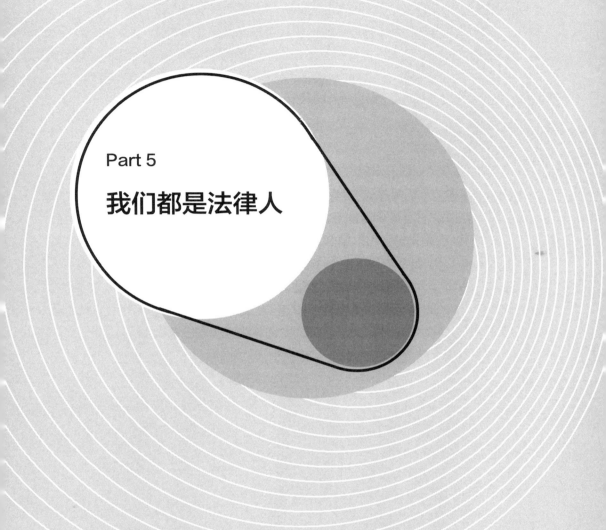

Part 5

**我们都是法律人**

# 法律共同体

## 律师、检察官、法官最喜欢的祝福语是什么?

这几年，法律圈一个词比较火，那就是"法律共同体"。说起法律共同体，范围很大，但是大家最容易联想到的几个群体，就是律师、检察官和法官了。虽说近年来这三个群体大都是法学院毕业，日常工作中在法庭上也有很多交集，但实际上互相的了解不算多。例如我，法学院毕业后进入法院工作，现在主要从事民事审判，因此不要说对检察院的日常工作和生活知之甚少，甚至和本院刑事审判庭的同事都很少打交道。

对于律师群体也是如此，我因为日常工作，对于做民事诉讼业务的律师还算有所了解，对于做刑事业务的律师就基本没有接触，至于做非诉业务的律师的日常，简直就是遥远的传说。而且因为不在一线城市，很多一线城市律师的词汇对我来说那真是闻所未闻。例如，一开始在微博上关注几位一线城市律师的时候，我一直都不知道"红圈所"是什么意思，也不好意思直接问，自己悄悄地百度查询。再比如，有的律师有海外学习经验，很多英文简写我基本上和看天书一样，还好，有热心网友指点我。

也还好有自媒体，我主要逛微信和微博，这些年下来也陆陆续续对律师和检察官的日常有了点了解。说起这三类群体在自媒体上的活跃度，自然是首推律师。大概因为有推销自己的需要，活跃在微博上的律师非常多，其次是检察院的同志们。最不活跃的就是法官群体了，普遍比较低调，大概既有个人的原因，也有大环境的因素吧。

看得多了，觉得这三类群体虽说同属于法律共同体，但是在很多方面都有很大的区别。例如，过生日的时候，虽然都是免不了要把生日蛋糕晒出来，但别的不说，就从蛋糕上亲友们的祝福语，就能看出这三类群体不同的喜好。放在一起对比，也是件很好玩的事。

比如这张：

不用说，大家都能看出来，这肯定是律师朋友晒出来的。律师，特别是活跃在自媒体上的年轻律师朋友，最心心念念的事情就是案源了。可以理解，没有案源，律师就算有一身的本事，也没处施展不是？

再看下一张：

嗯，没错，这是检察院的朋友们晒出来的。说实话，之前因为对于刑事案件完全不理解，对于这两句祝福语印象不深，前些天收了第一件刑事案件后，同样的话理解起来确实不一样了。

法官群体蛋糕上的祝福语，大概很多人都能猜到吧：

哈哈哈，对了，法官们最喜欢听到的祝福就是撤诉了，比如这一张祝调撤率100%的。不了解的，可以参看我曾经写过的那篇《法官的脸上挂着撤诉般的笑容》。

再比如最后这张：

法官们对撤诉的念想，那是贯穿始终的，无论是在为自己庆生的时刻，还是在明月千里寄相思的日子里。特别是年底，你要是去法院撤诉，我可以担保，你会享受到我的同人们最热情的欢迎和最简便的流程。可以考虑感受一下，你一定不会后悔的。

# 法律人逃不过的几件事

　　说到法律人，就会提到一个词，法律共同体。以前觉得这个词有点虚，有点套近乎的感觉，现在自媒体发达了，随着法律人内部各个群体之间的交流越来越多，互相的了解越来越深入，我发现这个词真不是个虚词，法律人确实是个共同体。共同的教育背景，共同的职业门槛，即便大家从事着不同的工作，也有一些事是都逃不过的。

　　**一是终身学习**

　　法律职业资格考试难度之大，算是出了圈的，普通人也知道这个考试不好考，但是对于法律人来说，这还不是最头疼的。千辛万苦过了这么难的考试并不是万事大吉，法律年年修改，司法解释更是常出常新，所以每当有新的法律修改，特别是有比较大的修改，法律人的朋友圈基本都是哀鸿遍野，"专业选得好，年年是高考"，这句话对于法律人真不是一句玩笑话。

　　学习新知识，除了费时费力，还费钱。

　　知识就是金钱，这句话是法律人的真实写照。对于法官来说，以我个人的经历，一般情况下法律施行了，基本上相关书籍都会配发，各类培训都能跟上，但是对于绝大多数律师朋友来说，这些书籍和培训都得自己拿出真金白银去购买。说实话，现在的培训和书籍的价格真是水涨船高，法院也在过紧日子，很多书法官也得自己掏钱购买。法官如此，律师就更是如此了。

　　一位律师朋友得知单位给我们发了全套的《民法典》理解与适用后，羡慕地说，你们真好，还有免费的书可看。

　　我半开玩笑地说，我们不仅有免费的书看，还有免费的案子要办……

　　**二是亲友咨询**

　　我日常关注很多律师的微博，朋友圈也有很多法院人的微信，再结合自己的经历，我发现每个法律人都会遇到一件事，亲友咨询。

现在的社会是个法治社会，每个人都避免不了遇到法律问题，遇到问题除了查百度看抖音，最常用的解决方法就是找个从事法律行业的亲友问一下。所以，每个法律人，日常都少不了被亲友咨询法律问题。

一般来说，法律人普遍对于亲友咨询法律问题都是理解的，一般也都会给予耐心解答。但是也难免遇到这样的亲友，平时一点联系都没有，遇到问题了急三火四地来咨询，咨询也就罢了，偏偏一点也不拿自己当外人，麻烦起来没完没了，这就让人感觉不爽了。

据我观察，虽然不少法律人都吐槽过这类亲友咨询的问题，但是法官和律师吐槽的点是不一样的。

法官遇到亲友咨询，比较尴尬的点是很多人虽然在法院工作，其实日常只接触过某一类法律案件，对于其他类型的法律案件并不很了解，甚至有的人虽然在法院工作，但是并不在审判一线，很难说对于案件能有多少了解。但是亲友们想不到这一点，觉得你既然在法院工作，那么法律问题你肯定都懂，你要是说自己不太了解，他们会觉得你嫌麻烦不愿意出手相助，不知不觉间就把人得罪了。

而律师吐槽亲友咨询，主要是亲友们，特别是那些几乎没有什么联系的"朋友"们，对于律师的时间价值完全没有概念，觉得向律师咨询法律问题乃至修改合同什么的，都是举手之劳，麻烦起来非常理直气壮，律师稍有不满，立刻觉得律师"不近人情""掉进钱眼里"，等等，反而是律师的不是了。

**三是职业误解**

我是"80后"，我的父母那一辈，从事法律工作的人非常少，到了我这一代，法律人的群体也算不上很多。因此，大众对于法律职业还是抱有神秘感的，再加上近年来不专业的职场剧的推波助澜，无论是法官还是律师，都会遇到职业误解。

对于法院人的职业误解是多方面的，比如，把法院人等同于传说中的公务员，工作很清闲，一张报纸一杯茶。再比如，以为法官权力极大，可以操弄案件，一手遮天，吃了原告吃被告。过年了你和亲友们说工作累、升迁慢、待遇没有说的那么高，好多人都是不信的，给你一个"大家都懂"的眼神，还以为你是在故作矜持。

大众对于律师的误解就更多了，以为律师都是西装革履，潇洒多金，出入豪车，轻轻松松就把钱都挣了，完全不知道很多行业都有二八定律。我见过不止一位律师自嘲说，有饿死的律师吗？当然没有了，因为律师在饿死前都转行了。

法律这个职业，甘苦自知。法律共同体，懂的都懂。

# 法律人又爱又恨的 EMS

前些天，看到一位律师发了一条关于 EMS（Express Mail Service）的微博：

> 下了飞机，发现同事用顺丰把我的代理词寄走了。
>
> 我问她有没有给法官或者书记员确认他们收不收顺丰，他说他没确认。
>
> 嗯……虽说不是所有的法官都会对快递挑三拣四，但在法官没有明确表达意思的情况下，我认为都应该发 EMS。
>
> 毕竟，EMS 是写入邮政法的，法官可不能不收。

提到 EMS，相信大家都不陌生。EMS 是邮政特快专递服务，是由中国邮政提供的一种快递服务。

对于法律人来说，法官、律师、当事人之间往往都需要邮寄各类材料，例如起诉状、判决书、申请书、代理意见、证据复印件等。当前很多民营公司都开通了快递服务，日常生活中很多人邮寄文件时未必会首选 EMS。这三类群体使用 EMS 的频率，法官最多，其次是律师，当事人使用得最少，例如我办案这几年，就很少会收到当事人使用 EMS 邮寄过来的材料。

为什么发微博的这位律师会这么执着地要求向法官或者书记员邮寄材料时首选 EMS 呢？因为他在从事律师职业之前曾在法院工作过。和其他民营公司提供的快递服务相比，EMS 有一项优势是无可比拟的，那就是根据《邮政法》第十条的规定，机关、企业事业单位应当设置接收邮件的场所。因此，各级法院传达室都有专人接受 EMS 邮件，逐一登记并要求收件人签字确认签收。这就避免了法官或者书记员漏收、拒收或者拖延接受相关材料的法律风险，毕竟在诉讼过程中的很多时候，这种风险对于诉讼参与人来说几乎是无法承受的。

因此，尽管和其他民营公司提供的快递服务相比，EMS 因为自带国企基因，有时存在定价不灵活、服务不尽如人意的情况，但其仍在诉讼中有着重要的地位。不仅部分律师向法院邮寄材料会首选 EMS，司法辅助人员向律师和当事人邮寄材料更是如此，特别是《最高人民法院关于以法院专递方式邮寄送达民事诉讼文书的若干规定》实施之后，越来越多的法院向诉讼参与人邮寄材料时，EMS 几乎是唯一选项。

记得我在 2014 年下庭时，当时的书记员还在用挂号信的方式向当事人邮寄判决书，但没多久就全部改用 EMS 方式邮寄了。

应当说，EMS 确实给法官办案提供了极大的便利，特别是节约了大量的送达时间。现在新收一件案件，基本都是先和被告电话联系，如果可以的话让被告来法院领副本，如果和被告电话联系不上，就选择根据原告提供的地址或者查询到的被告的户籍地向被告邮寄副本，如果邮寄送达也失败了，法官会选择直接送达，也就是"掏人"。

EMS 也受到了当事人的欢迎，毕竟很多当事人也非常忙，来法院参加诉讼都要请假，足不出户就能收到法律文书既省时又省力，还不用花钱。

但是大家对于 EMS 也不全是欢迎，不足之处也有很多，我就曾在《人民法院报》上看见同行撰文吐槽有的法院专递送达不及时，送达次数不符合要求，回执联未按规定填写，等等，影响了法院的送达和结案。

法院专递还有另一个问题，就是费用较高，目前已经涨到四五十元一件，这个价格看着似乎不是很高，但是考虑到法院日常工作中会大量使用法院专递，一年下来费用也是非常可观的。现在因为疫情影响，很多地方财政收入偏紧，各级公权力部门都在贯彻要过紧日子的方针，想方设法压缩办公经费，法院也不可能不受到影响，所以对于法院专递的使用，真的有点难以承受了。甚至我曾开玩笑地说，能不能和邮政部门协商一下，开通一个到付的法院专递，如果当事人能够接受的话，就是用这种邮寄方式……

EMS，想说爱你真的不容易。

# 如何在拿到判决书前判断案件输赢？

当事人去法院打官司，最在乎的就是输赢，而且希望越早知晓这个结果越好。而法院的干警往往会把悬念保留到最后一刻。很多次书记员电话通知当事人来法院领判决，当事人追问判决结果是什么，书记员推说我也不知道，你来法院就看到了，我看到这种情景都会会心一笑。但古人云：一羽示风向，一草示水流。其实当事人在拿到判决书之前，单单通过庭审，通过分析法官的一些举动就会看出案件最终的走向，这里做简单的总结。

**一是看法官对你的态度**

无论多少人把司法归入服务行业，实际上法官很难像商场服务员一样热情似火。更多的时候法官对待当事人都是严肃的，当然，这是一种中立的严肃，法官对双方的态度大体都是一致的。例如，审理家事案件时，无论我是否觉得一方或是双方当事人实在不是东西，庭审时都会大体维持比较中立严肃的态度，不会流露出明显的感情倾向。当然凡事都有例外，有时庭审时会对一方当事人更客气一点，对于他/她的发言，特别是对于案件审理没有什么实际意义的发言也不太打断。其实这不代表法官对这一方什么偏向，更多的时候是因为法官在庭审中已经判断这一方可能败诉了，对其格外优待无非是希望这一方能够初步建立起对法官的好感，拿到败诉判决书时情绪不要太激烈。毕竟如果败诉一方对判决结果不能接受，无论是判后答疑、上诉还是信访闹访，对法官都是一件比较麻烦的事。

**二是看法官总结的争议焦点**

这些年，无论是庭审流程还是裁判文书格式，法院都要求法官总结争议焦点，甚至有无总结争议焦点会成为裁判文书评查或是庭审评查的重要标准。因此，庭审时法官总结的争议焦点，是法官对于案件难点和重点的认识，体现了法官对于案件走向的把握。例如，离婚纠纷中，如果法官无视原告提出的抚养子女以及分割夫妻共同财产的诉请，将争议焦点归纳为夫妻感情是否完全破裂，就可以推断出法官经审理认为夫妻感情并未完全破裂，准备驳回原告的诉讼请求，因此即便双方在子女抚养或共同财产分割方面有分歧，也不会将其归入争议焦点。

**三是看法官庭后是否把一方单独留下**

正常的庭审程序下，庭审结束后双方当事人及代理人会留下来阅笔录并签字，法官一般会离开法庭。但是有些时候法官会在庭后把一方当事人留下来单独聊一会儿。有的当事人对法官的这一举动非常不理解，总觉得法官把对方当事人留下来是不是有什么猫腻。然而实际上，很多时候法官庭后留下的当事人，往往是法官认为会败诉的那一方。考虑到败诉一方当事人对判决的接受程度，法官有时会再单独和其聊一会儿，就事实查明和法律适用进行一下释明，让他们对案件的不利态势有一定的认识，对于案件的败诉有心理上的准备。毕竟常年在一线工作的法官都积累了很多和人打交道的经验，润物细无声的道理自是知晓的。

# 结合案例再聊如何在拿到判决书前判断案件输赢

前些天，一位从事律师职业的同学前往福建某地开庭，这是一件劳动争议纠纷，同学是劳动者一方的代理人，一审大获全胜，用人单位不服提起上诉，于是同学依旧作为劳动者一方的代理人出庭。在交流这件案件时，同学说了以下信息：开庭时间是上午 8：30，庭审用了不到一个小时就结束了，庭审中法官几乎都在询问对方，庭审结束后书记员说上午还有两个庭，同学道了声辛苦就离开了法庭。

该案结果会如何呢？我和同学的意见完全一致，肯定又是同学这一方大获全胜，不过同学的信心源自对案情的把握。我对案情完全不了解，但是从庭审的细节依旧可以做出同样的判断。

**一是开庭时间在 8：30**

各地法院下班时间未必一致，但上班时间大体上都是上午 8：30。清晨是上班族一天中最匆忙的时段，8：30 到了单位也未必能够或者愿意马上开始工作，因此开庭时间一般都定在 9：00，如果是案件少、难度小的法院，定在 9：30 也不罕见。因此本案法官把开庭时间定在 8：30，说明这天上午法官的庭审任务是非常重的，或者要开好几个庭，一般而言这几个案子的难度都不是很大，或者只开一个庭，但案情复杂耗时长。

**二是本次庭审之后还有两个庭**

庭审结束时书记员明确表示接下来还有两个庭，这说明本案属于第一种情况，即多个庭但案情不太复杂，不然法官也不会一个上午安排三个庭，如果案情复杂的话，很容易造成连锁反应，影响下一个案子按时开庭。而同学的案子排在第一位，很明显是主审法官认为上午安排的三个案子中，这个案子是案情最简单、预计耗时最短的，一件二审案件承办法官庭前作出这种预判，很明显是有利于一审案件胜诉的一方的。

### 三是庭审中都在询问对方

庭审中法官重点询问的对象及询问分配的时间反映了法官对于案情的判断。一般而言，庭审中法官重点询问的一方，有时是相对不利的一方。庭审的主要目的之一是查清案件事实，对于法官而言，询问是查清事实最简单的手段，特别是如果案件的关键事实能得到双方的一致认可，或者某项重要的事实对一方当事人不利，又得到了这一方当事人的认可，法官查清案件事实的工作就非常简单了。例如，离婚案件中，被告不同意离婚，那么法官就会重点向被告询问分居时间，如果被告认可的分居时间与原告陈述的一致，那么法官这一项的调查任务就完成了。本案也是同理，用人单位是上诉的一方，法官全程都在对其询问，很明显是对这一方上诉时陈述的事实和理由不太认同。

顺便说一句，在家事案件中，很多当事人因为缺乏法律知识和庭审经验，对法官的很多举动会产生误解。特别是庭审中觉得法官对自己询问少，自己发言的时间也少，总觉得法官是在偏向对方。这种误解的产生可以理解，但当事人由此产生的对法官的不信任乃至不理智的举动确实给法官带来了困扰。我这位同学作为律师倒是对此充分理解，告诉我说其在整个庭审过程中一直优哉游哉，淡定得不得了。

通过以上三点，再结合庭审不到一小时就结束了，案件的结果会如何，不是已经一目了然了吗？

# 找朋友咨询法律问题应该避开的坑

　　现代社会，每个人都难免会遇到法律问题，遇到法律问题后大家都会习惯性地找周围懂法律的朋友问一问。为什么不是第一时间向律师咨询？一是因为信息不对称，大家也不知道哪位律师靠谱，二是毕竟向律师咨询也是要收费的，很多人还不太习惯付费咨询法律问题，所以思来想去，还是先向朋友问问更靠谱。

　　但是呢，向朋友咨询也要想明白，那就是这位朋友到底靠不靠谱。

　　**误解一：学过法律的就一定懂法律！**

　　前些天，在同学微信群里有这样一段对话：

　　　　A：诉讼时效是三年吗？

　　　　A：我怎么记得是两年？

　　　　A：是整体修改了吗？

　　　　B：诉讼时效早就改了啊！

　　　　B：你已经不属于我们法律界了，不知道也正常。

　　　　C：三年了？

　　　　B：不是鄙视你，现在再云司法考试你肯定过不了。

　　　　C：哎呀，我刚给人解释错了。

　　　　C：这以后真不能说自己是学法律的了。

　　　　B：你现在还好意思给人家解释法律？

　　看见了没？这两位同学连诉讼时效是几年都不知道，依然架不住他们周围的很多人向他们咨询，原因就是他们是科班出身。只是周围的人，包括这两位同学都没有意识到，法律知识的更新速度是非常快的，而这两位同学，恰恰毕业后没有从事诉讼工作。因此，找朋友请教法律问题，不仅要看他是不是法律专业毕业的，还要看他是不是在从事法律工作。

**误解二：从事法律工作的一定懂法律！**

我咨询的这个人，不仅是法律科班毕业的，毕业后也一直从事法律工作，向他咨询总是靠谱的吧。

真不一定！

原因很简单，即便都是从事法律工作，也是有不同的方向和侧重的。举个最简单的例子，你的朋友是医生，就什么病都能看吗？不一定吧。他在胸科工作，你问他牙科的问题，他不一定很懂吧。

法律也是如此。比如，你的朋友在法院工作，他就什么法律问题都懂？当然不是，法院内部也是有分工的，有刑事审判庭、民事审判庭、行政审判庭，他是一个刑事法官，你问他继承的事他就很难说明白。即便他是民事法官，民事纠纷也不敢说都懂，比如他主要审理合同纠纷，你问他劳动争议或者家事纠纷，特别是很细致很具体的问题，往往他就答不上。

**误解三：这个人办过这方面的案子，一定懂！**

错！

办过这方面的案子固然好，你还要看他是不是现在还在办这方面的案子。

当今，经济社会发展一日千里，法律法规变化也是非常快的，无论是知识还是经验，老化的速度都非常快。如果一位法官或者律师，有几年不再办理或者接触某类案件，那么他有可能在这方面就完全是新手了。例如我，原来办理了一些劳动争议的案件，自己对这类案件也很感兴趣，那时候经常帮着解答这类问题。后来调到家事审判庭工作，仅仅两三年，再有人问我劳动争议的问题，我一律回答不知道，因为我很清楚自己当年积累的知识和经验早就过时和落伍了，人贵有自知之明不是。

所以，普通人日常中有交几位从事法律工作的朋友，不仅要留意这些朋友的工作范围，更要考察这些朋友是否靠谱，这样真的遇到法律问题了，才知道向谁咨询是最靠谱的。

# 来法院实习，该收获些什么？

法院的大楼里经常会出现一些青春的面孔，其中一部分是刚刚考入法院的新人，更多的则是来法院实习的法学院的学生。

每年都有学生来法院实习，大部分是法学院统一组织的，还有一小部分是自己主动联系的。这些实习生表现不一，有的积极主动，不仅表现在工作上，还表现在和法官的交流上；有的单纯服从命令听指挥，让干啥就干啥；还有的将实习视为负担，每天都在看手机，对于安排的工作非常消极，编页码也能编得乱七八糟，看得大家直摇头。

当然，还有很多实习生有点迷茫和失望，觉得实习期间都在做编页码、订卷以及填写邮寄单这样的工作，没什么收获。

那么，来法院实习应该收获些什么？

**一、对法院人工作和生活状态的观察和了解**

很多实习生结束在法院的实习后都会面临就业问题，也就是找工作。实际上，我总结自己找工作的经历时曾有这样一种感觉，觉得那时的自己就像随风飞扬的蒲公英，不知道哪里刮来一阵风，就让你在某个城市或者某个行业落地，扎根，发展。不少人找工作是带有一定盲目性的，不知道该选择哪座城市，或者不知道该选择哪个行业。我当初找工作时就没认真想过是否要考公务员或者进入法院工作，不过是和很多人一样随大流地报考了公务员，一不小心考进法院工作而已。直到过了面试自己对法院的工作还是不甚了解，还在四处打听。

对于法学院的学生来说，就业面不算很宽，或是法检，或是其他公务机关，或是金融行业，或是企业法务岗位，或是律所。我们的上一代从事法律工作的人很少，也就意味着我们很难从长辈那里获得法律职业经验。因此，如果进入法院实习，不妨留意观察法院人的工作或者生活状态，看看他们的日常生活和喜怒哀乐，确定自己是否今后愿意从事这份工作。

当然，毕业前应尽可能多去不同的行业实习，通过自己的接触进行对比，看看哪个行业更适合自己。

## 二、了解案件的审理过程

很多实习生也积极主动，愿意接触实际工作，主要表现在旁听庭审的愿望特别强烈。这一点我们也表示理解，尽可能多地安排实习生旁听。不过大多数实习生旁听几次后就没有兴趣了，特别是旁听劳动争议、建筑工程之类的案子。当然，对于家事案件的兴趣会保持得长久一些，这也可以理解。

其实，在我看来，这样的旁听多数只是外行看热闹，最多是对庭审有一些感性认识，收获并不大。实习生如果可以的话，可以和法官申请，完完整整地跟踪一件案子，从立案、庭审到最后审结，扎扎实实吃透一件案子，看案件起源，看原、被告如何对抗，看法官如何查清案情，看法律文书的裁判思路，这样一个案件走下来，收获比走马观花地旁听很多庭审要大得多。

## 三、感受一下真实的职场

很多实习生对于法官安排的事务性工作非常反感，觉得没有什么收获，浪费宝贵的时间和精力。其实，即便不是实习生，法院的新人们，或者其他岗位的新人们，刚参加工作时，又会被安排做什么高大上或是轰轰烈烈的工作吗？同样不会啊。因为作为新人，除了课本上那些知识，你又会什么呢？不先做事务性的工作，又能做什么呢？

这些事务性工作，其实也是非常考验人的。考验你是否认真细致，是否任劳任怨，是不是个有心人。

我就遇到过少数实习生，对于安排的工作做得非常认真，完成得很好，完成后积极主动地问还有没有其他工作，特别是赶上年底结案，真是帮了我们的大忙。实习的时间不长，口碑非常好，和大家建立了很深的友谊，互相加了微信，直到现在还有联系。而在法院实习的经历，也对于他们工作后融入职场起到了很好的作用，可谓双赢了。说实话，这样的人，无论去什么样的工作岗位，都不会差的。

经历就是财富。实习生虽然年轻，但是日后回想，依然会感叹经历的宝贵和时间的紧迫。来法院实习，不要虚度，同样的时间，让自己有更多的收获，不好吗？

## 我遇到的律师们

# 法官和律师

在普通人眼中，法律专业天然是和律师职业联系在一起的。在法学院读书的时候，当旁人得知我在法学院就读时都会问，你们毕业后是不是都去当律师啊？

想起毕业那年我问我媳妇，我毕业后去律所还是法院？我媳妇说，你吵架连我都吵不过怎么当律师啊，还是去法院吧。还有位女法官告诉我，她的妈妈一直觉得闺女的工作很轻松，坐在法庭上敲敲法槌就行。在广大群众眼里，律师是个"高大上"的职业，能力强、收入高、形象好，工作的含金量是远高于法官的。

在基层法院从事审判工作，必然要和一些律师打交道，感觉这些律师就办案水平而言参差不齐。有的律师能力比较强，有时候，我会把很精彩的代理意见复印一份保存下来，作为今后办案的参考。再比如，刚办案那会儿经常遇到不懂的案子，有一次我拿着案卷去请教另一位法官，得到的答复是：我也不懂，但是别着急，先开一庭，听听律师是怎么说的。

当然，一个高院的法官也和我讲过这样一个故事，当年她参加预备法官培训，学员来自全市各级法院，某天观看庭审录像，讲评时她说，原告的律师不行！结果很多来自基层法院的学员表示不敢苟同，认为原告的律师水平已经不错了，她们平时接触的律师还达不到他的水平。

还有一回，院里组织一个观摩庭，一百多名法学专业在校大学生旁听。庭审不是很精彩，双方律师表现得都不够理想。我当时还在综合部门工作，作为工作人员也旁听了庭审，坐在我身边的一名大学生对他的同学说，要是律师都是这个水平，咱们毕业就不愁找不到工作了。

律师的工作态度也是千差万别，就法官而言，当然最喜欢配合法官工作的律师。所谓配合，就是能够和法官合作顺利审结案件。据我观察，两类律师是非常配合法官的，一类是熟人请托代理案件的律师，他们对案件并不感兴趣，纯粹是抹不开面子才接的案子，所以他们比法官还希望案件能够尽快审结，自然会大力配合法官工作；还有一类是一次性收费不计代理次数的律师，比如离婚案件中，有的律师就一次性收取当事人的律师费，承诺一直代理到法院判决离婚为止，这种做法被戏称为"包离"。有一回审理一件离婚案件，原告律师就是此类"包离"的律师。我审理该案时原告已经是第二次起诉了，背对背调解时，原告表示对于被告提出的条件大体可以接受，但是需要和家人商量一下，得到准许后他离开法庭去打电话。这时法庭只剩下我、书记员和原告律师，原告律师略带矜持地对我抱怨说，法官，被告的要求是不是有点高啊？我看了他一眼，说这回调不成还得驳回起诉，你是不是还想再出庭啊？他听完恍然大悟，当即表示这就出去做原告的说服工作。最终原告接受了被告的条件，案件调解结案，皆大欢喜。

当然对于案件，法官和律师的态度是完全不同的。有一天下午临近下班，内勤从立案庭拿回当天所立案件的案卷，一共十件，平均每个审判组两件，顿时全庭一片哀叹之声。正巧一个律师在，看着案卷两眼放光，说要是我一天能收十件案子就好了，一个老法官嘲讽地对他说，你这是卖水的看大河——都是钱啊！

# 从庭审表现划分律师"流派"

法律人的朋友圈，经常被律师的辩护词刷屏。因为角度不同，大家往往对于同一份辩护词的评价也是各有不同。律师该如何发表辩护词，往大了说，在庭审过程中如何表现，不同的律师也是各有不同。应当说，我下庭办案的时间不算长，作为基层法院的民事法官，接触过的律师也不算多，下面站在法官的角度上聊几句吧。

在我看来，就庭审表现而言，律师大体可以划分成三大流派：

**一是务实派**

所谓务实派，就是以打赢官司为目的。因此，务实派的律师往往会钻研法官对于类案的审理思路和审理标准，无论是举证还是适用法律都围绕法官的审理思路展开。现在越来越多的律师会向法官提交判例，以坚定法官对其有利的审理思路。曾有律师如此评价，对于律师而言，最好的代理词就是被法官写入判决的代理词。对此，我深表赞同。尽管在这个时代，有时候务实并不一定被人理解，或者更难一步登天。

**二是演技派**

这一类律师庭审时情绪丰富，语气激昂，话语富有感情，讲到动情处手舞足蹈乃至满含热泪，简言之，从头到尾走感情路线，就是不讲"法言法语"。特别是审理家事案件，遇到演技派律师的概率更大一些。不知道这些律师感动自己没有，可以确定的是没有感动我，倒是很有可能感动了当事人。一开始我对于这样的律师非常不理解，后来大概明白了一些，他们并不是表演给法官看，而是表演给委托人看，委托人感动了，满意了，效果就达到了。如果你问，这么表演判决结果怎么样呢？一般而言，这种演技派的律师代理案件自然判决结果不会太理想，而他们能一直存在自然有原因。据我猜想，一是基层法院的一些案件，本身标的并不大，一些当事人情绪追求大于利益追求，只要气出了，结果并不是很在乎，因为在法官看来毫无法律技术含量可言的表演确实有效地宣泄了当事人的情绪；二是在基层法律圈，很多演技派的律师经营多年，有自己的案源和圈子，很多当事人对律师的选择并不完全理性；三是很多当事人相信律师甚于相信法官，官司输了，还可以把责任推给法官嘛……

### 三是沉默派

对，你没看错，就是沉默派。在大众印象中，律师无论是务实派还是演技派，都该是能言善辩、滔滔不绝的。但是在我不过数年的办案过程中，还真就见过一些沉默派的律师。这些律师作为当事人的代理人，整个庭审几乎就是徐庶进曹营——一言不发，仿佛是当事人花钱请来旁听庭审的，最多是在法庭辩论阶段，当事人发表完辩论意见后清清嗓子说我再补充几句，补充的内容也基本无关痛痒，而且也没见当事人对此有什么不满的表示。下庭办案后真心佩服这些沉默着就把钱挣了的律师。有的律师如此表现可以理解，据他们说，原本就不想代理该案，朋友请托没办法才代理的，案情又是非常简单或是几乎没有什么努力的余地，所以庭审时干脆就佛系了。但是我也见过有的律师一路走来始终奉行沉默是金的格言，真是佩服之至。

我的分类不敢说准确，只是一种感性的表达。律师们不同的庭审表现很难说绝对的对错，万类霜天竞自由，存在即是合理，让时间去检验吧。

# 不靠谱的律师能把法官气成什么样?

法官和律师这两个群体,特别是法律职业资格制度实施以来,基本上大家同样是科班出身,同样通过职业资格考试。只不过你进了法院当法官,我去了律所当律师。天天在诉讼活动中打交道,一方面抬头不见低头见,另一方面也互相斗智斗勇,可以说是相爱相杀了。

客观地说,近年来这两个群体的专业素质都在稳步提高,但是不靠谱的人哪个群体都有,有的是因为专业能力欠缺,有的是因为敬业精神不足。法官办案子,难免会遇到不靠谱的律师。下面讲几个故事,看看这样的律师会把法官气成什么样。

**一、查真伪**

有一天我正在办公室写判决,突然收到一条私信,来自我之前的一位助理。她问我,怎么才能确认律师的真伪。

我很奇怪地说,你问这个干什么?

她回答,她现在跟的法官今天开庭遇到一位律师,这位律师专业水准实在叫人不敢恭维,以至于法官怀疑可能遇到了假律师,开完庭让助理查查这位律师的真伪。

助理也没经验,于是向我请教。

我说根据他的律师证上的信息,去当地司法局的网站上应该可以查到。不过我也对助理说,十个手指头也不是一般齐,偶尔遇到不专业的律师也难免,估计不会是假律师,你查查看,有结果了别忘了告诉我。

过了一段时间,助理回复说,在司法局的网站上查到了这位律师的信息,还真不是假律师。

哈哈,虽说我猜得没错,但是能把法官气得怀疑遇到了假律师,这种情况我还真是第一次遇到。

## 二、查百度

庭审中，除了讲证据，就是讲法律，按说大家学的用的都是同样的法律，比拼的是谁理解得深刻，运用得精准，但是有时候，确实有的律师和你讲的"法律"，是你不知道的。

有一位同人上班时，看到一位非常受尊敬的法官，正在用百度查法律问题。他觉得很奇怪，问，你这是做什么？结果这位法官气呼呼地说，我想看一看，那些不钻研业务的半吊子律师，法律知识的来源都是什么……

有一回最高院的一位法官讲课时也提到，说有一回开庭，有位律师引用某个司法解释的某条文，他一开始只是觉得很生疏，还不敢确定，庭下再查，根本就没有这条。在最高院的法庭上还能如此信口开河，也是让人叹服。

类似的情况我也遇到过，所以如果我觉得情况不对，一般都会追问，你说的是哪一条，或者问你对法律的理解是在哪里看到的，以确保对方不是在忽悠我。

## 三、封杀抖音

前些天，一位小学同学联系我，说她上初中的孩子最近迷上了法律专业，立志长大后要当法官，但是周围没有学法律的人，于是同学把孩子的微信推给我，让我帮着解答一些问题。我说这是好事，一定认真解答。

加完好友后小朋友问了好几个问题，比如当法官是不是要把所有的法律都背下来？我说不需要，需要的时候知道在哪能找到就好；又问怎么才能成为一名法官？我说好好学习，考上大学，通过法考，再考进法院就可以了，如此等等。最后她问，抖音上有好多法律的短视频，我经常看。我听到这句话一下子有点失控地说，抖音上的法律视频都不要看！吓了对方一跳。我想了想又平静地说，那上面好多视频都是错的，你没有鉴别能力，还是看央视的法律栏目吧。

之所以会这样，主要是现在确实有少数律师为了吸引眼球，拍了好多不靠谱的短视频，开庭时经常有被误导的当事人以这些视频为依据来打官司，凭空给诉讼增加了很多困难。以至于很多同人也和我一样，一听说抖音法律视频就血压飙升。

当然，还是要说明，这篇文章的视角是来自一线法官，讲的不过是个别现象，相信经验丰富的律师，也能写出一篇《不靠谱的法官会把律师气成什么样？》的文章。所以看完文章，大家有则改之无则加勉，千万不要以偏概全。相信法官和律师两个群体，在工作中可以互相促进共同提高，毕竟，我们同属于法律共同体。

# 开庭月来了，律师朋友们准备好了吗？

　　每年年底，我都会看到律师朋友在网上抱怨说，十一月法院安排的庭审实在是太多了，搞得他们顾此失彼、焦头烂额的。

　　同样，每年第四季度，我经常发现，好像还没做什么，十月就过去了，于是我对助理说，十一月要密集排庭……

　　当我把对助理说的话发到了微博上，好几位律师朋友恍然大悟，连声说怪不得，怪不得，又有人反问，为什么？为什么是十一月？

　　根据我的经验，对于法院人来说，一年十二个月，二月和十月大概是过得最快的月份，原因无他，因为这两个月都有七天的长假。但相对而言，十月的流逝更让法官紧张，因为全年的结案指标压在那里，四季度三个月，十月没了，剩下的两个月再不抓紧，岂不是坐等年度考核不及格吗？

　　那为什么法官要在十一月集中开庭呢？

　　主要是想把工作做到前面。

　　想把案子结出去，必须完成庭审才行。案子能撤诉或者调解当然最好，但是凡事都要做最坏的打算，还是要立足于写判决的，所以尽量在十一月集中开庭，为十二月集中写判决打下基础。

　　十二月开庭不行吗？

　　不是不行，而是不可预测的事项比较多，一是法院人年底各项审判外的工作也很多，总结、评比、报材料等，再往后拖不知道还有没有时间，况且十二月当事人和律师的事情也比较多，经常出现没有合适的时间开庭的情况。二是一线法官很多都是人到中年，四季度正是孩子生病的高发期，一旦孩子生病，至少一周不能正常工作，因此谁也不敢把大量的工作，特别是庭审这样需要当事人和律师配合的工作压到十二月，所以法官会尽可能多地把庭审放到十一月，这样做才比较踏实。

因此，法官们在十一月密集排庭就不难理解了。

当然，还是要做自我批评，均衡结案强调了这么多年，还是没有全面实现，至少我是没有完全做到。如果能做到这一点，至少在四季度，就不至于把庭审的压力都集中在十一月，确实需要改进。

说了这么多，我也不忘安慰律师朋友们，虽然十一月你们很辛苦，但是十二月就比较轻松了。法官们吭哧吭哧加班加点写判决的时候，正是律师朋友们不慌不忙优哉游哉的时候，一位律师朋友说，在疫情前，每年十二月都是她一年中最为放松、出国旅游的月份，这也是我不敢把庭审放到十二月的一个原因啊，律师都出国旅游了，我想开庭也召不齐人啊。

最可气的是，几年前，一位律师朋友在十二月底发自己外出旅游的照片，面朝大海春暖花开不说，还不忘向法官们隔空喊话：你们的判决都写完了吗……

# 律师们的微信头像

有的同事知道我开公众号后挺新奇，经常会问一些问题，比如：

　　问：有多少人关注你的号啊？

　　答：今天天气挺好的哈……

　　问：呃，哪些人关注你的公众号啊？

　　答：一开始都是熟人，属于捧场为主。

　　问：嗯，我也关注了。

　　答：感谢感谢！再之后应该是以法院人居多…….

　　问：怎么是应该呢？

　　答：法院人的微信号一般都不会透露职业信息，他／她不说我怎么知道是法院的啊。

　　问：哦，

　　答：后来一些关注者加了我的好友或者自报家门，我才知道他们是法院的，然后推测出同一时期的关注者也应该以法院人居多。

　　问：最近呢？

　　答：最近律师朋友关注得比较多。

　　问：你怎么知道这些人是律师的，也是加好友或者自报家门？

　　答：不是，是……是他们的微信写着自己是律师……

　　问：什么？

真的是这样……

看了一些律师朋友的微信号，觉得有三个特点吧：

一是赤裸裸地写明姓名和职业。律师朋友们的微信名称一般都是姓名＋律师，有的会写明所在城市及律所,有的会写明业务范围。

二是专业而又有些雷同的职业照。律师们的微信头像往往是身着正装姿态专业的头像。当然顺便吐槽一句,尽管一看就是专业人士,但是拍照的姿势实在比较雷同,翻来覆去就是那么几个姿势,看多了影响新鲜感和接受度。

三是写明联系方式。很多人是在个性签名上留下个人手机号,有的更加简单粗暴,直接附在昵称后面。

总结了上述规律,我立刻在现实中检验了一下,毕竟实践是检验真理的唯一标准嘛。有位女同学在深圳一家律师事务所工作,不过奇怪的是她的微信处处不符合上述特征。昵称是英文的,照片是旅游的生活照,联系方式更是没有,这这这,这不科学啊……

自己反复核对了好几遍,发现无一符合,懊恼之余忍不住在同学群里对她说,你简直就是个假律师!同学听罢哈哈大笑,立刻发给我一张截图。原来她有两个微信号,看了看她工作用的微信号,还好还好,基本和我推断的一样,看来她也未能免俗啊。

虽然都是法律共同体,和律师相比,法院人的昵称一般都不会是自己的名字,更不会声张自己的职业,头像五花八门,但几乎不会是职业照,当然了,法官们一般也没有拍摄过如此精良的职业照,就是有,也很少会作为头像。至于电话号码?看新闻倒是有的法院领导热心对外公布法官们的电话号码,少有一线法官自己公布的。

为什么会有上述区别?我曾调侃地总结说,律师是要为案源而奋斗的,法官则恰好相反。

# 法官和律师可以互加微信吗？

　　微信作为普遍应用的社交软件，用于沟通交流、收发文件都是非常方便的，因此，相识不久的人互相加微信几乎成了社交场合的常见的一道风景。在审判工作中，法官和当事人，特别是和作为代理人的律师，经常有互相沟通的需要，因此，很多时候双方都会遇到一个问题，需不需要加对方的微信？

　　这件事见仁见智，有一位法官朋友曾写过一篇《法官，我可以加你微信吗？》，她就不赞成法官和律师及当事人互加微信，毕竟相对其他联络方式，微信具有私密属性，谨慎的法官确实希望避嫌。曾有法学院的老师对我说，法官不应该私下会见当事人，因此连庭下电话联系当事人都是不应该的。如此说来，电话联系都不行，微信联系就更加不可了。

　　但是现实中，各地法官做法不一，我曾看到一位律师朋友的一条微博：

　　　　北京法官和外地法官有一点很不一样：

　　　　北京的从来不加律师微信，有事只有座机打电话；外地法官好多都是主动加律师微信，方便沟通。

　　　　个中原因我就不知道了。

　　　　最近有个外地法官加我微信，我刚开始拒绝了，因为她的昵称叫类似"臭宝、傻丫头"这种太接地气的词儿，我以为是什么来骚扰的，后来才反应过来是法官。

　　　　好可爱的法官小姐姐。

　　从这条微博上看，很多法官还是和律师互加微信的，原因也很简答，方便双方联系。

　　我相信律师还是愿意加法官的微信的，主要原因是其他方式联系不畅。目前律师想要联系法官，主要是依靠电话。在微博上，我见过 N 个律师花样吐槽承办法官的电话难以打通。现实中，领导也不止一次要求我们必须及时接听办公电话。甚至我们之前有位领导还"微服私访"一回，他先去各个办公室转了一圈，看看谁在办公室，然后到诉服大厅挨个打电话，看看在办公室的人谁没有及时接听。和很有可能没人接听的电话相比，微信联系法官显然快捷有效得多。

而法官愿意加律师的微信，除了方便联系，更多的是方便传输文件。实际上相对法官而言，更愿意加律师微信的，是法官助理和书记员们。助理和书记员联系当事人及其代理人的需要比较多，定开庭时间，交换证据，补充材料，相对于电话联系，以及邮寄或者直接送达材料，用微信显然更加方便快捷。特别是各地经济联系增多＋疫情阻隔，一方面外地的当事人及代理人明显增多，另一方面当事人之间以及当事人与法院的直接联系也变得不太方便。例如，有一次审理的一件买卖合同纠纷，原告就是外地企业，原告的代理人也是外地执业的律师，开庭前特意打来电话，问被告是否提交了证据，提交的话希望法官能把证据拍下来发给原告。显然想要满足这个要求，助理和原告代理人互加微信是最方便的。

因为审判工作，法官和当事人（及其代理人）是有联系的必要的，但是以何种方式联系既能做到方便快捷，又能做到不越边界，确实值得探讨。双方互加微信的方式，确实不尽完美，但是何种方式最佳，还要进一步等待顶层的设计和底层的探索。

# 为什么法官有时不让律师说话？

前些天和一位同事聊天，同事提起一件事，说有一件案子，庭审时制止了一位律师的发言，惹得这位律师大不高兴，在后来的诉讼过程中这位律师百般不配合法官的工作，让这位同事很上火。

还有一位朋友和我说起这么一件事，说有一回和一位律师提起我，结果对方听到我的名字后没好气地说，这个法官我知道，有一次开庭的时候直接打断我，不让我说话。朋友拿这件事调侃我说，看你平时文质彬彬的，开庭时对律师挺粗暴啊？

还别说，那位律师我真的没有印象了，但是这件事发生在我身上不稀奇，我不止一次地在庭上打断过律师发言。其实不只我，我的同事也有过类似的举动，甚至还被投诉过。大概会有人说，这是怎么回事啊，当事人投诉你们不让说话，律师也投诉你们不让说话，你们是不是霸道了点？

其实还真不是，我就此解释一下。

法官开庭的主要目的之一就是查清案件事实，而查清事实最简单有效的方式就是询问。刚下庭的时候我的师傅不止一次地对我说，大部分案件的事实其实都是问出来的。如果重要的案件事实能够得到双方的一致认可，特别是有的案件事实不利于某一方而又在庭审中得到了这一方的认可，那么法官的工作过就会轻松很多。

虽然法官和律师都是法律共同体，但在这一点上显然不是一致的。庭审中，法官对当事人询问的很多问题，看似轻描淡写，实际上却是刀光剑影。律师作为诉讼代理人，有的在庭前就会"教"当事人该如何陈述案件事实，该如何回避法官的提问，这也就罢了，还有很多律师则是庭前工作"不到位"，在法官提问后才抢着替当事人回答问题。也有的律师当场打断当事人的发言，直接推翻当事人之前的发言。在离婚诉讼中，不止一次出现过被告承认原告陈述的分居时间而被律师现场打断予以否认的情形，甚至询问被告婚后夫妻感情之类的问题都有律师抢着替被告回答。

对于这种情形，法官虽然可以理解，但是却不能容忍，我遇到这种情况曾经多次直接打断律师发言，说代理人别说话，让当事人自己回答。如果律师还是不服从的话，还会更加声色俱厉一些。如此这般，是挺让律师在当事人面前没面子的，估计事后也可能会被当事人埋怨，难免会让律师感到不爽，得罪人也就是在所难免的了。

律师作为委托诉讼代理人，依法维护当事人的合法权益是理所应当的事，但有的律师明显在引导当事人回避法官提问甚至陈述虚假事实，不仅给案件正常审理制造障碍，也间接侵害了对方当事人的合法权益。有的家事案件审理过程中，会出现一方的律师被另一方当事人情绪激烈地指责乃至谩骂的情况，这固然是当事人不理智的行为，每次我遇到这种情况也是立刻予以制止，但律师也应当扪心自问一下，对方当事人如此不理智是不是事出有因？自己在案件审理过程中究竟扮演了怎样的角色，发挥了怎样的作用呢？

不忘初心，方得始终，法官如此，律师也是如此。作为法律职业共同体，大家共勉吧！

# 庭审发言时什么样的语速最合适?

庭审时当事人或者代理人语速太快的问题还是挺常见的,特别是很多日常说话就语速很快的人,发言时逐渐进入状态的时候,语速会非常快。但是庭审发言是需要书记员记录的,很多时候专业的速录员也很难跟上这么快的语速,因此庭审时经常会出现法官或者书记员打断发言,要求降低语速的情况。

如果语速太快又不知道该降到什么程度,该怎么做呢?

一是看,即对着面前的电脑屏幕发言。

现在很多法院的法庭设施很完善,原、被告面前都有电脑屏幕,庭审时一般呈现的都是庭审笔录,如果没有呈现,可以要求转换。这样做的好处是发言时能够同步看到书记员记录的情况,可以根据书记员记录的快慢调节自己的语速,就不会被要求降低语速了。

二是听,即听书记员敲击键盘的声音。

如果所在的法庭比较简陋,或者没有给原、被告配备电脑屏幕,无法直观地看到书记员记录的情况,也可以"听"。现在开庭书记员都是打字记录,无非是专业的速录员使用速录,普通的书记员使用一般的输入法,但是都需要敲击键盘。发言时可以说一段再停一会儿,等到书记员不再敲击键盘了,也就意味着上一段记录结束了,就可以继续下一段发言。

三是说,即保持语言的简练。

庭审发言贵在简明扼要,但是很多人都做不到这一点。当事人发言时经常出现语言内容庞杂没有逻辑的情况,而一些律师,特别是演技派律师,发言时特别喜欢滔滔不绝,用词华丽,既浪费庭审的时间,也加大了书记员的工作负担。

当然,实话实说,还有一些时候法官以语速太快为由打断你的发言,其实并不是真的因为你的语速太快了,而是另有玄机。

一种是觉得发言冗长,直接打断容易引起发言人的不满,于是以语速太快为由打断他的发言，进而打断他的思路，引导他尽快结束发言。

另一种是法官觉得发言中的某一段或者某一句非常重要，而书记员没有全部记下来，于是以语速太快为由打断发言，通过重复发问或者总结的方式不露痕迹地引导书记员把这部分内容固定下来。

所以庭审时，切记自始至终都要保持头脑冷静，语言简练。所谓贵人语迟，言多必失，可不只适用于平时啊。

# 散庭了，律师却不让我走

同是法律共同体，法官和律师之间难免有交集。但是这两类群体的交流，确实很敏感。

不否认，有时候法官会和律师很熟悉。

不要往歪了想，不是说两者之间有什么猫腻，纯粹是工作上打交道比较多，就熟了。我一直在基层法院工作，没在中高院的业务庭工作过。据我在基层院工作的经验，不少律师的业务还是挺集中的，或是专注于某类案件，或是专注于某家法院。有时候隔三岔五就会在不同的案子遇到同一位律师，见多了甚至我都怀疑这位律师是否还在别的法院开过庭。

庭审时见面多了，自然就对这位律师了解了。有的律师，当你已拿到起诉状，看到原告的代理人是他，就会本能地预感到这肯定是一件非常麻烦的案子，因为这位律师似乎代理的都是些稀奇古怪的案子；有的律师因为具有一些品质会让法官们比较欣赏，比如工作很认真，确实很为当事人着想等。

现在对于法官和律师的交往限制得越来越严了，所以即便是大家都很熟悉的律师，除了庭审外也没有什么接触的机会。但是也不是没有交流，庭前忙着庭前准备，法官和律师没什么交流，庭审中也是如此，庭审后却经常出现律师不让法官走，非要拉着法官再聊几句的情况。

也许你会说，庭审结束后法官不是应该立刻离开法庭吗，怎么还会有和律师交流的机会呢？有两个原因。一是我之前在家事庭工作，双方当事人往往情绪都很激动，特别是经过庭审时唇枪舌剑，庭审结束后很多人肝火更盛，特别是还可能有双方前来助阵的亲友们在中间煽风点火，很多时候签笔录时双方也有可能发生冲突，因此院里有规定庭审结束后法官不许立刻离开法庭，至少要等到一方当事人签完笔录后再走，所以签笔录的过程中，法官和律师会就有交流的机会；二是法官有时候会在庭审结束后把可能败诉的一方留下来再聊聊，给对方适当渗透下诉讼可能的走向，让这一方拿到败诉判决书时不那么措手不及，这时候法官和律师也会有交流的机会。

有的律师还是挺会抓住这样的机会，和法官有一些交流。

一类是有的律师觉得庭审时自己阐述得不够充分，抓住这样的机会再和法官表达一下己方的观点，再努力争取法官支持己方的观点。对于这样的律师，无论对他的观点是否赞同，这样的敬业精神还是很赞赏的。

还有一类是抓住机会和法官聊业务。这几年家事审判中这样的情况越来越多了，主要是因为家事诉讼的裁判文书不对外公开。好处是保护了当事人的隐私，也降低了一线法官和助理的工作量，坏处是从事家事审判的律师对于法院的裁判尺度就不好把握了，特别是对于家事案件中出现的新情况、新问题，不知道法院内部究竟是怎么掌握的，因此不少年轻的律师会在庭审结束后抓紧和法官探讨，希望能得到解答。

# 法院聘用制书记员的几大"门派"

司法改革开始后，各级法院开始大规模招聘聘用制书记员。本院这项工作开展得早一些，因此我进入法院这些年和这个群体有一些接触。有人的地方就会有江湖，有江湖就会有门派，聘用制书记员这个群体也是如此。据我观察，聘用制书记员内部大体可以分为三大门派。当然我不在人事部门工作，对聘用制书记员的了解难说非常充分，挂一漏万，在所难免。

**一是实干派**

应当说，至少有一部分聘用制书记员是真心喜欢法院工作的，而且自身的能力也很强，因此工作勤勤恳恳，非常得力。例如，我的第三任书记员尽管只和我合作了一个多月的时间，但是通过自学成才（因为我就没当过书记员，想教也不会），很快就熟悉了审判辅助的各项工作。工作任劳任怨，几乎成了庭里的救火队员，哪位法官的书记员临时有事需要救场都会第一个想到她，她也从没有怨言。最让我印象深刻的是本院审判楼条件简陋，冬天法庭很冷，特别是给法官配备的座椅，坐着冰冰凉，她看到后特意从家里拿了一个椅垫放到法官的座椅上，非常贴心。好多坐在这把椅子上的法官，并不知道它的由来。

还有一位聘用制书记员，日常工作很出色，能歌善舞，电脑也用得特别好，而且的确喜欢法院的工作，一干就是好多年，几乎可以说是该业务庭的元老了。

**二是逍遥派**

还有一部分聘用制书记员，普遍心态平和，一般不会对工作着急上火，对于薪资待遇也不是太在乎。但普遍工作干得也不差，毕竟他们也是愿意长期从事这份工作的。如果在法院你看到哪位聘用制书记员，开着好车上班，工作不疾不徐，不太吐槽工作待遇，还一干好多年，大概就是逍遥派的了。

**三是过渡派**

很多聘用制书记员从一开始，或者工作后不久就认定这份工作只是权宜之计，属于过渡性质，有机会就会跳槽到其他岗位，因此我把他们称为过渡派。就我接触过的过渡派的聘用制书记员们，主要的目标是通过司法考试后从事律师行业，或者考公务员。应当讲，只要不影响本职工作，法院的干警们普遍对此予以理解，人往高处走嘛，谁不是这么想的呢。同时法院的年轻在编干警本身就是司法考试和公务员考试的佼佼者，工作之余很多热心的过来人对过渡派们或勉励支持，或传授经验。

聘用制书记员和其他法院干警一样，都是法院大家庭的一员，所有从事过或者正在从事这项工作的人，都为司法事业作出了自己的贡献。所谓门派之说只是戏言，衷心希望所有的法院人都能通过奋斗获得自己想要的生活。

# 聊聊我了解的"过渡派"聘用制书记员们

前些天，身边有一位聘用制书记员离开法院，即将走上律师岗位。不完全统计，这大概是我身边的第五位离开法院的聘用制书记员了。我将聘用制书记员们划分成"实干派""逍遥派"和"过渡派"。身边"过渡派"的聘用制书记员又多了一位，惋惜之余，就聊一聊我了解的"过渡派"书记员的特点吧。

**一、勤奋**

我认识的"过渡派"聘用制书记员，大多数都不是法律专业，家庭条件也少有优越的，应该说就从事法律职业而言起点并不高，但他们普遍很勤奋，工作上勤勤恳恳，大多数都是在繁忙的工作之余通过了法律职业资格考试，可谓工作考试两不误，还有过了法考后再接再厉去考注册会计师的。勤奋的人到哪里都是受欢迎的，因此他们普遍口碑很好，工作交给他们很放心，毕竟，靠谱才是一个人最好的品质。

**二、有心**

很多"过渡派"们有着明确的职业规划，因为格外珍惜在法院工作的时光，工作中时时处处都非常留心，争取多学一点东西，为自己未来的工作打下良好的基础。前几年院里成立家事审判庭，一位书记员也调了过去，家事庭接触的案子相对单一，那时候家事庭的法官手里都有一批从其他庭带来的案子，每当有法官审理这些案子的时候，这位书记员都抢着去做记录，就是为了多接触一些案子，积累更多的经验，如此有心，确实难得。

**三、坚持**

很多"过渡派"们并不是法学科班出身，有的毕业后直接来法院担任书记员，工作经验都没有，因此一开始工作时难免会遇到这样那样的困难。我就认识这样一位，记得是学管理类专业的，第一次开庭就跟着庭长开合议庭，没有经验加过度紧张，表现得不尽如人意，审判长急得没办法，只好临阵换将。离开法庭的他特别沮丧、懊恼和自责，同事们说了好多安慰的话才振作了一些。不过他并没有就此灰心，工作非常努力，渐渐地进入了工作状态，后来成了一名律师。有次有机会，我还问别人他现在表现得怎么样，反馈说很勤奋很努力，而且识大体，即便被批评了也明白是为了他好，不像一些年轻人说不得碰不得一触即跳。应当说，这个评价不算低了。

其实"过渡派"中，有的一开始并不是"过渡派"，而是"实干派"，我就认识一位，在法院工作了大概十年的时间，真心热爱法院工作，几乎可以说是该业务庭的元老了。不仅日常工作很出色，而且能歌善舞，是院里的文艺骨干，电脑也用得特别好。我在办公室工作的时候，部门不止一次想过把她挖过来，可谓全才了。然而因为种种原因吧，最后还是离开了法院，现在从事律师工作，听说干得也很出色。听到这样的消息，难免有惋惜之情。聘用制书记员是法院人中很重要的群体，承担了大量的日常工作，如何让聘用制书记员们都成为"实干派"，招得来，用得好，留得住，确实是法院应当下大力气解决的一个问题。

# 后　记

这本书的文章，有些内容来自我于 2017 年开设的微信公众号，出版时又进行了修改加工。

直到今天还有朋友问我，审判工作已经这么忙了，为什么还要开公众号？

直接的原因是有了微信之后，我经常把工作和生活的点滴用文字的形式发在朋友圈，直到有位好友对我说，你写的文字特别有意思，我很想分享给其他朋友，但是纯文字没法转发，要不你开公众号吧，这样你的文字就会有更多人看到了。

更深层次的原因是，我作为一名基层法官，除了日常工作和生活外，总想着再做点什么。

在基层工作时间长了，往往会对自己工作的意义和人生的价值产生怀疑，前几年基层法官群体中流传这样一段话：（同一所大学毕业）她在负责亿元大合同，而我在纠结（离婚案件中）煤气罐分给谁。当时我也如电视剧《士兵突击》里草原上的五班，迷茫、怀疑、自卑、焦虑，特别是三十五岁来临之前，这样的感觉尤其强烈。但终究我还是说服了我自己，要求自己像许三多一样，好好生活，做一些有意义的事。至于什么是有意义的事呢？最后，我选择了开设公众号。

我从小就热爱阅读，进而也喜欢写作，公众号的文章主要是对于自己日常工作和生活的记录与思考。不止一位朋友委婉地提醒过我，这些文章好像没有什么"意义"，你应该多写一些学术论文、调研信息或者宣传文稿。我承认，这些公众号文章好像既没有什么学术性，也没有多少实用性，但是我觉得我的同人们已经写了那么多高深的学术论文、翔实的调研信息和精彩的宣传文稿了，却似乎很少有人认真地记录普通法官的日常。法院有很多老法官，积累了很多精彩的故事和丰富的经验，但是这些都没有记录下来，随着他们退休，就只剩下在少数同人中口口相传了。也曾有同事对我说，之前的好多事情我都不记得了，看了你的文章我才想起来。所以我愿意用文章去记录这些不起眼的点点滴滴，为自己也为后来的法院人留下一份记录，同时也为对审判工作感兴趣的朋友打开一扇观察的窗口。

这样的写作坚持了一年又一年，直到中国法制出版社的赵宏编辑联系我，提出将这些文章整理出版。这个建议真的让我诚惶诚恐，我深知我的文章有很多不足，感谢赵宏编辑和冯运编辑这一年来对于本书出版所付出的心血，我真的从你们那里学到了很多。

感谢一直以来爱护、支持我的领导、前辈和朋友，你们的宽容、分享和支持是我写作的最大源泉。

最后衷心感谢我的家人们，没有你们的支持，就没有这些文字。

法治路上，携手同行，后会有期。